倫理學釋論

釋論

陳特

道德可以當作一種工具，
也可以看作一種目的；
道德可以成就人的尊嚴，
另一方面又幫助我們滿足欲望。

東大圖書公司

國家圖書館出版品預行編目資料

倫理學釋論／陳特著. －－三版一刷. －－臺北市: 東
  大, 2019
    面； 公分.

  ISBN 978－957－19－3179－1　(平裝)

  1.倫理學

190   108004213

ⓒ　倫 理 學 釋 論

著 作 人	陳 特
發 行 人	劉仲傑
著作財產權人	東大圖書股份有限公司
發 行 所	東大圖書股份有限公司
	地址　臺北市復興北路386號
	電話　(02)25006600
	郵撥帳號　0107175－0
門 市 部	(復北店)臺北市復興北路386號
	(重南店)臺北市重慶南路一段61號
出版日期	初版一刷　1994年3月
	三版一刷　2019年5月
編　　號	E 190030

行政院新聞局登記證局版臺業字第〇一九七號

有著作權‧不准侵害

ISBN　978－957－19－3179－1　(平裝)

http://www.sanmin.com.tw　三民網路書店

推薦序

在《理想國》(*The Republic*) 對話錄中，古希臘哲學家柏拉圖曾藉由蘇格拉底之口，說道德「絕對不是一件小事」。然而為何道德「絕對不是一件小事」？更何況，當我們做不合乎道德的事情時，我們常常還會因而獲得好處；若是如此，我們何苦還要做合乎道德的事情？這些真是大哉問！可見研讀倫理學的重要性。

對於上述問題，本書作者陳特教授曾嘗試回答如下。在序言中，陳特教授首先指出：依亞里斯多德之見，良好的道德教育，並不是嚴刑管教孩童、強迫孩童去做大人認為道德的事情，因為孩童日後總會發現合乎道德的事情，常常不會給自己帶來好處；若是如此，我們為何還要去做合乎道德的事情？亞里斯多德因而主張：良好的道德教育，應該是讓我們明瞭道德的行為背後的理由究竟為何。陳特教授因而結論如下：「培養學生思索道德背後的理由」正是研讀倫理學的原因所在。誠哉斯言！雖然本書早已於 1990 年代問世，然而陳特教授的上述主張，在二十多年後的今日，仍是真知灼見。

陳特教授的上述主張，正與當代美國哲學家芮丘 (James Rachels) 的主張不謀而合。在其名作 *The Elements of Moral Philosophy* 中，芮丘認為道德判斷具有下列特徵：

一、道德判斷不能用感覺 (feelings) 支持，因為感覺因人而異，常常互相衝突，而且感覺很可能是非理性的、是偏見或文化制約下的產物；

二、道德判斷要求背後有合理理由支持：我們會要求他人或自己為道德判斷提出合理理由支持，否則道德判斷就是武斷的產物。

除此之外，芮丘認為道德判斷還必須滿足「不偏不倚、公正無私」此一要求 (requirement of impartiality)。「不偏不倚、公正無私」要求如下：

一、每個人的利益都同等重要；從道德觀點 (moral point of view) 而言，沒有人享有特權。

就此而論，芮丘認為道德判斷不同於「我喜歡吃冰淇淋」、「我不喜歡喝咖啡」等個人偏好 (personal preferences)，理由如下：

一、當一個人說「我喜歡吃冰淇淋」、「我不喜歡喝咖啡」時，他僅僅是陳述事實而已，此外無他；

二、個人偏好不要求背後有合理理由支持：我們不會要求他人或自己為「我喜歡吃冰淇淋」、「我不喜歡吃漢堡」提出合理理由支持；個人偏好可以沒有，也完全不需要理由支持。

芮丘因而結論如下：道德判斷就是在滿足「不偏不倚、公正無

私考量每個人的利益」此一要求下，為自己的行為提出最合理的理由所得出的判斷。芮丘認為無論哪一派西洋倫理學主流理論，應皆會同意上述主張（芮丘稱此為「道德的最小概念」，即 the minimal conception of morality）。筆者認為上述主張，正是西洋倫理學主流理論對於「道德」此一概念的最小公分母，而陳特教授想必也會欣然同意此一道德最小公分母才是。

　　陳特教授專長為倫理學、比較哲學、存在主義、實用主義、中國儒家哲學，其專長在本書中發揮得淋漓盡致。本書除了深入探討自我中心的享樂主義、伊璧鳩魯、霍布士、休謨、邊沁及穆勒的效益主義、康德等西洋重要的倫理學理論之外，還進一步探討規則效益主義 (Rule Utilitarianism) 與行為效益主義 (Act Utilitarianism)，以及孟子等中國儒家哲學。更重要的是，以中文撰寫的倫理學書籍，本就鳳毛麟角，屈指可數；在此情況下，本書還能行文流暢，深入淺出，實為難得一見的佳作，特以此文以為推薦。

國立政治大學文學院副院長

哲學系教授兼系主任

臺灣哲學學會會長

鄭光明　謹識

2019 年 4 月於臺北

再版說明

　　本書作者陳特教授，曾受業於錢穆、唐君毅、牟宗三等思想大師，素以堅實精緻的學風著稱，於倫理學、比較哲學、存在主義等諸多領域，皆有精闢的研究。教授於香港中文大學執教三十餘載期間，積極投入通識教育與學生活動，作育英才無數。不幸罹癌後，仍教學不輟，展現了其無懼於死亡之超然胸襟。2002 年 12 月 29 日，教授於徘徊生死十二年後，溘然長逝，留予後人無限的追憶。

　　本書為教授主要代表著作，出版迄今，已越二十四載，由於內容謹嚴、說解精詳，在學術界迭有好評，歷久而不衰。

　　茲值本書再版之際，我們除了重新設計版式，也改正舊版中的疏漏之處，相信於讀者在閱讀的便利性與舒適度上，都有很大的助益。也誠邀讀者諸君，再次細細體會陳特教授的深知灼見。

東大圖書公司編輯部　謹識

序

　　每一個人，無論男女老幼，不管哪一個種族，都常常用好壞、對錯、道德不道德這些字眼來判斷人或行為。我們常常會說「這是好人」或「這是壞人」；「這種行為不對」或「這種行為不道德」。但儘管這些字眼被用得那麼多，那麼頻繁，什麼是好？什麼是壞？什麼是對？什麼是錯？什麼是道德或不道德？我們一般人卻又答不上來。我們大概會說「損人利己的行為是不對的」、「愛人如己是道德的」；「公正是好的」、「不公正是不好的」。但為什麼損人利己的行為不對，而愛人如己則是道德的呢？我們大概都不容易給一個明確的答覆。許多大人教小孩，通常也只會說「撒謊是不對的」、「誠實是好的」，但不會告訴他們理由，原因是他們也不知道理由。

　　亞里斯多德在二千多年前就說這不是良好的道德教育，原因是小孩在嚴刑管教之下會被迫做一些大人認為道德的行為，不敢做所謂不道德的行為，但由於他們不知道道德有什麼好處，有什麼意義，因此環境一轉變，當他們發現不道德會帶來許多好處，道德反而會犧牲許多利益時，他們就會放棄道德。

　　我們一般人的道德教育正存在著亞里斯多德所指出的問題。許多人在小孩時期可能被迫遵守一些道德律則，但稍微長大，由於看

不到道德有什麼好處，一有機會就儘量用不道德的方式來自利。

　　良好的健康的道德教育因此必須使人了解道德的意義或道德的理由。倫理學的任務正是在於研究探討道德的意義或道德的理由。這也是為什麼我們要讀倫理學的原因。

　　過去二千多年來，許多哲學家根據他們的體驗、觀察和反省，對於人為什麼應該道德，提出了各種不同的理由。這些理由有些接近常識，容易了解與接受，有些則比較艱深，必須耐心地仔細體會反省，甚至親身作道德的修養工夫，才能有所了解，才能心領神會。這些學說看起來似乎彼此互相衝突，但事實上每一個學說都可能在分別表達或解釋道德對人的各種不同的意義：道德可以當作一種工具，也可以看作一種目的；道德可以成就人的尊嚴，但另一方面又幫助我們滿足欲望。就某一個意思說，這些學說並不互相衝突，並非不能並存。當我們看這些學說的時候，我們可以看到道德對人可能有的各種意義，幫助我們了解道德所可能有的各種功能。這些功能各自不同，但並不互相矛盾，也不是不能並存。不同的人可以採取其中不同的功能，同一個人也可以兼取其各種功能。蘇格拉底就說道德既有工具價值，又有其內在價值。這即是說他既承認道德是一種工具，但又以為道德不只是工具，而且還是一種目的。

　　根據這個觀點，這本書介紹討論了一些倫理學學說，它們可以代表一些基本的對道德的不同看法和思路。讀者可以從這些看法和

思路的分析和討論中，反省道德對自己人生和社會的各種意義。為了使讀者不致將這些學說看作神聖不可侵犯的金科玉律，使得本來活潑潑的有啟發性的思想變成僵化的、窒息思想的教條，這本書在討論各家學說的時候，試圖分析它們的優點與缺點，以幫助讀者了解反省及消化這些學說，使得這些學說真正能成為滋養人思想及人生的營養品。這些分析本身自然也不是金科玉律，它們只是提供給讀者在思考各學說時的一種參考資料。

為了使讀者們容易了解消化吸收各倫理學說的精華，這本書不是根據它們在歷史上出現的時間先後，而是依據它們的理論內容作為介紹討論的次序。先介紹討論的是比較接近常識的享樂主義、自然主義、經驗主義的思想，然後逐漸過渡到理想主義、理性主義的思路。自然介紹次序不等同於等級的好壞或高低。因此，先介紹討論的不表示最劣最不可取，讀者不必先有成見。學說的好壞完全看它是否能給予自己營養，給人人生的啟示。

　　　　　　　　　　　　　　　　陳　特

目次

倫理學釋論

第 一 章

倫理學是怎麼樣的一門學問？

　　在序言裡，我們已經提到，倫理學是研討道德的理由或根基的學問，也即是說，倫理學是要討論人為什麼要道德，為什麼要行善去惡的學問。但這樣的說法顯然太籠統，因為許多社會科學、宗教，都好像在告訴人為什麼要道德，為什麼要行善去惡。因此在這一章裡，我們得稍微分析，倫理有什麼特性？它和社會科學、宗教有什麼不同？只當我們對這些問題有了明確的答案後，我們才可以說對倫理學有比較清楚的觀念，才知道為什麼要有倫理學。然後，當我們在下面各章討論各倫理學說時，才知道它們在做什麼，為什麼要說那麼些話。

　　一門學問的特性可以從它所研究的對象來了解。物理學的研究對象是物理現象，心理學的對象是心理現象。從這些學問的不同對象，我們已差不多可以把握、了解這些學問的特性。那麼倫理學所研究的對象是什麼？

　　對於這個問題，我們可以暫時簡單地答，倫理學所研討、所關注的對象是行為。因為道德判斷的直接對象是行為。在道德問題上，我們所關心的是怎麼樣的行為是道德的，怎麼樣的行為是不道德的，倫理學所關注的是道德問題，因此倫理學的研討對象是行為。

　　但這樣簡單的答案必須加上注釋，因為社會學、心理學和人類學都以人的行為作為研究的對象，這樣，我們必須問，倫理學與這些學問有什麼不同？

　　原來行為的研究可以有兩種方式。一種是敘述的，即是以行為作為事實來研究，從而歸納出一些律則。譬如社會學是研究社會行為與社會型態的關係，心理學是研究行為與心理現象的關係等等。社會學與心理學之所以是經驗科學，正是因為它們所研究的行為屬於經驗事實；它們所歸納出來的律則也是經驗事實的律則，可以通過過去的行為事實來建立或肯定，也可以通過未來的行為事實來修改或推翻。這情形和物理學或其他經驗科學極為相似。

　　但行為的研究除了這種敘述式的進路外，還有一種是規範的進路，這才是倫理學的進路。這種進路不是想知道人事實上曾經做了些什麼，而是想知道人應該做什麼。它不是問人事實上遵從了什麼原則，而是問人應該遵從什麼原則。用兩個專門的術語表達這意思，我們可以說社會科學關心的是「實然」的問題，而倫理學關心的則是「應然」的問題。

　　這兩種進路迥然不同，因此不能相代替。譬如一個社會笑貧不笑娼，不等於這個社會應該笑貧不笑娼。一般人給人打了一巴掌後的心理反應是要打回他一拳，不等於人人在這情形下應該打回他一拳。相反亦然，人應該怎樣做不等於他事實上怎樣做。譬如人應該作聖賢不等於人事實上是聖賢；人應該愛人如己不等於人事實上在愛人如己。此所以社會學、心理學永遠不能代替倫理學，相反亦然。

　　因此，我們可以這樣說，社會科學研究行為，是要從過去的行

為事實歸納出一些律則；而倫理學研究行為，是要知道行為應遵循的律則。前者是要了解人事實上怎樣行，而後者則是要了解人應該怎樣行。

如果我們把握到這個區別，我們就也同時可以了解倫理學的特性或意義所在。科學可以使人了解這個現實的世界以及現實上的人，但人除了想了解現實的世界以及現實的人是怎樣的以外，人還常常不滿現實，既不滿意現實的世界，也不滿意現實的自己，因此常常想知道應該怎樣做才可以使自己以及周遭的世界變得更美好。人的許多徬徨和不安，憂慮與恐懼，多半是因為不知道怎樣做才可以達到這目的而產生的。這樣，如果有一門學問，能告訴人應該遵循的規範或應走的道路，幫助人知道什麼是善，什麼是惡，什麼是是，什麼是非，知道通過怎樣的正確途徑，可以使自己或甚至這個世界更加美好，人也許就可以減少許多徬徨和不安、憂慮與恐懼，可以不再在人生的十字路上徘徊。想想看，這樣的一門學問，豈不是很重要，很有意義？起碼它的重要性和意義，不會低於任何經驗科學吧？

我們也許會問了，許多宗教也會告訴我們應該做些什麼，不應該做些什麼，它們也告訴我們行為的規範，譬如基督教的十誡，佛教的清規等等。同時它們也嚮往理想的自己和世界，譬如基督教的天堂。這樣，倫理學與宗教有什麼不同？我們可不可以用宗教來代

替倫理學？或甚至將某宗教看作其中的一種倫理學？

　　在這裡，我們必須注意的是，倫理學是「學」，它是一門學問，它所提出的規範或原則必須有根據。它雖然不是經驗科學，但它作為一種知識或學問，它所提出的任何律則必須訴之於理性作為它的根基，而不是訴之於信仰。它必須試圖提出充分的論據以支持它的論點，它必須試圖用理性的圓滿的論證以滿足任何理性上的挑戰或考驗。如果不然，它就不是倫理學，因為它不具備學問或知識的條件。一個人儘可以大發議論，說人應該怎樣，不應該怎樣，他的議論也許許多人都覺得不錯，認為可以接受，但如果他提不出任何論據，那麼他的議論充其量是他對是非善惡的主觀意見，而不是一門知識，自然也不是倫理學。

　　宗教在這點上是和倫理學很不同的。我們也許可以替一些宗教找到許多論據以支持它們的道德教訓，但基本上，這些教訓之成立或被接受，並不是依賴這些論據。對於許多基督教徒或佛教徒或回教徒來說，他們之所以接受這些道德教訓，並不是因為這些論據使他們信服，而是因為他們信仰了這些宗教。

　　有兩個故事可以幫助了解上面所說的意思。在基督教的《舊約聖經・創世記》裡，記載了亞伯拉罕一個很不尋常的事跡。當亞伯拉罕一百歲，他的妻子也已九十歲時，耶和華賜福給他們，讓他的妻子懷孕，生了一個兒子，然後當這個小兒子長成為一個小孩時，

耶和華為了要試驗亞伯拉罕對祂的虔誠，祂吩咐亞伯拉罕，叫他將他的兒子帶到一個山上，在那裡用火把他燒死，獻祭給祂。

根據〈創世記〉的記載，亞伯拉罕沒有懷疑，沒有憤怒，沒有爭辯，他第二天清早就起來，帶著他的兒子，到那山上去，先把他縛住，放在木頭上，然後舉起刀，要先將他殺死，然後用火焚燒獻祭。到了這個時刻，耶和華知道他的虔誠已到了可以為祂犧牲一切的地步，才叫他用羊來代替他的兒子。

這個故事之所以特別，是因為亞伯拉罕在這裡做了一個平常有理性、有感情的人不可能做的事。讓我們設想自己是亞伯拉罕。當耶和華剛剛給了自己一個兒子，可以替自己傳宗接代的時候，忽然之間要將這兒子取回去，這是第一個不合情理的事；同時，耶和華要亞伯拉罕親手殺死自己至愛的兒子，要忠心耿耿的僕人亞伯拉罕骨肉相殘，這不但不合情理，而且殘忍至極。作為一個正常的、理性的人，通常會懷疑這是不是真的上帝的命令？是不是自己聽錯了？是不是自己今天有點不正常，以致產生幻覺，聽到這麼荒謬不合情理的命令？

即使亞伯拉罕相信自己沒有聽錯，自己的神經很正常，但怎麼知道這命令一定是上帝的？為什麼不是撒旦假冒上帝來開自己的玩笑？又即使肯定了這是上帝的命令，一般有感情有理性的人都會問，上帝為什麼會有這樣的命令？我們會哀求上帝撤回這命令，會和上

帝爭辯說這命令不合理，甚至不道德。

　　但亞伯拉罕沒有這樣做，他完全接受了這命令，依命令行事，這是不可用理性解釋的事，這是信仰。

　　第二個故事記載在《新約聖經·約翰福音》裡，耶穌死後復活，一些門徒告訴多馬，我們的老師復活了。多馬覺得人死而復活是不可能的荒謬事，因此說除非我親眼見到他手掌上的傷口，親手摸到他肋骨上的釘痕，我才會相信。過了幾天，耶穌忽然出現，叫多馬摸他掌上的傷口，和肋骨上的釘痕，多馬這才相信。然後耶穌說：「你見到我才相信，那些沒有見到我而信的人有福了。」

　　多馬是一個很有理性的人，他要有確實的證據才肯相信。但宗教的特性不是理性，不是證據，而是信仰，所以耶穌說沒有客觀證據而信的人有福了。

　　上面這些話，目的是想區別倫理學與宗教二者的不同，而不是想分出二者的高下。知識與宗教，理性與信仰，對人來說哪一個更為重要，這個問題是很難有答案的。就好像我們問肺與胃這兩個器官，哪一個更重要，是沒有答案的一樣。

　　上面的話也不是說宗教只講信仰，不講理性，或哲學只講理性，而完全沒有信仰的成分。過去如基督教或佛教，都發展了基督教神學和佛學，它們都是哲學，包含了深邃的哲學智慧，都嘗試在理性的各種挑戰下提出各種理據。這證明過去許多基督徒與佛教徒，並

不是完全非理性或甚至反理性地盲目信仰他們的宗教。反過來也一樣，哲學家在真誠地建立了一套人生哲學後，他們就有了一定的信念，有一定的人生方向，一定的行為守則，這即是他們的信仰。蘇格拉底說他心中有一個神，告訴他什麼不可以做。孔子說：「篤信、好學、守死、善道。」唯其能篤信，所以能守死，所以能善道。可見哲學雖然重視懷疑，重視理性，但最後常常仍然有信仰。

但哲學仍然不是宗教，宗教也不是哲學。佛學不等於佛教，基督教神學也不等於基督教。許多哲學家可以從哲學觀點，欣賞或接受佛學或基督教神學中的理論，但他們仍然可以不是佛教徒或基督徒，相反亦然，許多佛教徒和基督徒對佛學與神學一無所知，也不妨礙他們是真正的佛教徒與基督徒。

這證明哲學與宗教不相等同，也不能互相代替。宗教的基本精神在信仰，而哲學的精神則在理性。雖然二者不必然互相衝突，甚至可以並存，但二者各有不同的特性，是無可置疑的。

一般人除了訴諸宗教，以解答行為的是非、善惡等問題外，還有許多人，恐怕是更多的人，是訴諸風俗習慣來指引自己的行為的。在過去的中國，人們都不敢太難為年老的父母，因為中國的傳統習俗以孝為道德之本。在現代的歐美社會，人們則不敢太過虐待小孩，因為照顧教養小孩，在他們看來，是所有成年人的天職。這只是兩個比較明顯的例子。其實，我們一般人許多時候的行為都受到社會

風俗習慣的約束。許多人不敢傷害人，除了恐怕受到法律的制裁外，也是恐怕會不容於當地的社會風俗。許多時候，尤其是在一個小型的、人的流動性比較小、人與人的關係比較固定的社會中，風俗習慣對於人的行為的約束力比法律還要大。一個社會的人之所以有一定的社會性格或民族性格，主要即是因為一個社會有它獨特的風俗習慣，而這個風俗習慣，通過它的約束力，塑造了某種獨特的社會性格或民族性格。

如果社會的風俗習慣對人的行為有那麼大的約束力，它實際上就是人的行為規範，那麼倫理學的問題是不是在風俗習慣中已經得到解答？風俗習慣是不是善惡是非的唯一標準，是指引人生途徑的最高指示或唯一明燈？

許多人是持這種看法的。他們以為是非善惡這些概念完全是社會的產物，目的在建立維持社會秩序，使社會不致解體。依照這種說法，道德的最後根據即在於社會的風俗習慣，除了風俗習慣，沒有其他的道德根據或標準。

這種說法如果正確，倫理學自然就不需要。因為倫理學的一切問題都可由這得到解答。但這個說法有許多問題，我們不妨稍作分析。

第一，如果風俗習慣是道德的最高標準，那麼一切風俗習慣，便都是不可批評的。但我們明明不斷聽到有人說「世風日下」，也不

斷聽到有人用道德觀點，比較社會風俗的高下優劣。我們對於他們的結論也許會不同意，我們也許會說現代的世風不比古代差，但我們絕不會認為他們說這些話時犯了自相矛盾的毛病。但如果風俗習慣是道德的最後根基，是善惡的最後標準的話，那麼說風俗習慣違背道德原則便是自相矛盾的一句話，因為這等於說風俗習慣違背了自己。同時說一個風俗比另一個風俗更好也沒有意義。因為風俗既是好的標準，兩個風俗就代表兩種好的標準，它們之間不能說哪一個更好。如果我們承認人在評價風俗習慣或比較風俗習慣的優劣時沒有犯上自相矛盾的謬誤，那麼風俗習慣就不是至高的善惡或道德標準，因為當我們說一個風俗很好的時候，一定不是以該風俗為好的標準，而是在風俗之外另有標準。同樣，我們在比較兩種風俗的高下時也不是以這兩種風俗作為分別高下的標準，而是在兩種風俗之外另有其標準，這即等於說風俗本身不是善惡好壞的標準。

第二，在經驗裡，我們常常評價一個風俗，而且在文化學或文化哲學的立場上說，這種評價不但不自相矛盾，而且在文化的發展上有其積極的價值和意義。一個社會或民族的風俗必須不斷受到反省批判，才不會僵化，才能使這個社會不斷進步，而當我們在評價一個社會的風俗時，自然不會再以該風俗作為唯一的善惡好壞的標準，而是另有其標準。

第三，對於一般人來說，接受社會的風俗是不自覺的事，社會

習俗通常被視為理所當然地被傳承被遵守，但這種未經反省自覺而遵守的習俗，其實基礎並不穩固，常常經不起挑戰。當環境稍有轉變，或者當習俗與個人利益稍有衝突時，人就可能不知所措，而無所適從。一個在強調誠實的家庭教育背景下長大的人，踏入社會後，忽然發現誠實的人吃虧，不誠實的人反而佔便宜，他就會手足無措，不知如何是好。他或是一天到晚怨天尤人，埋怨這個世界不公平；或者就完全拋棄過去的誠實習慣，一轉而為自私奸詐的小人。以風俗習慣作為道德的根基，結果常使人拋棄道德。

第四，風俗習慣是結合許多歷史或社會因素而產生的，因此只有偶然性，而沒有必然性。有一些風俗習慣是理性的，即經過理性的考慮而建立的社會習俗，譬如守信的風俗，所謂「一言既出，駟馬難追」；有些風俗則是非理性的，純粹由情感或想像而建立的，端午節吃粽子是一個例子；有些風俗則是反理性的，即違背一般人的理性的考慮，只為了滿足某些人的私欲而產生的，像殉葬、守寡等等。由於風俗習慣的源頭是如此混雜，人儘可以問，我何以必須或應該遵守這樣的風俗習慣？當社會流行留長頭髮的時候，我可以問，我何以應該留長頭髮？當社會流行裹小腳的時候，我也有權問，我何以應該裹小腳？換句話說，我儘可以懷疑社會風俗習慣的絕對權威性。如果風俗習慣是道德的最後根據，那麼我也跟著有權懷疑道德的意義或價值，我有權問何以我必須成為道德的人。我可以問，

我何以非道德不可？

　　如果有人答覆說，你必須遵守風俗習慣，因為這是你之能夠在這社會中生存的先決條件。如果你想在這社會中生存，你非遵守它的風俗習慣不可。

　　但這樣的說法等於承認風俗習慣不是道德的最後根據。最後的根據是生存。為了生存，我必須遵守風俗習慣，必須遵從它的道德規範。這樣，如果我發現一些風俗習慣使得我容易生存，我就會說這是好的風俗習慣，另一些風俗習慣極為殘忍，人不易在其中生存，我就會說這不是好的風俗習慣。風俗習慣的好壞決定於它是否能助人生存，風俗習慣就不是好壞或善惡的最後標準。

　　第五，依賴風俗習慣作為行動的指標還有一個問題，風俗習慣的來源是多頭的，因此沒有統一性，許多時候它們甚至互相衝突。完全依賴習俗作為行動的指標，結果常常動輒得咎，寸步難行。《伊索寓言》中有一個故事生動地說明這個意思。兩父子趕著一頭騾子走路，給人譏笑說有牲畜不騎，是兩名大笨蛋。兩父子一起坐在騾子上，一些政府官員又說他們虐畜。父親坐騾子，兒子走路，一些老婆婆說那做父親的沒有愛子之心。兒子坐騾子，父親走路，又給一些老公公們說那做兒子的不孝。他們為了要討好每一個人，只好將騾子四腳紮起來，扛在肩上，騾子一掙扎，掉在河裡死了，兩父子白白損失一頭騾子。以習俗作為行動的指標，結果等於沒有指標。

　　上面分析區別了倫理學與社會科學及宗教的不同處，同時也指出風俗習慣的限制，證明倫理學有它不可代替的獨特功能和意義。總括地說，我們現在大概有一個結論是，倫理學的對象是行為，它是想了解行為應該遵守的原則。自然，倫理學既是一門知識而不是一堆獨斷的教條，它必須有充分的論據指出這些原則何以是人應該遵守的原則，這些原則的根據是什麼。

　　這裡有一個名詞我們必須釐清它的意義，我們提到行為及行為原則，但什麼是行為？

　　自然界有許多事件，刮風、下雨、打雷、閃電等等，這些自然事件的原動力不是來自事物自身，它的發生也沒有什麼目的，因此都不叫做行為。一個大石頭鬆動了，掉下來壓傷了人，這事件有原因，有後果，但它沒有動機，沒有目的，我們不會說這是一種行為，也不會說它對或不對，道德或不道德，它只是一偶然事件，如此而已。除了自然事件以外，動物有許多行動，它是自發的，不是由外在原因產生的：動物肚子餓了要吃東西，性欲衝動時要找異性，那不是什麼外在事件使牠如此，而是自己的本能衝動或欲望使自己如此，因此不只是自然事件，而是行動。但這種行動不是經過抉擇，而是動物自然的本能傾向所產生的，因此是不由自主的。人也有許多不由自主的行動，譬如夢遊及醉酒後的行動或本能的反射作用。由於它們是不由自主、無選擇的餘地的，因此都不是倫理學中所關

心的行為。它們都沒有道德意義，即無所謂道德不道德。

倫理學中所說的行為是有道德意義的，即可以用道德或不道德這些字眼來形容或判斷的。凡是有道德意義的行為都是可以自主，是可以由自己選擇或不選擇的行為。不能自主或無可選擇的行動無所謂道德或不道德，也無所謂是非善惡。我們向來不說狗咬人是道德或不道德，也不說嬰兒的行動道德或不道德，因為我們都假定他們的行動不是經過選擇、完全自主的行為。

倫理學的對象既然是可以自主、可以選擇的行為，它必然假定了人有自由意志。人如果沒有自由意志，就不可能有自主的行為，倫理學就失去了它的對象，它所提出的規範就沒有了意義，倫理學自己也沒有了意義。

人有沒有自由意志是哲學上爭論不休的問題，我們這裡不可能深入討論，但暫時可以作一個最起碼的肯定：即在我們的經驗中，我們明明可以分辨出有一些行動是我們不能自主的，譬如打嚏，及剛才說到的醉酒後的行動等等。有些行動則是不易自主的，譬如人在情緒極為衝動時發出的行動。有些則是可以自主的，譬如在神智清醒，心平氣和，深思熟慮之後所選擇的行為。

這些經驗告訴我們人的行動雖然不是全部可以由自己作主，但起碼有部分可以由自己作主，可以由自己決定或選擇。對於這些行動來說，人確實有自由意志，否則上面所經驗的各種分別就毫無意

義，就只是一種幻象。但除非我們能提出確切的強有力的證據證明這些經驗全都是幻象，否則我們就沒有理由說人完全沒有自由意志。

是不是所有可以自主的行為都有道德意義，都可以說道德或不道德呢？不是的。我們日常許多行為，譬如吃飯、喝水、讀書、旅行、唱歌、彈琴、畫畫，都是自主的行為，都可以由自己選擇或作決定，但我們不會說它們道德或不道德。因此自主只是道德行為的必須條件，還不是它的充分條件。那麼怎麼樣的自主的行為，才有道德意義，才可以說道德或不道德呢？

杜威 (John Dewey) 說，當一個行為涉及自己的品格或他人時，這行為才有道德意義。譬如開窗這行為一般來說沒有道德意義，但當房間裡有一患肺炎的病人，我明知道開窗會影響他的健康，仍然堅持要開窗，這行為就有了道德意義，就可以成為道德判斷的對象。

根據康德 (Immanuel Kant) 的哲學，我們可以就另一個角度來確定什麼是有道德意義的行為。一般的行為我們都不要求有普遍性。用剛才開窗的例子來說吧，有人喜歡開窗，有人不喜歡開窗，一般來說，這種行為我們不會要求有普遍性。但當開窗這行為會危害他人的健康時，我們就會問，這行為可不可以為其他人所效法？我們會問開窗那個人，假如你患了肺炎，他人不理會你的健康，堅持要開窗時，你願不願意他這樣做？這即是說在這種情況下，我們會要求這行為有普遍性，即可以為其他人的行為榜樣。只當一個行

為，我們要求它有普遍性，可以為其他人效法時，這行為才有道德
的意義。

到了這裡，我們應該明白有道德意義的行為有些什麼特性，必
須具備什麼條件了。倫理學是處理有道德意義的行為的學問，因此
並不是所有行為都是倫理學的對象。人生的幅度很廣，人的行為也
很複雜。我們吃飯、喝水、求配偶、探討宇宙的奧祕、欣賞以及創
作美的事物等等，在一般情況下，這些行為不含道德意義，因此無
所謂道德不道德，也不是倫理學的關心範圍。只當這些行為涉及自
己的品格或他人，或者當這些行為有普遍性的意義時，它們才有了
道德意義，才可稱之為道德不道德，才是倫理學關心的範圍。

我們也許會問，倫理學是否能達成它的功能？人類有倫理學這
門學問已經兩千多年，但一直到現在我們仍然在什麼是善什麼是惡
這問題上爭論不休，仍然沒有大家都能接受的客觀的是非善惡的標
準。我們有了許多有關道德原則的學說，但這些學說彼此之間並不
一致，此亦一是非，彼亦一是非，我們怎麼知道哪一個學說更值得
我們接受，給我們的行為更佳的指引？同時，即使我們不能同意世
風日下的說法，但也似乎沒有任何證據說現在的人比二千多年前的
人，在道德上更為進步，那麼倫理學這門學問有沒有它的客觀意義
與價值？

這個問題很複雜，包括了許多層次的問題，暫時我們只分兩方

面來分析：

第一，倫理學是一門學問，它告訴人善惡的原則，但不保證人為善去惡。它告訴人道德的標準，但不保證人成為道德君子。要為善去惡，要成為道德君子，除了要知道善惡是非的標準外，還須培養出為善去惡的行為習慣，即是說要身體力行、要實踐。那是個人的修養工夫，不是倫理學的工作。科學家的工作在指出現實的人生、現實的世界是怎樣的，他們告訴我們「實然」；倫理學家告訴我們應該怎樣做，他們告訴我們「應然」；道德君子是通過行為將應然化為實然，將理想實現成為事實。這三種工作是完全不同的。如果以為讀了倫理學以後就可以成為道德君子，成就理想的人格，甚至產生理想的社會和世界，那是將兩種不同的工作混淆為一。自然，這不表示倫理學沒有意義。人要將應然化為實然，將理想實現為事實，首先須知道什麼是應然，什麼是理想，而這正是倫理學的工作。

第二，過去許多倫理學的理論，如果我們平心靜氣去體會、印證和了解，會發現它們在表面上雖然有許多歧異或甚至互相衝突的地方，但都各有所見，在某層面上也各自言之成理。它們的所見有大有小，有比較全面，有比較片面，有比較浮淺，有比較深入，有些則語言文字或所採的觀點各自不同，但其精神則可以相通。這自然和各倫理學家自己不同的體驗，所受到的不同的衝擊和所關心的不同的人生道德問題有關。但無論如何，他們在人生的目的、道德

行為的意義及根基上，都反映了某種智慧，對於我們後人來說，都可以起或大或小，或積極或消極的啟發作用。就另一方面說，真理無限，真理的發掘過程也無限，每一個人都可以在真理的發掘過程中發現多一點新的人生智慧。這樣，倫理學就不是一門靜止的、平面的學問，而是生動的、活潑的、立體的學問，我們不必也不應該因為倫理學沒有一定的公式答案而不安，相反，我們應由此看出真理的無限而對之產生最高的敬意，也可以因人類智慧的不斷生長而對人類和對自己寄予新的希望。

▶ 參考書目

1. Billington, Ray, *Living Philosophy: An Introduction to Moral Thought*, London: Rouledge, 1988.
2. Hospers, John, *Human Conduct: An Introduction to the Problems of Ethics*, London: Rupert Hart-Davis, 1961.
3. Kai, Nielsen, *Why Be Moral*, Buffalo, New York: Prometheus Books, 1989.

第 二 章

自我中心的享樂主義

　　什麼是「善」？什麼是「惡」？什麼是「是」？什麼是「非」？什麼是我們應該做，什麼是我們不應該做的行為？答覆這些問題時，有一個極為一般人接受的方式，即是先看看什麼是人生的目的。當我們知道什麼是人生的目的以後，就等於知道什麼是善，什麼是惡。因為許多人以為人生的目的即是善，即是價值，與人生目的相反的事物，即是惡，即是反價值。任何行為，如果帶來善或價值，即是「是」，即是我們所應做的；相反，如果它帶來的是惡或反價值，即是「非」，即是我們所不應做的。

　　那麼，什麼是人生的目的？

　　許多人都會毫不遲疑地說，人生的目的是快樂。一個人讀書、工作、賺錢，是為了獲得快樂；甚至交朋友、結婚、生子，最後也是為了快樂。我們似乎很難相信，一個人明知道做一件事後會不快樂，而仍然去做那件事。

　　這個想法很普遍，也極易為人接受，在倫理學中，有一種學派即是持這種看法的。這種學派稱為享樂主義 (Hedonism)。由於這種學說最接近一般人的觀點，因此我們先討論這個學說，一方面固然是為了了解分析這個學說的精義與缺點，另方面也可間接了解我們一般人的人生觀或道德觀的最完整的面貌；同時審察一下這個人生觀是否正確，有什麼值得反省和修正的地方。

　　快樂主義有兩種：一是以自己個人的快樂作為人生的最高目標

和道德行為的準繩，這是利己主義的享樂主義 (Egoistic Hedonism)。
另一種是以一切人的快樂作為道德行為的最高原則，那是利他主義
的享樂主義 (Altruistic Hedonism)，又稱為效益主義 (Utilitarianism)。
我們在這一章將先討論前者，然後在下一章討論後者。

　　利己主義的享樂主義最能代表一般人的思想，尤其是亂世時的
人的思想，因此在哲學界，很早就有人提出這個主張。我們這裡介
紹的是在這方面最具特色的兩個哲學家，一是創始這種倫理觀念的
亞里士迪帕斯，另一是使這觀念發揚流傳的伊壁鳩魯。

第一節　亞里士迪帕斯 (Aristippus)

　　亞里士迪帕斯生於西元前 435 年，卒於西元前 350 年，是北非的雪蘭尼 (Cyrene) 人。由於受到蘇格拉底的名聲所吸引，他特地到雅典去，跟隨蘇格拉底，做他的學生。亞里士迪帕斯出身富有，年輕時就以和藹、好脾氣、聰明、機智見稱。他雖然不以勇敢著名，但他隨機應變的本事使他能在關鍵的時刻作出適當的行動，說適當的話；他又能適應各種人。這些本事使他能從各種不同的人身上得到他所要得的。自然，這些本事與他的先天的稟賦氣質有關。但他無論發生什麼事，在任何情況或環境中，都能泰然自若，以及他能主宰自己的愛惡、情緒及主見這種本事，就不能不說是他後天的努力或修養所致。而這種修養與努力，顯然與他的倫理學觀點有關。

　　根據傳說，他是從他一個朋友那裡聽到蘇格拉底的一些軼事和觀點，不覺對蘇大為嚮往，馬上就到雅典去，要親眼看看這個聽來那麼風趣睿智的人，究竟是怎麼樣的人。他和蘇格拉底見面後，一談之下，仰慕之心愈切，對哲學也不期然產生了興趣，於是立即成為蘇的最虔敬的學生之一，而且直至蘇死為止，都是蘇的最親近的

學生之一。但不知為了什麼原因，蘇被審時他並沒有在場，而且在蘇死前他也沒有趕去見蘇的最後一面。

蘇格拉底去世之前，亞里士迪帕斯已經開始收學生，而且依詭辯學派 (Sophists) 的習慣收學費。據說他曾經將一部分賺得的學費給蘇格拉底，作為他給蘇格拉底的學費。但蘇依照他自己一向的習慣不肯接受，說他的神有指示給他，叫他不要收學生的學費。

蘇格拉底死後，他周遊各地，最後回到他自己的家鄉雪蘭尼，創設了一個哲學學派，就稱為雪蘭尼學派。他從蘇那裡所接受到的影響完全是與他自己性格相合的那一面。他看到的蘇格拉底是快樂的：蘇吃喝歡樂，享受生命的一切，也愉快地接受外來的一切遭遇；蘇又溫和雅致，對一切事物都有興趣，但又特立獨行，從來不理會輿論。亞里士迪帕斯將這些看作是蘇格拉底道德學說的精神的表現，也是人生幸福的指示。在他看來，蘇格拉底是一個活生生的典型，顯示出善和快樂的相融性與等同性。亞里士迪帕斯認為這種無入而不自得的能力才是道德的本質所在。蘇格拉底的生命說明了一個真理：你愈道德，你就愈能享受人生；同樣，你愈能享受人生，你也就愈道德。人生的目的是快樂，而道德也者，即調整自己的生活方式，使自己能享受每一個時光。

亞里士迪帕斯後來的許多故事表明他的確在實踐這個道德觀，而且實踐得相當成功。上面說過，他能夠適應任何地方、任何人和

任何情況。他無論在任何情形下都似乎能恰如其分地說他要說的話，做他要做的事，一切遭遇都成為他獲取快樂的材料，他也從來不為未來而煩惱。他下面的一些對話和故事也許可以幫助我們更透切地了解他的為人和哲學。

有一次一個人問他從哲學那裡得到了什麼，他回答說：「在任何社會中我都可以感到安適。」但要做到這一點，必須能夠自作主宰，而不為環境所左右。因此另外一次有人問他做哲學家有什麼好處時，他說：「即使所有法律都失去作用，我們仍然可以如平常那樣過活。」❶

這自然不是說哲學家可以在沒有法律的保障下仍然有什麼過人的能力或神通可以保護自己不受侵害，而是說哲學家在最危險最沒有保障、沒有憑藉的情況下，內心仍然可以不受干擾而悠然自得。這是強調自作主宰，不受外在遭遇的干擾；要做環境的主人，不做環境的奴隸的意思。一般人雖然也追求快樂，但得意時趾高氣揚，失意時則怨天尤人，這樣的人只是環境的奴隸，在一定的環境中才能快樂，環境一改變他就不能快樂。用這樣的態度去找尋快樂自然如水中撈月那麼不可靠。

亞里士迪帕斯另外有一個對話也表示同樣的意思。有人問他怎

---

❶ R. D. Hicks (trans.), *Diogenes Laertius: Lives of Eminent Philosophers* (Mass. Cambridge: Harvard University Press, 1925), Vol. I, Book II, p. 199.

麼樣分別智慧的人與愚蠢的人。他說：「脫光他們的衣服，然後把他們放在陌生人中間，你就知道了。」

　　他的意思是智者無入而不自得，即使異乎常情常理的事發生了，情緒仍然可以不受干擾。一般人則不然，心理狀況已經完全受風俗習慣所支配，因此一旦事情不依常理，就必然張皇失措。

　　這些故事都表明亞里士迪帕斯極其強調自主的重要性，這裡面實在含有深邃的智慧。因為人若要追求快樂而又一定要在某種特定的環境下才能快樂，那麼他獲得快樂的可能性必然很低，原因是環境究竟不是個人所能控制支配得了的。因此人要真正獲得快樂，就必須無所待，必須能自作主宰。哲學家之異乎常人的地方也正是在此。

　　有一次，一個有錢人帶了兒子來，要亞里士迪帕斯做他兒子的老師，亞說了一個很高數目的學費。那人吃驚的說：「這麼多錢可以買到一個奴隸了！」他說：「那麼你省下這筆錢去買奴隸吧，你會有兩個奴隸。」❷

　　他的意思是說，一個人不學哲學，不能自作主宰，等於是一個奴隸。可見教育的一個主要目的，在他看來，也是在使人自覺，自作主宰，以得到快樂。

　　但要自作主宰，獲得快樂，必須將一切事物都只看作是快樂的

---

❷　同上，p. 201.

材料或工具，而不斤斤計較於這些事物的得失以導致不快樂。有一次他大吃大喝花了很多錢。一位朋友責備他奢侈。他說：「如果你花一塊錢可以得到同樣的享受，你幹不幹？」那位朋友說：「當然幹。」他說：「可見不是我比你更愛享受，而是你比我更愛金錢。」❸ 在他看來，愛金錢多於享受是捨本求末，因為快樂才是人生的目的，而金錢只是工具罷了。

有一次他的僕人去替他收學費，背著收到的錢回來。錢很重，那個僕人回來後累得動都不能動，他說：「那麼辛苦幹什麼？你應該扔掉一部分，只背你背得起的回來。」❹

又有一次，他發現自己坐上了一條賊船。他不動聲色，拿出錢一五一十地數，然後假作不小心，將錢都掉進海裡，然後大哭。船上的賊看見反正錢沒有了，也沒有再難為他，因此他撿回了一條命。後來他對人說，與其他為錢而死，不如錢為他而亡。

由於他有一個確定的人生方向，許多人所自豪自傲的事，在他看來都愚不可及。有一個人誇口他的潛水技術多麼好。他說：「你羞也不羞？用海豚所優為的事來自誇。」又有一個人誇口酒量大，他說：「騾子比你的酒量更大。」他說這些話不是為了鬥嘴。如果人生唯一的目標是快樂，與這個人生方向目標不相干的事便都不值

---

❸ 　同上，p. 205.

❹ 　同上，p. 205.

得驕傲。

　　根據同樣的觀點，許多風俗習慣也都是莫名其妙的。有一個時期他和一個妓女同居，有人責備他行為不檢。他說：「住有人住過的屋子和住沒人住過的屋子有沒有什麼不同？」那人說：「沒有。」他又說：「駕給人坐過的船和駕沒有人坐過的船有沒有什麼不同？」那人說：「也沒有。」他說：「那麼跟妓女同居和跟處女同居也沒有什麼不同。」

　　又有人問他為什麼作為哲學家，有錢人不來看他，而他仍然常常去找有錢人？他說：「那是因為我知道自己需要什麼，而有錢人愚蠢得自己需要什麼都不知道。」

　　亞里士迪帕斯的著述已經散失，因此他的哲學系統我們已無法見到全貌。但上面的故事起碼可以幫助我們了解其學說的行為方式，間接也讓我們知道他的哲學精神。下面所敘述的則是當時人對他學說的轉述。

　　亞里士迪帕斯以為人的感受可分為兩種：一是快樂，一是痛苦，人生的目的是在尋求快樂，避免痛苦。他這個見解是根據他的觀察而確立的。他發現，所有的人，甚至所有感性的動物，一生下來都毫無例外地在追求快樂，逃避痛苦。除快樂外，人無他求，除痛苦外，人也無所逃避。既然如此，快樂即是善，善即是快樂，這兩個名詞是同義的。同樣，痛苦即是惡，惡即是痛苦，它們也是同義的。

但不痛苦那種狀態不就是快樂，正如不快樂不就是痛苦一樣。

　　我們自然可以問，亞里士迪帕斯為什麼要以人的感受，而不以別的事物，作為人生的目的或方向呢？人為什麼不以自己的本性或宇宙運行的目的（如果人有本性或宇宙有其運行的目的的話）來作為人生的目的呢？要答覆這個問題，必須明瞭亞里士迪帕斯的思想背景。在古希臘時代，比蘇格拉底更早，有一位哲學家，叫做赫拉克利圖斯 (Heraclitus) 的，他發現一切事物都恆常地在變化，而且變化得非常急速。他形容這急速的變化說，我們不能踏入同一條河兩次，因為當我們第二次踏入這條河時，這條河的河水已經不是原來的河水。一切事物皆可作如是觀。許多表面看來一模一樣的東西，事實上都不斷地作急速的變化，而絕不是原來那個事物。既然一切事物都不斷地在變化，我們就永不可能真正掌握了解一件事物，因為當我們在了解這事物時，這事物已經不再是原來那個事物。

　　這個意思到了一個智者，叫做普羅塔哥拉斯 (Protagoras) 手裡，有進一步的發展。他以為沒有客觀普遍的真理，只有相對於人的主觀的真理。他有一句名言說：「人是萬事萬物的尺度。」因為既然沒有客觀的真理，那麼人說什麼是真理，什麼就是真理，人說什麼不是真理，什麼就不是真理。

　　這個意思啟發了亞里士迪帕斯。他想，如果我們對外在世界不可能有客觀普遍的知識，那麼我們所唯一可知的便只是自己個人的

感覺與感受，除這以外我們別無所知。關於世界，我們所能知的，只是感覺中或感受中的世界的變化，離開主觀的感受與感覺，世界是怎樣的，我們無從得知。

這樣，亞里士迪帕斯說，每個人的感覺及感受構成他所知的唯一知識；不但如此，它們還是善惡的唯一根源，我們所感到善的即是善，感到惡的即是惡；除了我們的感受以外，沒有其他的事物可以作為善或惡的標準或根源。

既然感受是唯一的善惡標準，而在人的感受當中，快樂是人所追求的；痛苦則是人所逃避的，因此，依此推論，快樂自然是善，而痛苦則是惡。

這個意思再推進一步，亞里士迪帕斯就說，由於人所能知道的只是自己的感受，而不能知道別人的感受，因此，我們就無法追求他人的快樂，我們所能知、所能追求、所應追求的便只是我自己個人的快樂。個人的快樂是人生唯一的目的。

不但如此，根據同樣的理由，由於每個人所能知道的只是他自己的感受，因此我們就不能有一個普遍客觀的標準，來衡量哪一種快樂更大更好。這即是說，當兩種快樂衝突，我們只能選擇其中的一種的時候，我們不能希望有一個大家都同意的標準，以供我們參考，原因正是因為每個人只知道自己的感受，而且每個人的感受可能也不一樣。

　　我們也不能根據快樂的來源來分別快樂的大小高下，因為：第一，就心理上說，所有的快樂都是一種心理上的感受，我們不能從它們的來源而分別出它們的高下。因此，一般人以為精神上的快樂高級於肉體上的快樂，是極其錯誤的想法。第二，就倫理學上說，這樣的分別也沒有根據。因為上面說過，依亞里士迪帕斯，快樂的善是內在的，快樂即是善，這種善的性質不會因快樂的來源增加一分或減少一分。這就像一朵花，如果它美的話，它就是美的，我們不能因為它生在糞上而說它不美，也不能因為它生在泥土上才說它美。

　　由於亞里士迪帕斯以為快樂和痛苦的感受是善與惡的唯一標準，而所有的感受都是當下的，未來的感受還沒有出現，而過去的感受已經不再存在，因此，亞里士迪帕斯以為只有當下的快樂才是善，當下的痛苦才是惡。過去與未來的快樂和痛苦均不作數，因為它們已經不是或還不是感受。這樣，我們所能夠和應該追求的只是當下的快樂。這個意思自然和他所接受的世界在變的哲學有關。如果世界的一切都在變，人所能把握的便只是當下，過去與未來都沒有意義。許多在亂世中生活的人感到未來沒有把握，一切計畫都屬徒然時，也很容易有「今朝有酒今朝醉」的人生觀，原因正是在亂世中一切都在變，一切規則秩序都不可靠的緣故。

　　自然，亞里士迪帕斯也承認，當人在回憶過去的好時光，或在

憧憬未來的快樂時，也可在當下感到快樂。但這種快樂若比起當下
直接享受的鮮明強勁的快樂，就會顯得多麼黯淡無力。因此在兩者
不可得兼的情況下，人如果為了追憶一去不回的過去或企求沒有把
握的未來快樂，而犧牲當下直接的享受，就是一個愚不可及的舉動。
真正的智者必然把握每一個當下的時光，盡情享受歡樂，不留戀過
去，不希求將來。

　　上面的意思可以歸結為下列三點：一，快樂是人生唯一目標，
因此快樂即是善。二，由於快樂是個人的感受，不能和他人相共，
因此，善就沒有普遍的標準。善只相對於個人而有其意義，正如快
樂只相對於個人才有意義一樣。三，由於一切事物都在變，未來不
可知，人所能把握的只是當下的快樂，因此，人只能、也只應關心
及追求當下的快樂。快樂是否能持久，不應在考慮之列。根據上面
三點意思，亞里士迪帕斯再結合他的觀察，進一步推演出另外兩個
意思：一，當下的快樂只有強弱的分別。愈強烈的快樂也即愈大的
快樂，因此也愈好（善），因此人應追求最強烈的快樂。二，在一般
情況來說，感官上的快樂或痛苦，常常比精神上的快樂或痛苦強烈。
此所以一般對罪犯的懲罰總是肉體上的而不是精神上的。因此，一
般地說我們所應追求的是肉體上或感覺上的快樂，所應極力避免的
是肉體或感覺上的痛苦。

　　那麼幸福是什麼呢？怎麼樣的人才算是幸福的人呢？亞里士迪

帕斯的答覆是，幸福是過去、現在與未來的快樂的總和。一個人在一輩子裡，享受的快樂遠多於痛苦，那麼他就可以算是幸福的人。但人生的目標不在幸福❺，因為過去與未來的快樂都不能關心和追求，只有現在的快樂才是關心與追求的對象，因此才是真正的人生目標。

至於公正、榮譽等一般的道德標準，依亞里士迪帕斯的看法，它們只是社會上的風俗習慣，嚴格來說不能說是善或惡。但為了避免人們對自己發生惡感而帶來痛苦，智慧的人必須隨俗，接受這些道德標準，不是由於它們本身，而是由於它們的後果。

亞里士迪帕斯的倫理學，由於我們見不到他的著作的本身，因此看來有點自相矛盾。譬如他以為只有當下的快樂才是善，才值得我們追求；但另一方面他又說人須顧及不守風俗習慣的後果。但後果是未來的後果，那是表示人不但要照顧現在，而且也須注意未來的了。他一面告訴人要追求最強烈的快樂，但一面又告誡他女兒做事不要過分❻，在另一個場合中也說人須主宰快樂而不應為快樂所敗壞。而通常所謂主宰快樂也者，即不沉迷於當下的快樂而使未來痛苦的意思。他這兩點雖然孤立地看都可言之成理，但合起來卻顯然互相矛盾，他有沒有別的觀念來調和這二者，就沒有人能知道了。

❺　同上，p. 217.

❻　同上，p. 201.

比起一般追求快樂，以快樂為其人生行動指標的人來說，亞里士迪帕斯的享樂主義無疑地高明了許多。許多人都想要快樂，而且以為他們在追求快樂，但事實上他們的所作所為卻剛好使得自己不快樂。他們有太多的憂慮、太多的恐懼。他們為了未來的渺茫的快樂花盡了心思，卻不曉得當人將所有時間精力都為將來的安排而消耗淨盡的時候，人事實上永遠享受不到現在的快樂。每一個當下都只是未來的工具，而未來永遠還未出現，因為當它一出現時已經又成為當下了。當一個人在追求未來的快樂而忘記或犧牲現在時，這就像一匹騾子在追求掛在鼻子上的紅蘿蔔，快樂永遠成為可望而不可即的東西。

我們一般人不但對未來有太多的憂慮和恐懼，而且對某些事物太過執著，以為一定要得到這些東西才能快樂。結果是得不到這些東西時固然朝思暮想，茶飯不思，毫無快樂可言，得到後又惟恐失去，提心弔膽，坐立不安，也不能有真正的快樂。原因是這些事物，無論是金錢也好，愛情也好，名譽地位也好，都不是我所能完全主宰的事物，人一固執於要獲得這些自己不能主宰的事物，自然要患得患失，痛苦不堪，何來快樂？

我們一般人又太過執著於一般的風俗習慣，喜歡擺排場，充面子，只為了博取世俗的讚許或稱羨，或為了害怕一些無聊的閒話或批評。人如果不能擺脫這些世俗的束縛，事事要仰承他人的意旨，

自然也不可能真正快樂。

　　比對於上述流俗的毛病，我們可以看到亞里士迪帕斯獨到的見地。他不肯為渺茫的未來而犧牲現在，不肯作工具的奴隸，不願無條件地跟從世俗的風俗習慣。一旦減少了那麼多的包袱與重擔，不必要的恐懼與憂慮去掉了，人自然會灑脫自在，自然可以快樂起來。

　　當然，這不等於說我們應該完全接受亞里士迪帕斯的享樂主義。人生的目的是不是快樂，這個問題比較複雜，我們必須在討論審查了其他不同的享樂主義的學說以後，才能下一定論。但即使擱下這個問題不說，亞里士迪帕斯的學說，也是有它的問題的。

　　第一，依亞里士迪帕斯的說法，一切事物都變化莫測，因此我們唯一可以了解和信賴的是當下的感覺或感受。而在感受中，我們所喜歡所追求的是快樂，因此快樂是善，是人生目標。但問題是：快樂不是一件事物，而是一種心理狀態或心理感受。一件事物有時可以直接追求，譬如我想要這部書，我可以將我的注意力集中於這部書，伸手前去而取得它。但心理狀況常常不能直接作為追求的對象而獲得，它只能通過某種條件或媒介而間接獲得。譬如當我知道吃某種食物可以引致快樂時，我可以通過追求吃某種食物來獲得快樂。這自然不只是心理狀況為然，許多我們所追求的事物都是要那麼繞一個大圈才可以獲得，金錢、名譽、地位，都是極好的例子，一般地說都是要通過某些條件，間接地才能得到的。

　　而這種不能直接取得，必須通過某種條件的出現而取得的事物，有一個共同點，即如果我們要取得它，必須知道它在什麼條件之下才會出現。但如果依亞里士迪帕斯所說，一切事物都是變化莫測而不可知，因此未來的感覺也不可知，這就等於說一件事物在什麼條件之下會出現，也不可知，因為如果我們能夠知道一件事物在哪一種條件之下會出現的話，那麼事物就不是那麼變化莫測，而是可以通過一定的因果關係或規律來推測它的變化了。

　　根據上面的推理，如果亞里士迪帕斯真的以為事物變化莫測，我們對未來不可知的話，那麼我們就無法知道一事物在什麼條件下會出現，什麼條件下不會出現。若然，則我們也無法知道我們在什麼情況下會快樂，什麼情況下不會快樂。亞里士迪帕斯以為肉體的快樂通常是最大最強烈的，我們不妨就以肉體的快樂為例：我們怎麼知道可以獲得肉體的快樂呢？根據以往的經驗，我們發現，肚子餓了後，吃東西會得到快樂，因此，我們如果要得到肉體的快樂，一種辦法是在肚子餓時吃東西，但如果事物變化得那麼快，過去發生的事未來常不如此，那麼我們就不知道怎麼樣才可以得到快樂，因此，快樂便不可能追求，因為我們不知道如何追求。人生的目標是快樂，但怎樣獲得快樂則不可知，這樣的人生豈非太可怕了嗎？而且快樂即是善，是我們應該追求的目標，是一切行為對或不對的根據，但如何獲得快樂，又超出人的能力及知識範圍以外，那麼人

的行為正確與否，也就只好碰運氣，絲毫不由人自己作主。這樣，說一個行為正確與否或說我們是否應該追求快樂，都成為了沒有意義的話。許多倫理學家都說過，「應該」必涵「能夠」，我們如果不「能」做這件事，而說我們「應該」做這件事，在倫理學上便是一句沒有意義的廢話。

第二，「人只能而且應該追求現在或當下的快樂」這句話是自相矛盾的。因為追求的目標必然還沒有為我所得，我追求它，是希望能在未來得到它。如果我現在已得到它，那麼我便不是追求它，而是在擁有它或享受著它。

自然，亞里士迪帕斯在說這話時，他的意思可能不一定那麼嚴格，他可能只是說不要為沒有把握的將來憂慮擔心。如果是這樣的話，那麼他所謂的「現在」，其意思就相當鬆，可以包括一切我們對事物有把握的時刻。這樣的解釋有它言之成理的一面，因為它一來較合乎常理，二來可以使亞里士迪帕斯的這句話和他告誡人不要作快樂的奴隸，以及叫人謹慎的說話一貫而不衝突，但這解釋也有其不妥善之處，因為這樣一來，就使得亞里士迪帕斯的基本信念，說萬物不可預測，人所能把握的只有當下的感受這句話落了空而喪失了它原來的意義。

第三，即使一般地說，肉體的快樂和痛苦，是不是比精神的快樂和痛苦更強烈，也是值得懷疑的，一個經過長期的艱苦奮鬥，終

於達成目標的人，其精神上的那種歡欣和快樂，就絕非一般肉體的快樂所能比擬。諾貝爾試驗火藥成功時那種瘋狂式的快樂；羅素在他自傳中說當他在一個深夜裡解決了《數學原理》裡的難題時，興奮得想要叫醒所有熟睡中的人的那種快樂，都是犧牲了多少肉體上的快樂，忍受了多少不眠不休的肉體上的痛苦，然後產生的。如果我們問他們願不願意以他們當時的快樂，換取最大的肉體上的快樂時，他們必定會說不願意；如果我們問他們有沒有為了那麼渺茫的成功機會，作了那麼大的犧牲，而感到後悔或不值時，他們也一定會說沒有。

　　有人也許會說那是特殊的偉人的例子，不能作一般人的代表，那麼讓我們看看一般的最平凡的人吧！一個慈母在愛兒生病時所忍受的精神上的痛苦，常常比她兒子直接身受的病魔的痛苦來得大；在抗戰時，許多地下工作人員就認為最難忍受的不是他們肉體上所受的酷刑，而是親眼看著至親至愛的人在遭受凌辱。

　　上面這些例子不一定要下相反的結論，說精神上的快樂與痛苦一定比肉體的大，而只是想表示，亞里士迪帕斯的主張其實與我們的許多經驗都不相符合。他也許有另一些經驗作為他的根據，但這樣他起碼犯了以偏概全的謬誤，以部分的真作為普遍的真。

　　如果上面的批評可以接受的話，那麼我們可以得出下面兩個結論：

　　第一，如果享樂主義的倫理學有意義，則快樂必然是人有能力追求的，而所有能夠追求的快樂都是未來的快樂，而不是現在的快樂，因此享樂主義必須假定人有相當地（雖然不是絕對地）預測未來和控制未來的能力。既然如此，衡量快樂的大小的標準，除了強烈與否外，持久與否，也應該在考慮之列。

　　第二，根據我們的許多經驗，肉體的快樂與痛苦，常常不大於精神上的快樂和痛苦，因此我們不能一概而論地說在一般情況下，人應選擇肉體的快樂。

　　這兩點意思可以帶領我們討論另一個倫理學家，伊璧鳩魯(Epicurus) 的思想，他的倫理學正是根據這兩點意思來發揮的。

▶ 參考書目

1. Hicks, R. D. (trans.), *Diogenes Laertius: Lives of Eminent Philosophers*, Mass. Cambridge: Harvard University Press, 1925, Rev. ed. 1938, 1942, 1950.
2. Fuller, B. A. G., *History of Greek Philosophy*, New York: Henry Holt and Company, 1931, Vol. II, Chapter 3.

第二節　伊壁鳩魯 (Epicurus)

　　亞里士迪帕斯雖然是西方倫理學史中的第一個享樂主義者，但享樂主義之所以能夠在西方成為一個有影響有勢力的道德哲學學說，卻不是由於亞里士迪帕斯或是他的雪蘭尼學派的門人，而是由於伊壁鳩魯。「伊壁鳩魯式」(Epicurean) 這個字在外文裡現在已成為「享樂主義的」的代名詞，可見伊壁鳩魯影響之大。不幸的是，一般人並不了解他的倫理學，只是從他享樂主義的主張，望文生義，加上以訛傳訛，竟然將他的學說解釋為縱欲主義。因此，在外文中，「伊壁鳩魯式」這個字，是指縱欲地享樂，而且很明顯地含有貶抑的意思，這自然是一個很荒謬而可笑的誤解。後面我們會知道，伊壁鳩魯不但不主張縱欲，而且要人節制欲望❼。這正是他的學說的特色所在。

　　伊壁鳩魯生於西元前 341 年，卒於西元前 270 年，起初曾跟過一位柏拉圖學派的人做學生，後來又投在一位德謨克拉圖斯

---

❼　George K. Strodach (trans.), *Letter to Menoeceus*, collected in *The Philosophy of Epicurus* (Evanston: Northwestern University Press, 1963), p. 191.

(Democritus) 學派的人的門下，後者對他的影響很大。他三十五歲時在雅典開創了他的學派，教學的地點就在他自己的花園裡。儘管柏拉圖和亞里斯多德的學派勢力在當時仍然很大，但他的門徒卻愈來愈多，他的學說逐漸成為當時人接受的流行學說之一。他的門徒包含了社會各階層，甚至有女人和奴隸，這在當時是空前之舉，因為女人和奴隸在雅典向來沒有社會地位，也向來不是教育的對象。伊璧鳩魯這種不分階級、有教無類的態度，自然和當時的時代背景有關。亞歷山大大帝征服希臘城邦以後，雅典人的優越感逐漸消失，天下一家的意識代之而興，本來牢不可破的階級意識也逐漸由於原來社會秩序的崩潰而淡薄下去。但無論如何，伊璧鳩魯的教學方式在西方教育史上仍然是一件重要的大事。

伊璧鳩魯的智慧與人格受到他的學生們最高的尊敬，他平日的教訓被記錄下來作為聖典來背誦，作為金科玉律來遵行。他們師生間所形成的那種友愛氣氛也成為當時人羨慕和推崇的對象。在那個政治、經濟、文化，以及整個社會結構都在大變動，人心恐懼不安的時代裡，伊璧鳩魯用他哲學的智慧以及師生間的友愛穩定了當時人徬徨憂懼的心情，指示了一個人生的方向。

很顯而易見，無論對亞里士迪帕斯或伊璧鳩魯來說，哲學都不只是一個思想或知識系統，更不只是一個理智上的遊戲，在他們看來，哲學主要是一種生命的方向，是生命之道。因此他們雖然對當

時流行的宇宙觀很熟悉，而且也受到它們一定的影響，但他們自己在這方面並沒有什麼特殊的創見。

伊璧鳩魯的倫理學有一些基本立場是和亞里士迪帕斯的完全相同的——他以快樂為人生的唯一目標。他的理由是，根據我們的經驗，每一個人實際上都在追求快樂，每一個行為上的抉擇最後也是為了快樂。當我們評論一個行為或一件事的好壞善惡時，也自然地以這行為或這件事能否帶來快樂為準則。因此，伊璧鳩魯說，快樂即是終極的善，痛苦則是終極的惡。法律與習俗之所以要遵守，完全是因為若不然我們會受到社會的鄙棄或懲罰，因而招來痛苦。如果沒有懲罰或痛苦，我們就沒有理由要遵守這些法律和風俗習慣。

上面這些話都和亞里士迪帕斯的學說沒有什麼不同，也和我們一般人所想像理解的享樂主義相吻合，伊璧鳩魯還特別強調他所說的快樂即一般人所說的快樂，沒有任何其他的意思。快樂是一種感受，如果沒有感受，快樂一詞就沒有了意義。

但這裡是不是有一個不可解的難題？如果依伊璧鳩魯所說，每一個人都有追求快樂的自然性向，而快樂即是善，即是人生的目標，那就等於說人自然地就追求善，都在向著人生的正確目標前進，那麼惡從何來？而且如果每一個人都自然地向善，人也不再需要倫理學的指引，我們還要倫理學來做什麼？

對於這種疑難，伊璧鳩魯的答覆是這樣的：人雖然天生地追求

快樂，但人不可能同時享受每一種快樂。當我們決定選取某一種快樂時，常常同時就決定放棄其他的快樂，當我們所放棄的快樂大於所要的快樂時，我們就等於放棄較大的價值而追逐較小的價值，這就有了惡。同時，有些快樂會帶來痛苦，有些痛苦又會帶來快樂，當我們為了很小的快樂，而忍受極大的痛苦，或為了極小的痛苦，而放棄極大的快樂時，這樣也就產生了惡。

因此，惡不是在單一的快樂或單一的痛苦中產生。因為人面對單一的快樂或單一的痛苦時，他自然地會求樂避苦，這自然不會有惡。只有當快樂與快樂衝突，或快樂與痛苦相伴相隨時，人的取捨才可能生惡。

倫理學的主要問題因此不是我們應不應該追求快樂，因為我們每一個人實際上都在追求快樂，而且不可能不追求快樂，問題是當快樂與快樂相衝突時，我們應該如何取捨？這等於問我們如何分別快樂的大小，或者分別快樂大小的標準是什麼。

快樂的大小標準是什麼呢？伊壁鳩魯說最大的快樂不是一個剎那一個剎那的快樂，而是綿延不斷的快樂。換句話說，伊壁鳩魯以為快樂的大小高下，不在於它是否強烈，而在於它是否持久。

這個觀念是伊壁鳩魯和亞里士迪帕斯的分水嶺，它決定了他們的享樂主義的不同。因為從這個觀念開始，他們二者間的分歧就愈來愈大了。

　　為什麼伊壁鳩魯以持久作為快樂大小的標準呢？原因是伊壁鳩魯是一位原子論者。他相信一切事物皆由原子構成。原子的運動有一定的規律，當我們身體的原子依正常規律而運動時，我們就會感到快樂，當這些原子不依正常規律而運動時，我們就會感到痛苦。譬如當一個人生活正常，不暴飲暴食，生活得很有規律時，他的身體的原子就在正常規律下運作，他就可以有持久的快樂。相反，如果一個人生活不正常，暴飲暴食，花天酒地，雖然可以一時得到強烈的快樂，但由於他的身體的原子在極不規律的狀況下運作，他長遠來說一定會痛苦。因此人應追求持久的快樂，而不是強烈的快樂。

　　如果快樂的大小高下是以持久為標準，而根據我們的經驗，最持久的快樂不是任何正面的快感，而是負面的、痛苦的消失❽。因此，伊壁鳩魯說，我們所應追求的快樂，是負面的快樂，即痛苦的不存在❾。因為只有這種快樂才最持久，所有其他正面的快樂相對起來都是短暫的。

　　不但如此，伊壁鳩魯還有一個有趣的觀察。他認為痛苦消失時的那種快樂，與豐盛享受時的那種快樂，即使在強度上也沒有什麼不同，所不同只是後者多了一些花樣或款式而已，而這些花樣，並不能增加快樂的強度，因此實際上是不必要的。

---

❽　*Leading Doctrines*，同上，p. 196.

❾　*Letter to Menoeceus*，同上，p. 182.

　　伊璧鳩魯這個意思也許不很容易了解，但卻不是毫無經驗根據
的。對於一個餓極了的人，三碗白飯與山珍海錯都是上上的美味；
對於一個在寒風中戰慄的人，粗糙的毛毯與錦袍也同樣使他快慰。
就它們所產生的快樂來說，二者的價值並無什麼不同，可見山珍海
錯與錦袍所增加的並不是快樂，而只是一些不必要的花樣而已。這
兩個例子也許很極端而不夠全面，但至少可以幫助我們了解伊璧鳩
魯的一個基本信念，即痛苦的消失，比起享受的增加，實在更根本
更重要。許多人的物質享受比別人好得多，但他本人卻沒有比別人
更快樂的感覺，其原因正在於此。

　　伊璧鳩魯之所以主張人應追求痛苦的消失那種消極性的快樂，
而不應追求正面的滿足那種積極性的快樂，除了前者更能持久以及
二者所有的強度相同以外，還有一個理由是從後果來考慮的。

　　上面說過，快樂與痛苦的價值不只從它們本身看，而且也從它
們所帶來的後果看。帶來大痛苦的小快樂，其價值是負面的。相反，
帶來大快樂的小痛苦，其價值則是正面的。根據這個考慮，人也不
應該追求正面的快樂，而應追求痛苦的消失，因為前者所要人付出
的代價大而後者的代價小。這個意思在他分析人的三種欲望中有詳
細的解釋。

　　伊璧鳩魯將人的欲望對象分為三類：一是自然而必要的，維持
起碼健康的食物屬於這一類，如麵包和水。一是自然而不必要的，

美味的食物屬於這一類。還有一種是既非自然又非必要的，如名譽
地位權力屬於這一類❿。前兩者之所以是自然的，是因為它們都是
人的自然的本能的欲望，第三種之所以是非自然的，是因為它不是
人的本能欲望，而是在人群社會中學習而得的。

　　第一種欲望必須想法滿足，因為麵包和水極易獲得，無須付出
什麼痛苦的代價，而且如果不滿足它會招來極大的痛苦。第二種欲
望是不必要的，也就是說可以不滿足或不必去滿足，甚至是不應該
去滿足的，因為這種欲望要滿足它必須付出痛苦的代價，而不滿足
它又不會有什麼痛苦。這個意思很容易了解，我們雖然想吃山珍海
錯，但吃不到也就算了，並不會因而有什麼痛苦，但為了要吃山珍
海錯而想法張羅，結果要付出很大的代價，自然會帶來痛苦的後果。

　　第三種欲望是最不必要而且也最不應該去滿足的，因為這種欲
望去滿足它時固然要付出最大的痛苦的代價，還不一定真正獲得滿
足，不去滿足時，則對人一點損害也沒有。在伊壁鳩魯看來，名譽、
地位和權力實在沒有任何實質的意義，它們的得失對人毫不重要。
但人常常為了這些虛無飄渺的東西而奔走駭汗，勞精搖神，痛苦萬
分，實在愚不可及。

　　根據這個分析，如果人想真正獲得快樂，減少痛苦，必須滿足
第一種欲望，但卻要避免第二種尤其是第三種欲望的追逐。這個意

---

❿　*Leading Doctrines*，同上，pp. 200–201.

思其實等於是說人必須將欲望縮小到最低限度，過一種最簡單而儉樸的生活。

　　通過這種最簡單儉樸的生活而獲致的快樂，當然不是感官的或肉體的狂歡式的快樂，即不是通過刺激而引起的正面的、興奮的感受，但也不是如一般人所想像的平板無味、無聲無臭的狀態。那是人在身體健康、心靈寧靜中的狀態，而這是人所可能有的真正的快樂，也是最大的快樂，因為這種狀態不含任何痛苦，而且也最能持久。這是為什麼伊璧鳩魯再三強調人如果要獲致真正的快樂，唯一的、最佳的途徑是使心靈寧靜和身體健康。人之所以不能快樂，癥結即在於心猿意馬，心靈不能寧靜，或者是身體孱弱，疾病纏身。人如果一方面心靈寧靜，一方面又身體健康，自然不會有痛苦，自然就快樂。

　　由於伊璧鳩魯強調持久的快樂，因此他以為心靈的快樂大於肉體的快樂，因為肉體的快樂只是當下的，而心靈的快樂則常常較持久，而且它還可以通過對過去的記憶和未來的希望而累積。至於痛苦亦然，高度強烈的肉體痛苦都是短暫的不可能持久❶，比較長期的肉體痛苦則都是輕微的，而這種輕微的肉體痛苦又可以為心靈的快樂而遮蓋，因此都不值得太重視。

　　根據這個分析，心靈層次的快樂和痛苦，高於肉體層次。如果

---

❶　*Vatican Collection of Aphorisms*，同上，p. 204.

兩種快樂衝突，我們顯然應該選擇心靈的快樂，如果兩種痛苦必須擇其一，我們寧可要肉體的痛苦。

伊璧鳩魯之所以看重心靈的快樂和痛苦，還有一個原因，即心靈的快樂和痛苦是人可以自主的，肉體的則不然。這個意思很容易明白，心靈寧靜與否可由自己控制，但人要吃美味，要極視聽之娛，卻由許多外在條件所決定，譬如金錢、環境等等，而這些都不是個人所能主宰決定的。強調心靈的快樂的一個含意即看重由自己主宰的快樂。如果快樂完全不能自主，則以之為善惡的標準，以之為人生目標，就沒有了意義。伊璧鳩魯說，智者即使在肉體受刑時仍然可以快樂，正是這個意思。

這樣看來，心靈寧靜與身體健康固然是達致快樂的要訣，但二者相較，心靈寧靜尤其是關鍵所在。如何能使心靈寧靜呢？伊璧鳩魯答覆這問題用了負面的方式；他這樣問：心靈寧靜的大敵人是什麼？我們只要知道妨礙心靈寧靜的是什麼，自然就知道如何使心靈寧靜了。

心靈寧靜的一個大敵是欲望太多。人欲望一多，患得患失，心猿意馬，心靈自然不能寧靜，此所以伊璧鳩魯在前面說要將欲望減少至最低限度的緣故。

除了欲望太多以外，心靈寧靜還有一個大敵是恐懼，尤其是對死亡以及神靈的恐懼。伊璧鳩魯之所以特別提出這兩種恐懼是因為

這兩者最深入人心和最源遠流長。因此要真正心靈寧靜必須先去除這些恐懼。而要去除這些恐懼必須對它們有真切的認識。因此伊壁鳩魯給死亡與神靈作了一個分析，告訴我們死亡是怎麼一回事，神靈是怎麼樣的存在。

　　這個分析是根據伊壁鳩魯的宇宙觀而來的。從這個宇宙觀，我們看到伊壁鳩魯來自德謨克拉圖斯學派的影響。他像德謨克拉圖斯一樣，以為宇宙中的一切都由原子所構成。宇宙中除了無限數目的原子外，便是虛空 (void)。一物之生或形成是原子與原子的結合，一物的消滅或死亡是原子與原子的分離⑫。無論是結合也好，分離也好，都只是原子機械式的運動過程中所產生的現象，本身沒有目的，也無所謂善惡。因此就宇宙的觀點看，人的生或死都沒有什麼特別意義，生固不足以為喜，死亦不足以為悲。人生的意義和善惡的分別不在生命的本身而只在人的感受中，人追求快樂，逃避痛苦，因此快樂即是人生的意義或目的，快樂即是善，與快樂相反的痛苦便是惡。

　　根據這個觀點，死亡不足畏，因為正如上面所說，死亡只是原子與原子的分散，而原子分散後人不再有感覺，既無快樂也無痛苦。人所畏懼逃避的只是痛苦，死亡既是沒有快樂沒有痛苦的狀態，自然無須畏懼。

⑫　*Leading Doctrines*，同上，p. 196.

　　那麼人何以會畏懼死亡呢？依伊璧鳩魯的分析，人最畏懼害怕死亡是在自以為接近死亡的那個時候。但實際上死亡不是一件可接近的事物：當我們存在和有感覺的時候，無所謂死亡；當死亡來臨時，我們已經不存在，也不再有感覺⑬。換句話說，我們和死亡永遠不能碰頭。因此，伊璧鳩魯說，聖人不會理會死亡，他們永遠活在不受死亡干擾的寧靜清明的狀態中。

　　至於神靈，伊璧鳩魯以為我們也無須害怕祂們。伊璧鳩魯雖然是原子論者，但他並不試圖否定神靈的存在，相反，他以為神靈若不存在，那麼一般人普遍地相信神靈存在的這種信念就沒法解釋⑭。他甚至可以接受神靈不朽的這個信念。這意思和他相信一切由原子構成這個信念並不矛盾，神靈仍然是原子所構成，只是這些結合為神靈的原子不再分離而已。

　　神靈既由原子構成，像其他自然物一樣，那麼祂們就不是萬物的根源，祂們不是創造主。祂們只是比較輕靈清明而有福氣，這是因為構成祂們的原子是比較細緻的原子。祂們既比較清明而有福氣，便不可能有煩惱，更不會自尋煩惱，也不會給人煩惱。祂們不會因為人做了什麼事而高興或發脾氣，也不會因此賜福或降禍給人⑮，

⑬　*Letter to Menoeceus*，同上，p. 180.

⑭　同上，p. 179.

⑮　*Leading Doctrines*，同上，p. 196.

因為這些都是自尋煩惱的表現。因此，伊璧鳩魯說，我們可以因為神靈比我們優越而尊崇祂們，但卻無須畏懼祂們或向祂們祈福，因為這都是無知的表現。

要心靈寧靜，除了寡欲和不懷恐懼之心外，人還須有各種德性。公正、謙和、儉樸、誠實，都是使人心靈寧靜，也即是使人快樂的條件。這個意思不難明白，人若自私、驕矜、奢侈、奸詐，人的心地就無法開朗、寬廣，而不免於多疑，這樣自然不能寧靜，也就不能快樂。

在這裡，我們很明顯地看出伊璧鳩魯是一個目的論者(teleologist)：德性之所以是德性，是因為它可達致人生的目的。這樣，德性本身不是目的，而是達致某種目的之條件或工具；如果它不能帶來這種目的，它就喪失了條件或工具的作用，就不再是德性。

這正是伊璧鳩魯所謂德性的意思。因此，在他看來，所謂公正，只不過是互不侵犯的協約⓰。人維持這種協約只是為了希望他人也像自己一樣公正，使自己不致受到傷害或損失。如果這種協約不存在，或者說，所有其他人都不遵守這協約，都不公正的時候，公正對於我就不再是德性，因為它已不能使自己避免他人的侵害，在這時人若仍然要求自己公正，就是一個大傻瓜。

但這裡有一個問題。如果公正只不過是互不侵犯的協約，我之

⓰　同上，pp. 201–202.

所以不侵犯他人，是因為我希望他人因而也不侵犯我，那麼如果我手段高明，做了不公正的行為而不為人所發覺，譬如說我騙了他人的錢而被騙者矇然不覺，我是否可以不公正，是否可以做欺騙的行為呢？

表面看來，我似乎可以這樣做，因為我即使不公正，但如果他人以為我公正，那麼這行為本身是否不公正已經沒有關係，因為即使我公正，我所想要達致的也只是使他人以為我公正，從而對我也公正，如此而已。上面說過公正只是一種手段或工具，最後是為了達致那個目的。如果公正與不公正所達致的後果一樣，我自然沒有理由一定要公正。

這個意思好像還可從伊壁鳩魯上面的話作一佐證。伊壁鳩魯說，如果我公正也好，不公正也好，他人對我都一樣不公正，我就沒有理由要公正。我們似乎也可用同樣理由說，我公正也好，不公正也好，人們反正以為我公正，因此都會公正待我，那麼我為什麼不能欺騙他人，討別人的便宜？

但伊壁鳩魯不同意這個說法。原因是他認為即使我欺騙了他人，使他人以為我公正，但我在欺騙他人後，會一直提心弔膽，害怕這事會給人發覺，長年累月在不寧靜之中，也即在不快樂之中。我之所以要使他人以為我公正，最後是為了快樂，如果我使他人以為我公正而心中仍然不安寧不快樂，我騙到了他人又有何用？

因此，伊璧鳩魯說，在一般情況下，智者不會做不公正的事，因為快樂的人必須是公正的，不公正的人很難快樂。

伊璧鳩魯對友誼的分析也是根據同樣的目的論觀點立論的。在他看來，友誼極重要，因為在友誼的溫炙下，人可減少恐懼，容易保持心靈的安寧。但友誼的價值也正在於達致這些目的，離開這些目的，友誼本身沒有意義或價值。對於那些不能與之做朋友的人，伊璧鳩魯的勸告是不要得罪他們，以致結怨而成為仇敵。因為有仇敵便有恐懼，有恐懼便不安寧、不快樂。

正由於他將友誼或友情看為工具或手段，最後是為了達致快樂。因此他勸人要儘量享受友誼的好處，而不是倒過來為朋友而痛苦，譬如由於朋友的逝世而哀傷等。

這種理論聽起來似乎很自私，但其實那是自我中心，而不是自私。伊璧鳩魯其實了解自私的人不會快樂，他也說過對人仁慈比接受他人的仁慈更快樂的話。他甚至說智者可以為朋友而死。他自己師友之間便做到互通有無，彼此信賴的境地。他反對財產公有，但那是因為他以為財產公有制蘊含了朋友間的互不信任，而須倚賴外在的制度的意思。朋友間若互相信賴，彼此幫助，根本無所謂公有私有。

自然，伊璧鳩魯並非自相矛盾，因為互信互賴、對他人仁慈、為朋友死，最後都是為了個人心中的安寧，為了自己的快樂（必須

記住的是死亡對於他並不是什麼了不得的事)。所以我們在上面說他的學說是自我中心的，是利己主義的，但他並不主張自私，因為自私這種方式達不到個人的目的。要達到個人的目的必須不自私。

　　伊壁鳩魯的整個學說都是在告訴我們如何達致快樂，或達致快樂有些什麼條件。但我們之所以能知道快樂和這些條件的關係，全靠智慮 (prudence)；人若沒有智慮，就無法知道如何達致快樂。這樣，人就只好像其他禽獸一樣，盲目地倚賴本能衝動來行動。但盲目地倚賴衝動行事得不到快樂，因此我們需要智慮的指引。在智慮的指引之下，我們才會重視友情，才會寡欲、不恐懼，才會公正、儉樸等等，這樣人才能快樂。由於智慮如此重要，因此智慮可以說是人必須培養的第一個德性。自然，就像其他德性一樣，智慮本身也不是目的，而是達致快樂的工具或條件而已。

　　伊壁鳩魯的自我中心的享樂主義，在社會關係上也是一以貫之的。他除了友情有助於增長個人的快樂而肯定其價值外，其他社會關係的價值他大都加以懷疑。他否定愛情的價值，因為愛情會干擾心靈的寧靜⑰。基於同一個理由，智者也不會參與政治活動。只有兩種情形是例外：一是如果不參與政治活動，社會會崩潰或瓦解，危及到個人的安全或快樂的時候；另一個是當個人的政治欲望強烈異常，不參與政治活動足以使其心靈不得安寧的時候。

⑰　Excerpts from *The Life of Epicurus* by Diogenes Laertius，同上，p. 109.

　　伊璧鳩魯的法律理論同樣以個人的快樂為出發點。法律在他看來是有價值的，因為生活在一個由法律統治和個人權利受到保護和尊重的社會，比在一個沒有法律保障的社會或人群中，顯然更有安全感，心靈也更容易安寧而不受干擾。

　　根據上面所述，我們很容易看出，伊璧鳩魯的快樂主義，有許多地方是和亞里士迪帕斯的學說完全相同的。

　　第一，他們都以快樂為人生的目標，因此也都以之為道德的根基或標準所在。

　　第二，他們都以人所追求或應該追求的最後目標為個人自己的快樂，而不是他人的快樂。人縱然許多時候應該對他人仁慈，使他人快樂，但這只是一種手段或工具，最後的目的仍然在於自己獲致快樂。此所以他們的倫理學被稱為利己主義的倫理學。

　　第三，他們都認識到人生的目標必須是人可以自主的，因此都強調自主的快樂。

　　但他們二人也有許多不同的地方：

　　第一，亞里士迪帕斯強調當下快樂的強烈性，而伊璧鳩魯則強調快樂的持久性。這不同自然與他們的宇宙觀有關：亞里士迪帕斯以為一切都在流變，因此沒有任何法則可尋，我們所能把握的只是當下的感覺。伊璧鳩魯則以為原子的運動有一定的規律，而快樂也有其一定的條件，依據這些條件，我們自然可以獲致長久的快樂。

第二，由於亞里士迪帕斯強調的是強烈的快樂，所有強烈的快樂皆是正面的。因此他以正面的快樂為取向。至於伊璧鳩魯，由於他強調的是持久的快樂，而正面的快樂皆不能持久，因此他以消極的快樂為取向，即不求正面的快感，而只求痛苦的消失。

第三，亞里士迪帕斯以為一般地說，肉體的快樂較之於精神的快樂強烈，因此人應首先以肉體的快樂為鵠的。伊璧鳩魯則剛好相反，他以為精神上的快樂持久於肉體上的快樂，因此人所應著重的是精神上的，而不是肉體上的快樂。

上面只是一個粗略的比較，依據這些比較，我們會發現，伊璧鳩魯的倫理學，比起亞里士迪帕斯的來說，顯然更一貫，和我們的經驗也更相符合：

第一，亞里士迪帕斯之所以否定持久性為快樂的標準，是因為他以為事物變化得太快，我們對未來完全沒有把握。但我們的經驗明明告訴我們，有些快樂、有些事物雖然比較短暫，但有些快樂、有些事物則比較持久。同時，事物雖然不斷在變，但人仍然可以在變化的現象中，找出相對地穩定的法則。正由於這些法則，人才可以有知識，可以相當地預測未來，也才可以生存。如果一切事物的變化快得任何法則都找不到，我們所能把握的只是當下的感覺，那麼我們不但對未來的快樂不可知，對未來的一切也都不可知，這樣，我們就不可能有任何行動，因為任何行動都是為了達到某種未來的

目的而發。行動是條件，所要達到的是還未出現的目的，我們之所以發出這行動，原因是我們相信由此可以使那個目的出現。如果我們對未來的一切全無把握，也即是說什麼行動可以達致什麼目的我們全無把握，那麼我們便不可能有任何行動。我們不能吃飯，因為我們不知吃飯會達致什麼後果，我們不能穿衣、讀書、運動，以及任何一般人認為有意義的活動，因為這些活動都成為沒有意義。這樣，我們不但不能獲得快樂，像上節所說那樣，我們甚至不能生存，因為我們不知道怎麼樣的行動才可以使自己生存。

　　第二，亞里士迪帕斯和伊璧鳩魯都強調自主性，要由自己來主宰快樂，而不是由外在的環境主宰快樂。上面說過，這個意思很有見地，因為只有當自己能主宰快樂，不倚賴任何外在環境外在條件時，我才真的可以無往而不自得。一個人的快樂若須倚仗某種外在環境或條件，那麼當那個環境改變或那個條件不出現時，人就不能快樂了。但亞里士迪帕斯雖然明白這一點，他在另一方面卻強調肉體的快樂，而肉體的快樂，正如伊璧鳩魯所說，總多多少少受外在環境的決定或影響，而不能完全由自己作主。我們一般人都想看美色、聽美音、嘗美味，這些都屬於所謂肉體快樂的範圍。但實際上，有多少人能夠達到這些願望？可見這種快樂不能由我們自己作主。心靈的消極式的快樂則不然。比較上說，它確是較能為人所自主，較不受外在條件的限制，亞里士迪帕斯強調要隨遇而安，但隨遇而

安正是心靈上的安，它不是外在環境所使然，而有賴於內在的意志與平日內心的修養，就這個意思上說，伊壁鳩魯的理論比起亞里士迪帕斯的，確是更為圓融一致。

自然，這不等於說伊壁鳩魯的學說無瑕可擊。事實上，它也有一些毛病，有它站不住腳的地方。

第一，伊壁鳩魯認識到友誼是達成心靈寧靜的有利條件。在孤獨寂寞中，人的心境很難平和寧靜下來，可惜的是伊壁鳩魯沒有進一步分析這個現象背後所包含的意義，譬如說這是否表示人是社會性的存在，人必須在與他人的感通中才能滿足或發揮他的本性。若然，則友誼便不能只看為一種手段或工具，而是人性的一種表現。但伊壁鳩魯沒有深究這後面的意義，他沒有問，人何以在友誼的慰藉和激勵下更容易獲得心靈的安寧。他只停留在他所觀察的表面現象上，他只見到友誼有這樣的功能，因此便直接以友誼作為達致個人快樂的工具或手段。這不只使他的友誼論流於淺薄，而且這樣的友誼論還有一種弔詭：人以友誼為手段，為的是想達致自己的快樂，但當人只以友誼為手段時，就不可能得到真正互相信賴互相幫助的朋友，因此也就得不到由互信互助的友誼而來的快樂。這個意思大家在經驗上一印證就可明白。人要能有推心置腹、在患難中相扶持的朋友，其先決條件一定是他不只把他的朋友當作手段或工具看待，也不只把他們間的友誼當作手段或工具看待。人一把朋友或他們之

間的友誼看為一種工具，以達致個人的某種目的時，那個朋友就不會與他推心置腹，患難與共，他們之間就不可能有真正的友誼，這樣，他自然也就得不到真正友誼所能帶來的寧靜或快樂。

第二，伊璧鳩魯的享樂主義是根據人的自然傾向來建立的，他的說法是，人有追求快樂的自然傾向，因此人應該追求快樂。另外他的死亡不足畏懼的理論，則是根據原子論的觀點來建立的。他的說法是，死亡只是原子的分散，本身無善惡可言，因此不足畏。但如果我們細心一點，就會發現伊璧鳩魯在這裡不自覺地用了雙重標準，而不能一以貫之。如果人有追求快樂的自然傾向，因此應追求快樂，則根據同樣的推論，我們也可以說人有求生的自然傾向，因此應該趨生避死。但死亡終究避不了，因此心靈也終究寧靜不了。這樣，順應自然傾向的結果是一面要追求快樂，一面得不著快樂。享樂主義的人生觀不可能成立。

至於就原子論的觀點說，人的生和死只是原子的聚和散，不足喜也不足懼。那麼我們可不可以用同樣的觀點說，快樂與痛苦也不過是原子運動的結果而已，因此也無所謂善惡。這樣，快樂主義也不能成立。

自然，伊璧鳩魯在否定死亡的可怕性與生命的可喜性時，其實暗含了一個深邃的智慧，即一般人愛生惡死的自然傾向其實只是沒有意義的執著，是一種無知的表現，當人看穿生死的真相時，人自

然不會再斤斤計較於生與死的分別。這個意思頗能發人深省，但同樣的意思何以不能引用到快樂的追求上去？快樂的追求與痛苦的逃避，很可能也出自於人的執著與無知，我們何以一定要追求快樂和逃避痛苦？

▶ **參考書目**

1. Bailey, Cyril (trans.), *Epicurus: The Extant Remains*, Oxford: Clarendon Press, 1926.

2. Bailey, Cyril (trans.), *The Greek Atomist and Epicurus*, Oxford: Clarendon Press, 1928.

3. Hicks, R. D. (trans.), *Diogenes Laertius: Lives of Eminent Philosophers*, New York: G. P. Putnam's Sons, 1925.

4. Strodach, G. K. (trans.), *The Philosophy of Epicurus*, Evanston: Northwestern University Press, 1963.

第 三 章

利他的享樂主義——效益主義

個人的享樂主義既然站不住腳，我們很容易會想到，如果人生的目標和道德的標準不但包括個人的快樂，而且也包括他人的、或者是大眾的快樂，那麼這個倫理學說也許會更圓融、更健全、更無懈可擊。在這一章裡，我們要討論的正是這種享樂主義。它和個人的享樂主義相同的是，它們皆以快樂作為人生的目標與道德的標準，但不同的是，它不是以個人的快樂，而是以眾人的快樂作為是非善惡的最後標準。這個學說在倫理學圈子中稱為利他的享樂主義 (Altruistic Hedonism)，又稱為效益主義 (Utilitarianism)。

這個倫理學說的代表人物是十八、九世紀時的英國哲學家邊沁 (Jeremy Bentham) 及穆勒 (John Stuart Mill)。他們的學說之所以稱為利他的享樂主義很容易明白，因為這是他們學說的中心所在；至於它為什麼又稱為效益主義，是因為邊沁在他的學說裡，提出了一個最基本的道德原則，他稱之為效益原則 (Principle of Utility)，後來穆勒就根據這個原則稱他和邊沁的這個倫理學說為效益主義。

我們一般人一提到效益主義就討厭，因為在我們心目中，所謂效益主義即是急功近利，為求實利而不擇手段的學說。但這是望文生義，以訛傳訛的結果，而不是效益主義原來的本義。效益主義的意思是行為的對錯與是非，決定於它是帶來大多數人的最大快樂抑最大痛苦。這裡所謂的最大快樂包括了未來的、長遠的快樂，因此絕沒有急功近利的意思。可見一個學說，經過一般人的道聽塗說，

可以歪曲到什麼可怕的地步。

　　由於開創效益主義學說的是邊沁，將之修正與發揚的是穆勒，我們在下面將依次序先討論邊沁的學說，然後再看看穆勒怎麼樣加以修正和補充。

第一節　邊　沁 (Jeremy Bentham)

一

　　邊沁生於 1748 年，卒於 1832 年。他小時候已經以聰穎著名。他四歲時學拉丁文和讀歷史，十三歲就進了牛津大學，十五歲畢業。後來由於他父親希望他成為律師的緣故，於是又研習法律。但他很快就發現當時的刑事法和政治結構有許多問題，愈反省和檢討這些問題，他就愈發現在這方面值得鑽研和深思的地方太多而不能就此罷休，而對於如何應用法律條文在個別事件的律師行業反而愈來愈感到不耐煩。他終於放棄了律師的道路轉而成為一個哲學家。他一直在問的問題是：我們現行的法律和政治機構究竟想達致什麼目的？這個目的應不應該追求？如果應該，那麼我們這些法律條文和政治機構又是否能達致這個目的？

　　顯而易見，這些問題原都不是倫理學的問題，而是法律哲學和政治哲學的問題，但為了答覆這些問題，他最後必須涉及倫理學的

問題，因為要知道法律以及政治機構的目的，最後總涉及人生的目標和什麼是善這些問題。此所以他的大著《道德與立法原則概論》，原本的動機雖然是想找尋立法的根基，但最後終於在倫理學上立足。這使他不但對英國以及其他的民主政體，有了極大的影響，同時在倫理學史上，也成為一個大宗派的宗主，影響至今不衰。

邊沁的效益主義像個人享樂主義一樣，是建基於人性論上面的。他以為人的本性是追求快樂，逃避痛苦：「自然將人類置於兩個統治者的管轄之下。一是痛苦，一是快樂。唯有它們可以告訴我們應該做什麼，同時決定我們做什麼。……我們的一行、一言、一思，皆受它們的管轄。不論我們如何努力擺脫它們對我們的控制，但這些努力到頭來只證明和顯示我們始終在它們的控制之下。人或許可用言詞來棄絕它們的王國，但在實際生活中他總是這個王國的臣民。」❶

正因為我們的一切行為都不可能逃出它們的控制，所以它們就不但是我們未來行為的決定者，而且也是我們未來行為的指標。這即是說，快樂和痛苦不但是我們行為實際上的支配者，同時也是判別什麼是我們應該做、什麼是我們不應該做的標準。因此，快樂即

---

❶ Jeremy Bentham, *An Introduction to the Principles of Morals and Legislation* [New York: Hafner Press (a division of Macmillan Publishing Co., Inc.), 1948], p. 1.

是善，帶來快樂的行為是對的；痛苦即是惡，帶來痛苦的行為是不對的。

這些意思並不新鮮，因為亞里士迪帕斯和伊璧鳩魯早在兩千年前，就已經說過類似的話，只是邊沁說得較為細緻而已。

邊沁為了使得他當時的讀者不至於誤會他所謂的「快樂」和「痛苦」，有什麼特別的涵義，他特別聲明這些字眼都是一般人日常使用時的意思。快樂和痛苦即是每一個人所感到的快樂和痛苦，快樂既包含吃喝時的快樂，也包含閱讀有趣味的書、聽美妙音樂，或做某種事情的快樂。

但有一個問題出現了：如果快樂即是善，即是我們所應該追求的；痛苦即是惡，即是我們所不應該追求的；而我們本性上又必然地使我們追求快樂，逃避痛苦，那就等於說，我們必然追求善，逃避惡，必然做我們所應做，不做我們所不應做的事。這樣，我們就自然地都成為善人，那麼惡人從何而來？同時，如果我們自然而然都在追求善，逃避惡，我們也就不需要什麼行為的指標，提醒我們應該做什麼、不應該做什麼，我們不需要倫理學，我們也不需要有意地去分辨善惡、道德與不道德。因為在這個世界上，根本不可能有惡的存在，也不可能有不道德的事發生。

邊沁承認，根據他的理論，所有行為的動機本身都不可能含惡的成分❷，因為所有行為的動機都是為了追求快樂，逃避痛苦。但

行為的後果卻可以含惡。這是什麼意思呢？我們可以這樣想：第一，由於人的短視，他可以為了目前的小快樂而忽視了未來的大痛苦，或者為了目前的小快樂而犧牲了未來的大快樂。這是伊璧鳩魯注意到的事實，譬如人為了貪圖一時吸毒的快樂而犧牲了健康的快樂就是一例。第二，人的行為動機雖然是追求快樂，逃避痛苦，但當兩種快樂衝突而只能選擇其中的一種時，他常常分不出快樂的大小而為了小的快樂竟然犧牲大的快樂。或者當兩種痛苦衝突而必須選取其中一種時，他為了逃避小的痛苦而忍受了大的痛苦。

因此，如果只就行為的動機來說，人的行為誠然無所謂對或錯，人也無所謂善或惡，但就後果上說，由於人的判斷的錯誤，或由於短視的緣故，一些行為便會含有惡的後果。因此，善與惡、對與錯、道德與不道德，這些分別都不從動機說而只從後果說。

在倫理學上，這種說法稱為後果說 (consequential theory)。後果說與動機說 (motive theory) 是剛好相對的兩種學說，後果說就行為的後果來分辨善與惡、對與錯、道德與不道德；而動機說則就行為的動機來作這種分辨。耶穌說，凡看見婦女就動淫念的，這人的心裡就已經犯了姦淫的罪。這是很典型的動機說的例子。一個人的行為還沒有發出來，只要一動念就已經分了善惡。

後果說有沒有理論上的困難？有人是這樣批評後果說的。他們

---

❷　同上，p. 102.

說，如果一切行為的對或錯、道德或不道德，完全決定於行為所帶來的後果，那麼，許多無心之失便是不道德的，而錯有錯著便成為道德的了。舉例說吧，一位慈母由於兒子病了而憂心忡忡，求神拜佛取得一些香爐灰給她兒子吃，兒子因而死了。這位慈母的動機是好的，但因為知識判斷的錯誤，帶來了惡果，我們是不是因此就說這位母親是不道德的？同樣，一位本性善良、救人為懷的醫生，一時手術失靈，病人因而致死，我們能否因此說這醫生是壞人？

　　相反的例子同樣使人感到後果說的荒謬。一個本意是要毒死他人的人，無意中拿錯了藥治好了那個人多年的痼疾，我們是否可以不管他的動機而就其實際後果來說他那行為是道德的？猶大出賣耶穌，使他被釘死在十字架上，但也正由於耶穌之死，千千萬萬的人可以因而得救，我們可不可以由這後果而說猶大不但不壞，而且還是好人？

　　這些例子之所以使我們覺得後果說荒謬，是因為如果我們只根據實際的後果來區別善惡、是非、道德與不道德，而實際的後果常常不由我們作主，那麼善惡、是非、道德與不道德，便不是我們可以作主，而成為碰運氣的了。碰運氣的道德自然沒有意義，因為它沒有指導行為的作用，也不能告訴人誰是好人誰是壞人。

　　我們在這裡必須注意的是，這個批評雖然聽起來很對，如果有人主張以實際後果來作判斷是非、善惡的標準，那麼他顯然逃不了

這個批評，而且不可能自圓其說。但這個批評對於邊沁的後果說卻沒有用，因為邊沁所說的後果不是實際發生的後果，而是行為所趨向的後果。實際發生的後果很多時候出於意外，不是人力可以控制，也不是人的知識可以預知的。盤尼西林初出的時候幾乎被看為萬靈的殺菌藥，但後來才發現它對於有些人會產生副作用。但它在沒有產生副作用病例之前，人是無法預知它會產生副作用的。這是為什麼實際的行為後果不能作為善惡之標準的理由。如果我們以實際的行為後果作善惡的標準，那麼善惡便會像實際的行為後果一樣不可控制、不能預知了。

但行為所趨向的後果卻不同。所謂趨向的後果是根據過去的經驗而歸納出來的行為趨向。根據過去的經驗，肚子餓了吃東西會產生快樂，那麼我們就可以說，如果我在肚子餓時吃東西，這種吃東西的行為所趨向的後果是感到快樂。

這個例子很明白地顯示出趨向的後果與實際後果的不同，實際後果是一個情況中，一個特殊行為所產生的特殊後果，由於每一個特殊情況中所含的因素都不同，因此嚴格地說，我們無法完全知道一個特定的行為會產生什麼特定的後果。有人吃盤尼西林藥片後病好了，但有人卻因而致死。趨向的後果卻不同，它是指某一類的行為對某類後果的趨向。我們為何知道哪一類的行為有產生哪一類後果的趨向呢？答案是根據過去的經驗。過去的經驗告訴我們，許多

服食盤尼西林的病例都產生了病癒的後果，我們就可以說，對於某一類的病者來說，盤尼西林有產生病癒這種後果的趨向。但正如上面所說，趨向的後果究竟不是實際的後果。因此當一個醫生看見一個病人，根據他的醫學經驗與推論，給他服食盤尼西林，但結果那病人因為特殊的生理情況與反應而死了，趨向的後果是好的，但實際的後果則不好。

我們明白了趨向後果與實際後果的分別後，就可以明白，如果邊沁是以實際後果來決定一個行為的是非對錯，那麼他就犯了上面批評者所指出的錯誤，結果是使得是非對錯完全不可以自主，道德與不道德的分別失去了意義。但由於邊沁所說的是趨向後果，而趨向後果是根據過去的經驗來推論預測的，因此有相當的可主宰性，上面的批評便不相應。

二

後果說的問題澄清了，我們目前對邊沁的倫理學的了解可以簡述如下：人的行為，不管自覺與不自覺，最後都是為了追求快樂，逃避痛苦，因此快樂即是善，痛苦即是惡。一個行為，如果其趨向的後果是增長快樂，減少痛苦，便是對或道德的行為；相反，如果其趨向後果是增長痛苦，減少快樂，便是不對或不道德的行為。

　　根據這個意思，邊沁的效益原則就出現了。效益原則又可以稱為「最大快樂的原則」。這個原則是說，任何行為，如果它的趨向是增長有關人士的快樂，它就應該被讚許；如果它趨向於減少有關人士的快樂，它就應當被譴責❸。

　　邊沁這裡說「任何行為」，它不但包括個人的行為，也包括政府的政策政令在內。這個意思很容易明白，就理論上說，一切政府的政策和政令最後都是為了增長善而去除惡，因此它和個人的行為一樣，最後都是為了增長快樂，減少痛苦。就邊沁個人的關懷說，他原來所關心的問題本是法律的目的與根據這種問題，因此效益原則所包括的自然不只是個人的行為，而同時也包括政府所頒布的法令。

　　所謂「有關人士」是什麼意思呢？一個行為，不管是個人的或是政府的，它所趨向的後果常常不只涉及某個人，而且也涉及其他人。漢奸出賣國家的祕密，其後果不只牽涉到其個人的利害，而且可以牽涉及整個軍隊的瓦解、整個地區的淪陷，甚至整個國家的淪亡。邊沁的意思是說，當我們衡量一個行為的趨向後果時，不能只考慮它對個人的趨向後果，同時必須考慮所有為這行為影響所及的人的後果。這個意思很重要，一來邊沁所關心的既是法律與政令的後果，而法律與政令所趨向的後果，自然不只是個人的利害，而是整個國家人民的利害。二來邊沁的效益主義之所以有別於個人中心

<hr>

❸　同上，p. 2.

的享樂主義，正在於他所說的絕不是個人的快樂，而是一切有關人士的快樂。

效益原則是確定一切行為是非對錯的最後原則，但問題是，我們為什麼要接受這個原則為一切行為是非對錯的最後原則？它有什麼根據或什麼證明說它是最後原則？我們為什麼非如此接受它不可？如果有人說我不接受它為最後原則，又怎麼樣？

邊沁能不能答覆說，效益原則之所以是最後原則，因為我們每一個人都實際上在追求快樂，逃避痛苦？不能。這個答覆不能成立。因為每一個人實際上追求快樂，逃避痛苦，不涵蘊說我們的行為必須增長有關人士的快樂，減少有關人士的痛苦。我實際上在追求快樂不表示說我因此應該使所有有關的人快樂，我實際上逃避痛苦不表示說我因此應該減少有關人士的痛苦。前者是說我自己要快樂不要痛苦，這和應該使他人快樂不使他人痛苦有什麼關係？我何以應該從個人的追求照顧到他人的追求，從個人的逃避照顧到他人的逃避？

那麼邊沁怎樣答覆上面的問題？他的答覆很簡單，也很直截了當。他說因為效益原則是最後的原則，因此它後面不能再有其他原則作為它的根據。它是一切其他行為原則的根據，但不能有其他原則作為它的根據。舉個例說吧！我們的行為一般來說有許多規律或原則，譬如「不可殺人」、「不可說謊」等等。如果我們問我們為什

麼要遵守這些規律或原則，邊沁的答覆是因為我們要遵守效益原則，如果我們要使有關人士快樂而不痛苦，我們就不可以殺人或說謊。效益原則在這個意義上說，是一切其他規則的根據，是我們之所以要遵守一切行為規則的理由。但如果我們問，我們為什麼要遵守效益原則？我們就不能再訴之於其他原則作為它的根據或理由，因為它已經是最後的原則。

這個意思在數學上最易明白。幾何學的一切命題都有它們成立的根據。這些根據即是定理，因為這些命題都依據定理推演得來，如果我們問，定理的根據又是什麼？它們依據什麼而成立？我們會說，它們的根據是公理，因為它們都由公理推演得來。但這個問題問到這裡就到了底，我們不能再問公理的根據是什麼，因為公理是最後的根據，它不能再有根據。原因是當我們問一個命題或一個原則的根據或理由的時候，必然要假定有一最後的原則作為其最後根據，否則這個問題便成為無窮追問的問題，而無窮追問的問題即是沒有真正答案的問題。如果我們說 A 的根據是 B，B 的根據是 C……這樣繼續追問下去，一定有一個最後的原則是不能繼續追問的。

因此邊沁說效益原則是最後原則，它背後沒有其他原則作為根據。

現在的問題是，如果效益原則是最後原則，我們自然不能追問它有什麼根據，但我們怎麼知道它是最後的原則？

　　對於這一個問題，邊沁用的方法是訴之於經驗。邊沁說，效益原則之所以是最後原則，因為事實上我們所有人，不管自覺或不自覺，都以效益原則作為我們行為判斷的最後原則。當一個人作出一個行為或決定要作某一個行為時，如果我們追問他之所以要作這個行為的理由時，他最後勢必要訴諸效益原則不可。甚至當他要推翻效益原則時，如果我們繼續追問他所以要這樣做的理由時，他所能夠提出的最後理由仍然是效益原則，雖然他起初不一定自覺到這一點。

　　邊沁是一位經驗主義者，他認為他這些話是有經驗作根據的。事實上，如果我們問一般的人，為什麼我們要遵守道德規則，譬如說，為什麼要忠孝、仁愛、信義、和平，為什麼要遵守十誡，不可殺人、不可說謊時，許多人確實會說是為了大多數人的快樂，或者用邊沁的說法，為了有關人士的最大快樂。許多人確實會同意邊沁的看法：我們去作道德行為，不作不道德行為的最後理由，是效益原則，而不是任何其他原則，是為了使自己和其他人快樂，而不是任何其他原因。我何以要孝順父母？是為了我和父母都快樂。孝順父母的意義和目的是什麼？也是為了父母和我都快樂。一個行為如果不能使有關人士快樂或甚至只使之痛苦的話，我們就似乎很難想像那是道德的或應該作的行為。甚至當一個人攻擊效益主義時，他所持的理由也是因為這個學說對人會有不良的後果。但邊沁會說，

所謂不良的後果，只可能有一個意思，即它限制了人所可能有的快樂，甚至帶給人痛苦，而這理由正是效益原則。因此攻擊效益原則仍然要使用效益原則，仍然是為了效益原則。這正好證明效益原則是一切原則的最後根據或最後原則。

邊沁舉了幾個當時流行的學說為例，說明這些學說最後仍然要以效益原則來支持。其中有兩個例子到現在仍然值得我們注意，一個是以同情心為道德根據的學說。依邊沁，以同情心作道德的最後根據，有許多毛病，最明顯的是它沒有客觀的標準。我直接見到一個偷兒的悲慘遭遇，易起同情心，你不直接見到這個人的悲慘情況，就不易起同情心❹，如果同情心是道德判斷的根據，那麼我們二人對這事件或這個人所反映的同情心不相同，我們對這個人的偷竊行動所作的道德判斷也不相同，這樣道德判斷就失去了客觀性和普遍性，因為道德的標準不確定。

事實上，邊沁說，以同情心為原則所作的判斷或產生的規則，常常與由效益原則所產生的判斷或規則相合❺。邊沁的意思是，以同情心為道德根據，最後仍然要歸結於以效益原則為根據，因為同情心最後必歸結於使同情的對象快樂，否則，同情心沒有意義。

但比對起來，效益原則比同情心客觀，它不訴之於個人主觀的

---

❹ 同上，p. 21.

❺ 同上，p. 18.

此時此地的感情，它訴之於客觀的、可以預測的後果。

　　另一個例子是宗教原則，即以上帝的意旨或命令作為道德的根據。但問題是，上帝的意旨有什麼內容？上帝的意旨必然是善的。但何為善？很顯然，我們先須知道什麼是善，然後才知道上帝意旨的內容；而不是倒過來，先知道上帝的意旨，然後知道何為善。因此上帝的意旨不能作為道德的根據或行為的最後原則。相反，我們須先知道善，知道道德的根據或行為的最後原則，然後才能了解與解釋上帝的意旨。這即是說，我們必須先知道快樂是善，是行為的最高原則，然後才知道上帝的意旨是在要人的行為都促進快樂。這即是說，以上帝意旨作為道德的最高原則，最後仍然要依歸於效益原則。

三

　　如果效益原則是最後的原則，而效益原則讚許一切增長有關人士的快樂、減少有關人士的痛苦的行為，同時又責難一切增長有關人士的痛苦、減少有關人士的快樂的行為，那麼根據這個原則，是與非、應該與不應該的意義便可以完全確定。凡是效益原則所讚許的就是「是」，就是「應該」作的行為，它所責難的就是「非」，就是「不應該」作的行為。這即是說，凡增長有關人士的快樂、減少

有關人士的痛苦的就是「是」，就是「應該」做的行為，而相反的就是「非」，就是「不應該」做的行為。

　　這樣似乎解決了倫理學的問題，但其實不然。正如上面所說，邊沁以為人的動機皆趨向快樂，因此都無所謂惡，惡只能就趨向的後果上說，其間的分別主要出於判斷。這即是說，即使人原來的動機是追求快樂，但由於判斷的錯誤，結果趨向的痛苦反而可能比趨向的快樂大，因此就有了惡。

　　這樣，單是知道什麼是善、什麼是惡、什麼是「是」、什麼是「非」，是不夠的。我們還得知道，當兩種善，亦即兩種快樂相衝突時，我們應該選擇求取哪一種善或哪一種快樂；當兩種惡或兩種痛苦相衝突時，我們應想法逃避哪一種惡或痛苦。只有這樣，我們才能使自己的行為合乎效益原則，才能「是」而不「非」。

　　但要做到這一點，我們必須有一個衡量快樂或痛苦的大小的標準。這個標準必須是客觀的，人人都了解，都可以應用的標準。邊沁的倫理學中的一個雄心，就是要設計出這樣的客觀標準出來。

　　邊沁設計出來的標準共有七個：

1.強烈性

　　當兩種快樂或痛苦相衝突而又只能選取或逃避其中一種時，愈強烈的快樂愈好；愈強烈的痛苦則愈壞。如果依上面所說，快樂即

是善，即是價值，而痛苦即是惡，即是反價值，那麼強度愈高的快樂價值愈大，而痛苦則相反。

2.持久性

快樂愈持久愈好，痛苦則愈持久愈壞。

3.確定性

當我們通過行為來追求快樂時，有些快樂我們比較有把握得到，有些則比較渺茫。前者如由飲食中或讀書中獲取的快樂，後者如賭博中贏錢的快樂，前者較有確定性，後者則比較沒有確定性。這個標準是說，愈有確定性的快樂價值愈大，痛苦則相反。

4.接近性或遙遠性

這個標準是說，我們所追求的快樂，愈早出現的愈好或價值愈大，愈遲出現的價值愈小。痛苦則相反。

5.豐富性

我們所追求的快樂，有些會伴隨另一些快樂，有些不然。譬如我們吃美味而有營養的食物，不但產生口味上的快樂，同時還帶來健康的快樂。美味而沒有營養的食物，則只產生口味上的快樂，但

不隨同任何其他快樂。就這個意思來說，前者的快樂比後者的豐富。
因此當兩種快樂衝突而不能得兼時，我們應該選取前者。痛苦也一
樣，有些隨同另一些痛苦，有些則及身而止，沒有任何痛苦相陪同。
譬如小偷在偷竊過程中必須捱受驚怕的痛苦，偷竊後又害怕隨時東
窗事發，這是另一種痛苦。一般正當的工作者則雖然在工作過程中
有其辛苦，但工作完成那種辛苦也隨之而消失。前者的痛苦因此比
後者的豐富，其反價值也因而較大。

6. 純一性

　　這個標準的意思與前面的剛好相反。前面的標準是問快樂會不
會帶來另一些快樂，痛苦會不會帶來另一些痛苦；這個標準則是問
快樂會不會帶來痛苦，痛苦會不會帶來快樂。我們所追求的快樂，
有些是純一而不含痛苦或不帶來痛苦的；有些則不純一而陪同有痛
苦的成分。譬如聽音樂與吸毒都給人快樂，但前者不伴隨任何痛苦，
而後者則伴隨著健康遭受破壞以及上癮後的各種痛苦。依據這個標
準，前者的快樂自然價值較大而後者較小。痛苦亦然，有些不伴隨
任何快樂，而另一些則常有快樂相陪同。禍國殃民的人在遭受法律
的懲罰後，大概都不會有什麼快樂相伴隨，但為親人或社會或國家
人類而犧牲的人，則在痛苦中總有一分快樂。相較起來，前者的痛
苦自然更壞。

7.範圍性

這個標準是問所牽涉的人數的多寡。有些行為，所產生的只是個人或少數人的快樂或痛苦，另一些行為，其後果則涉及更多的人。就快樂說，愈多人分享的，其價值愈高；就痛苦說，愈多人分擔的，其反價值愈大。

前面七個標準中，第一個標準是亞里士迪帕斯所強調的，第二個則是伊璧鳩魯所強調的。邊沁在這裡顯然綜合了他們二人的思想但又超越了他們而提出另外五個標準，這是第一個可以注意的地方。

第二點值得我們注意的，是在七個標準中，前面四個是就快樂與痛苦本身說的。第五與第六兩個標準則不是就快樂與痛苦本身說，而是就它們的後果說。

有一個問題是：如果第七個標準是涉及其他人，那麼前面六個標準是否只應用於行為者個人身上？答案是否定的。依邊沁，如果行為影響所及的只是個人，那麼第七個標準固然用不上，前面六個標準所指示的也只是個人的快樂與痛苦。但如果行為影響所及的不只個人，而且涉及其他人，那麼，這時所說的強度、持久等等，便不只是指個人快樂的強度與持久，而是指所有有關人士的快樂的強度與持久❻。這就是說，如果兩個行為，所帶來的快樂，其範圍性

---

❻　同上，p. 31.

同樣廣，即有同等數量的人可以共享其快樂，但一個行為所帶給大家的快樂，其強度、持久、確定等等，都超過另一個行為所能供給的快樂時，那麼前者的價值自然超過於後者。

還有一點值得注意的是：這七個標準都是區別量的標準，而不是區別質的標準。一些快樂比另一些快樂強烈，固然是量上的差別，或程度上的差別，一些快樂比另一些持久、確定、接近、豐富、純一等等，也同樣只是量上的差別。邊沁之所以只提出分別量的標準而不提分別質的標準，是因為邊沁相信快樂與快樂、痛苦與痛苦之間只有量上的差別，而沒有質上的差別。這兩者的不同我們可以用一個例子說明：黃金與生鐵之間不只有大小、多少、輕重等量上的差別，而且還有質上的差別。就是由於這質上的差別，因此同等重量的黃金比起生鐵來價值大得多。但黃金與黃金之間則只有量的差別，而沒有質的差別，同等**重量**的黃金價值也相等。

邊沁之所以強調快樂之間只有量的差別，是因為從古以來人們就一直相信快樂之間不但有量的分別，而且還有質的分別。我們一般人都相信，在尋求知識或幫助他人中所獲取的快樂，在質上高於吃喝玩樂中所得的快樂。但邊沁卻以為，這二者其實沒有什麼等級上或本質上的分別。我們之所以會有這樣錯誤的看法，只是由於前者在許多時候，其持久性、豐富性、純一性及範圍性，比起後者要大而已。而持久性、豐富性、純一性及範圍性，都只是分別量的標

準，而不是分別質的標準。

因此，照邊沁看來，我們不能離開經驗而一口咬定心靈的快樂高於肉體的快樂。一切快樂的區分都必須在具體情況中根據上面七個標準來衡量。在這裡，邊沁還有一個苦心是要將道德標準建立得像科學律則一樣那麼穩定客觀，他的辦法是將原來似乎極為主觀極不易捉摸的「善」或「價值」量化。如果善或價值即是快樂，那麼快樂可以通過七個標準來量化，亦即等於善或價值可以量化。善如果可以量化，那麼它即成為客觀穩定的概念。跟著，行為的是非對錯、道德不道德，也就有一定的客觀指標，而不會公說公有理、婆說婆有理，全憑主觀的情緒意志來作判斷了。

有一個問題是關於第七個標準的，我們為什麼要接受這個標準？這個標準的根據當然是效益原則。因為效益原則不但要我們增長個人的快樂，減少個人的痛苦，而且要增長有關人士的快樂，減少有關人士的痛苦。上面說過，效益原則是不可證的原則，因為它是最後的原則。我們一般人，不管自覺與不自覺，都在承認接受它為最後原則，來判斷一切行為。

現在的問題是，單是承認接受它為最後原則，來判斷一切行為，是不夠的。我們還必須有原動力，來依照這原則行事為人才行。否則，知道應該怎樣做是一回事，事實上怎樣做又是另一回事，知與行永遠不能合而為一。

因此，邊沁要問，我們如何能夠做我們所應當做，不做我們不應當做的事？我們如何能夠使自己的行為合乎效益原則？「能夠」如此做的根據在哪裡？

這裡說的能夠顯然不是指生理上或心智上的能力而言，因為要使行為合乎效益原則，是每一個人生理上心智上都能夠做到的事。因此，這裡說的能夠，是指心理上的原動力。當我們問如何能夠使自己的行為合乎效益原則時，等於在問我們之所以能夠遵守效益原則的心理上的原動力是什麼？

邊沁說有四種原動力使得人們的行為遵守效益原則，他稱這四種原動力為約束力 (sanction)。即是說它們有約束的力量，使人們不能不顧及效益原則：

第一種是自然的約束力，那是指自然的因果關係。譬如一個人由於生活不規律而引致疾病纏身，痛苦非常，這即是自然的約束力，使人不得不注意自己的生活規律。

單是自然的心理傾向顯然不足以使人的行為合乎效益原則，因此邊沁跟著提出下面幾個現行社會所設計的一些約束力，以補自然約束力的不足。

第二種是政治的約束力，這即是通過政治權威的權力所產生的約束力，包括法律的約束力。

第三種是道德的約束力，這即是個人所尊崇的他人的意見所產

生的約束力，包括輿論的約束力。

第四種是宗教的約束力，這是通過超越力量所預言的禍福，而產生阻嚇或鼓勵的作用。

值得注意的是，邊沁這裡所說的四種約束力，除了第一種是自然規律外，其他的約束力都是人為的設計，利用人追求個人快樂、逃避個人痛苦的自然傾向，產生引誘與阻嚇作用，使人不得不遵守效益原則。而不管自然的或人為的約束力，人在這些約束力之下遵守效益原則，都只是以道德作為一種達致其個人快樂或避免個人痛苦的手段。效益原則本身不是目的，個人的快樂才是真正的目的，遵守效益原則的最後原動力在於對個人快樂的尋求。

四

邊沁這樣的理論是否可以解決所有道德問題而一無瑕疵？他的利他主義的效益原則是否真正可以和利己主義的動力說消融在一起？其實是頗成疑問的。

依上面的說法，我們如何可能依效益原則行事為人？他的答案是為了追求個人的快樂。這樣，個人的快樂才是目的，才是最後的原動力，使得他人快樂只是作為達致這個目的的手段。利己是主，利他是從。但在另一面，邊沁在提出七個衡量快樂大小的標準時，

明明白白表示，當行為牽涉到他人時，我們就不能以個人的快樂作
為唯一的標準，而應該以所有有關人士的快樂為準。這也即是說，
在作行為的抉擇，或對行為的是非作判斷時，個人的快樂只是作為
所有有關人士的快樂中的一個單元來計算。每個有關人士的快樂在
這個計算方式下都是平等而無等級的差異的。

　　在這裡，我們看到兩個意思有了衝突。就行為的原動力來說，
個人的快樂是真正的目的，他人的快樂只是手段。但就道德判斷的
原則來說，人人平等。這兩者的衝突不只意指理論上的不銜接，而
且在實際的道德判斷上必然產生不可解決的困難。耶穌被釘死在十
字架，為了使所有信徒獲得永生，享受天國的福樂，但他也因而犧
牲了所有自己生命中可能有的各種快樂。如果就效益原則來說，犧
牲個人的快樂來成全無數人的快樂，所得多於所失，其成績是正面
的。但就原動力來說，他在拯救所有世人生命時，雖然在私心中可
以獲得某種快樂，但為了這點小量的快樂，而犧牲整個生命以及它
所可能有的快樂，就動機上說卻是不可能的。

　　我們不妨假想另一個相反的例子。一個人擁有極重要的國防祕
密，正面臨敵國間諜的威脅：假如他將國防祕密出賣，他可以富比
王侯，一生享用不盡。但假如他不肯出賣這祕密，他就將受陷害，
身敗名裂、家散人亡。他應該如何選擇？由於這種行為所影響或涉
及的是整個國家現在與未來的人民，他所要考慮的自然不只是個人

的，而且是整個國家人民的快樂與痛苦。就效益原則說，他如出賣國家，他個人雖然可享受不盡，但國家可能因此而滅亡，整個國家的人民均將面臨無邊的痛苦。這樣，所失自然遠超於所得。另一方面，如果他不肯出賣國家，個人的損害雖然很大，但卻可以免去千千萬萬的人的痛苦，所得遠超於所失。

但如果就原動力看呢？這個問題就不那麼簡單。我為什麼要為了免除國人的痛苦而擔受無邊的痛苦，同時又犧牲王侯式的享受？儘管在國人的痛苦中，我可能感受到不安和痛苦，但就量上說，這種痛苦豈能與我身敗名裂、家散人亡時的痛苦相比較？

邊沁的困難在於，他的道德原則，亦即效益原則，假定人人平等：我的快樂與任何一個人的快樂，其價值完全相同。但他的道德原動力，卻假定人只為自己的快樂行為：我之所以幫助人，使人快樂，最後的原因仍在於我由此可以獲得快樂；我之所以不害人，不使人受苦，最後的原因是我由此可以免除痛苦。這樣，就原動力來說，我行為的取捨根據只在於我個人快樂或痛苦的大小，與他人無關。這和他的道德原則不但不相合，而且相矛盾，不但不等同，而且相衝突。因此才會產生上述的難題。

邊沁的另一個困難是後來許多人都指出了的，這個困難來自於他的七個計算快樂與痛苦大小的標準。這七個標準在邊沁的道德哲學中佔很重要的地位。因為在他看來，道德哲學不但要能分析道德

觀念如善惡是非等等的意義，而且還要能指導我們的行為。根據這個看法，他不但要告訴我們道德的最後原則即是效益原則，而且還要告訴我們如何衡量快樂與痛苦的標準。否則他的道德理論便只可說做了前半部的分析工作，而後半部的指導工作卻付之闕如。

現在的問題是，邊沁的七個標準是否真能達成指導行為的功能？它們是否真能幫助我們準確而客觀地計算出快樂或痛苦的大小？答案似乎是否定的。經驗告訴我們，當兩種快樂相衝突而不能得兼，必須有所取捨時，如果其中一種快樂，無論就強烈性、持久性、確定性等等來說，都勝於另一種，自然沒有問題，我們很容易就能確定取捨的對象；但假若其中一種快樂在某些標準上勝於另一種，但在另一些標準上又遜於另一種時，我們就會感到很難確定它們的大小而不知應該如何抉擇了。賭博贏錢的快樂是強烈的，有時甚至有相當的持久性，但不確定；將賭本用來大吃大喝，其快樂是確定的，但強烈性、持久性都遜於前者，我們應該如何選擇取捨？答案常常是見仁見智，不是像邊沁所以為的那樣，客觀而又一定的。

不但如此，當我們的行為抉擇涉及許多人甚至整個社會時，問題就更加複雜。我們如何計算所有人的快樂之和？許多時候，一些人感到快樂的事，另一些人並不感到快樂；在共同感到快樂的事件中，各人快樂的強烈性、持久性、豐富性、純一性，也常常不一樣，為了斷絕敵人的給養而執行焦土政策，每一個影響所及的人，其快

樂或痛苦的程度都因人而異，很難計算它們的總和。

　　一些支持邊沁理論的人，為邊沁辯護說，縱使邊沁的七個標準不能使我們作精確的計算，但實際上我們一般人在作行為抉擇，考慮得失時，總不自覺地以這七個標準作為考慮的準則，我們事實上接受了邊沁的七個標準。但這個辯護沒有意義。我們一般人實際上是不是不自覺地以這七個標準作為行為抉擇的準則，是事實問題，我們無須在這裡辯論。但問題是，即使我們一般人真的實際上這樣做，對邊沁的理論也沒有多大的支持力。上面說過，邊沁提出七個標準的原意是要把快樂量化，從而使人們可以準確地計算善的多寡，以便作最佳的選擇。因此，邊沁在這裡不只是在敘述我們實際上如何選擇，而是在指導我們如何選擇，使我們作選擇時有精確的指標。這些指標能不能達成它們的目的，與我們是不是實際上在使用它們，顯然不相干。

　　邊沁的倫理學還有一個問題。他為了使行為準則像科學律則一樣客觀明確，因此將快樂量化。他的七個計算標準都是量化的標準，不是質的標準。這自然假定了快樂與快樂之間只有量的差別，而沒有質的差別。但這個假定與我們的道德經驗不符。文天祥被擒，南宋跟著滅亡，元將張弘範勸他投降，投降以後一樣可以做丞相。依照邊沁的七個標準，這樣做對文天祥自己以及千千萬萬的老百姓都有好處，文天祥固然可以享受做丞相的快樂，而老百姓也可少受一

點元人殘虐之苦。如果文天祥不投降，個人固然免不了一死，老百姓們也要多受苦難。文天祥結果是為了要維持「天地之正氣」，要「留取丹心照汗青」，終於選擇了後者。如果邊沁的理論正確，如果維持天地正氣這種信念所產生的快樂，在質上不高於其他快樂的話，那麼文天祥這個抉擇顯然不道德，因為就量上說，它所產生的痛苦，遠超過快樂，所減少的快樂，遠多於痛苦。但問題是，數百年來，史家對文天祥的這個抉擇，大都推崇備至，讚不絕口。而一般人，即使有不表贊成或欽佩，或甚而以之為愚蠢者，但也絕不至於說文天祥不道德。邊沁是經驗主義者，一向以為他的理論，反映了一般人的信念，但對上述這一類的現象，顯然無法解釋。

▶ 參考書目

1. Bentham, Jeremy, *An Introduction to the Principles of Morals and Legislation*, New York: Hafner Press (a division of Macmillan Publishing Co., Inc.), 1948.

2. Lyons, David, *Forms and Limits of Utilitarianism*, Oxford University Press, 1965.

3. Hodgson, D. H., *Consequences of Utilitarianism*, Oxford University Press, 1967.

第二節　穆　勒 (John Stuart Mill)

一

　　在效益主義者中，除了邊沁以外，必然要提到穆勒。穆勒是邊沁門徒中最有哲學智慧和最有創造力的一位。他不但在效益主義上有他獨特的見解，在近代方法論的發展史他也佔一特殊的地位。有人甚至把他看為現代哲學的開端，可見他在哲學史上的重要性。

　　穆勒出生於西元 1806 年，卒於 1873 年。他在哲學上的成就並非偶然。一方面他像邊沁一樣，自小就表現出特殊的聰穎。他三歲時已開始學希臘文、算術、英文文法；十二歲時對希臘與拉丁文學、歷史邏輯和數學就頗為熟悉，開始作較高級的研究；十三歲時對當時的政治經濟學已有相當完整的知識。這種早熟的智慧自非一般小孩所能望其項背。另一方面，他父親對他的教育方法與過程也極其異於常人。他父親是詹姆士・穆勒，也是邊沁有名的弟子之一，對許多哲學問題，都有他自己的看法，至於教育，則更有其獨特的理

論與見解。他相信一個人的潛能可以通過某種教育方式很快地發揮出來，而以往的傳統教育方式則延遲了潛能的發揮。他對他兒子的教育正是他這種教育理論的實踐。在這種教育下，他兒子從小就沒有機會和其他小孩一起玩耍。小穆勒所可能有的娛樂只是和他父親一起散步和閱讀歷史、小說、詩歌，而這些所閱讀的書籍都是他父親仔細地選擇給他的。穆勒後來表示他的成功主要是基於他父親所給與他的這種異乎常人的教育方式，這種教育使他在學術研究的起步上早了許多年。他甚至相信在天資上他與常人無異，任何中資的兒童在這種教育方式下都可以獲致與他同等的成功。但當他回憶起兒時的日子時，對於他不能像其他小孩那樣玩各種遊戲，總表示非常遺憾；他一直所渴望的，就是像其他小孩那樣長大成人。可見他雖然一方面就效果上說稱許他父親的教育方式，但在另一方面又體驗到兒童生活本身自有其價值，不應該為了教育的後果而犧牲。這個體驗對他後來的效益主義哲學——不只重視量而且重視質——顯然有一定的影響。

　　穆勒的倫理學主要見於他的《效益主義》一書。他承受了邊沁的看法，以為道德植根於效益原則。穆勒解釋說，效益原則即最大幸福的原則。這個原則是說，一個行為，如果它趨向於增長幸福，則是對的；如果它趨向於與幸福相反者，便是錯的。什麼是幸福呢？他說，幸福即是快樂加痛苦的不存在，不幸福即是痛苦加快樂的不

存在❼。

　　這段話嚴格說來毫無新意。除了用字稍微精細外，基本的精神與邊沁並沒有任何相異之處，可以說沒有什麼新發明。至於他的效益原則中所提及的快樂與痛苦，也和邊沁一樣，指的不只是個人的，同時也是所有人的快樂與痛苦。這也正是效益主義與個人的享樂主義不同的地方。

　　自然，穆勒不只是邊沁思想的承傳者，他也有他自己獨特的見解或發明，否則他就不可能是效益主義的發揚光大者。

　　上面說穆勒完全接受邊沁的效益原則，這是穆勒之所以是效益主義者的主要理由。我們在討論邊沁的思想時曾說邊沁認為效益原則是最基本、最後的原則，因此不可證。現在如果穆勒接受邊沁的效益原則，他是不是也和邊沁一樣，認為效益原則不可證？

　　穆勒基本上和邊沁的看法一樣，以為所有第一原則都是不可以證的。第一原則即第一前提，所有結論都由這個前提推論得來。既然所有結論都預設這個前提，都由這前提推出，這個前提即是最後的前提，它不再預設其他前提，不可能再由其他前提推出❽。

　　但穆勒在這裡提出一個問題。知識的第一前提往往是有關事實

---

❼　John Stuart Mill, *Utilitarianism and Other Writings* (New York: The World Publishing Co., 1971), p. 257.

❽　同上，p. 288.

的敘述，這個前提之所以為真，不是訴之於另一個前提之為真，而是訴之於感覺的直接肯定，譬如「這是紅的」這個前提就是直接訴之於視覺的肯定，而不是由其他前提推論得來。

現在的問題是，行為的第一個前提如果是效益原則，它不由其他前提推論得來，那麼我們如何肯定它之為真？它能不能像知識的第一前提那樣訴之於我們感覺上的肯定？

穆勒以為效益原則主要是說快樂是可欲的，而且是唯一可欲的。一切其他事物之所以可欲，最後都是為了快樂。現在的問題是：我們如何知道這命題之為真？「這是紅的」之為真，訴之於感覺的肯定，「快樂是唯一可欲的」之為真，訴之於什麼？

在這裡，穆勒提了一個類比來證明。他說一物可看見的唯一證明是人們實際上見到它。一個聲音可聽見的唯一證明是人們實際上聽到它。同樣，一物可欲的唯一證明是人們實際上欲求它。因此，我們要證明快樂或幸福是可欲的唯一方法是指出人們實際上欲求快樂。我們是不是實際上欲求快樂？這是一個經驗上的問題，它只能通過經驗來答覆。在經驗上，我們每個人確然都在欲求快樂，因此，根據上面的推論，快樂是可欲的。

上面這個類比說明了我們每一個人都欲求快樂，因此快樂是可欲的。但這樣顯然不夠，因為效益原則不但預設快樂是可欲的，而且它預設快樂是唯一可欲的。如果快樂只是可欲的，而不是唯一可

欲的,那麼可欲的對象除了快樂以外,可能還有許多其他事物,譬如知識、道德、美等等。如果這樣,快樂就不是是非對錯的唯一標準。因此,如果效益原則是道德的最後原則,快樂就不只是可欲的,而且必須是唯一可欲的。

這是不是表示,穆勒認為,除了快樂以外,其他一切事物,包括知識與美在內,都是不可欲的呢?自然不是。經驗告訴我們,我們欲求許多事物。根據上面所說,人實際上追求一物就已證明了這物是可欲的。這樣,很顯然,許多事物都是可欲的。

因此,穆勒絕不否認許多事物都實際上為人所欲。穆勒所要強調的是,一切其他事物之所以為人所欲,最後都是為了快樂。因此它們與快樂之可欲性,不是在同一個層次。其他事物之可欲,是作為工具或手段,最後的目的是快樂。

但這裡有一個問題:德性之可欲性是不是只是作為工具或手段而可欲,最後的目的是為了快樂?這樣的說法顯然有問題,因為經驗告訴我們,一些人為了德性而犧牲許多利益時,最後的動機就只為了德性本身,而不是將德性當作手段,以達致快樂。志士仁人,在殺身成仁,捨生取義時,並不是以仁義為手段,以快樂作最後目的。

對於這個問題,穆勒的答覆是這樣的:快樂有許多種。譬如欣賞音樂有欣賞音樂的快樂,藝術創作有藝術創作的快樂。這些快樂

既都是快樂，因此都是可欲的。我們不能說欣賞音樂或藝術創作是手段或工具，快樂才是目的，因為快樂即在欣賞音樂或藝術創作中，二者不可分。因此，當我們說快樂是可欲的時，也即等於說欣賞音樂與藝術創作是可欲的。它們不是作為工具或手段而可欲，而是作為目的的一部分而可欲。

　　那麼德性呢？穆勒說，德性本來不是行動的目的。依照人性，人在德性之中本沒有快樂，但通過後天的陶冶和修養，人可以在德性之中得到快樂。人可以熱愛德性，同時在熱愛德性中得到快樂。德性對於那個人來說，不只是達致快樂的手段，而是快樂的一部分，德性與快樂不可分。

　　不但德性，甚至金錢與權力也一樣。許多人都不只是以之為達到快樂的手段而是以它們為目的，因為他們在擁有金錢和權力中就有了快樂。但不管怎樣，人在以這些東西為目的時，其實也即是以快樂為目的。因為當他們以這些東西為目的時，即表示他們在這些東西中得到快樂。因此，依穆勒，快樂是可欲的，而且是唯一可欲的。對於這個結論，他還有一個附加的證明。他說，如果我們好好地作自我觀察、自我反省，同時好好地觀察他人，我們都會承認，欲求一事物，與覺得此事物令人快樂，是同一件事。厭惡一事物與覺得它令人痛苦，也是不可分的同一個現象❾。由此可見，除了快

---

❾　同上，p. 293.

樂以外，人無所欲，除了痛苦以外，人也無所惡。

　　上面說每個人都欲求自己的幸福（自己的快樂加自己的不痛苦）推證到每個人自己的幸福都是可欲的，而且還是唯一可欲的。而根據一般語言的定義，可欲即是善，不善的即不可欲，因此幸福既是可欲，它即是善。

　　這個論證到了這裡，只肯定了個人的幸福是善，但這並不是效益原則。效益原則不但肯定個人幸福是善，而且所有人的幸福都是善，上一節我們指出邊沁的倫理學調和不了這兩者，一面是自然主義的心理傾向，一面是公眾幸福的道德原則，這二者間的鴻溝如何跨越？穆勒在這裡搭的是什麼橋樑？這個橋樑經不經得起考驗？

　　對於穆勒來說，跨越這道鴻溝根本不成問題，因為這道鴻溝根本不存在。他的說法是：「如果一個人的幸福對他來說是善，那麼公眾的幸福對所有人來說亦即是善。」❿ 這兩者之間是前提與結論間的關係，亦即是涵蘊的關係，是必然的連結關係。承認前者就一定承認後者，二者間毫無鴻溝存在可言。

　　穆勒這個說法與邊沁的大不相同。依邊沁，我之所以要使公眾快樂，是因為我從中可以得到快樂，最後的原動力是個人的快樂。他人的快樂只是一種手段或媒介而已。穆勒卻不然。他不是將他人

---

❿　同上，p. 289. 原文是：Each person's happiness is a good to that person, and the general happiness, therefore, a good to the aggregate of all persons.

的快樂看作手段，以使自己獲致快樂。公眾的快樂與我個人的快樂之間的關係，不能說哪一個是手段，哪一個是目的，因為二者本不可分。

這個說法引起了後人無情的批評。主要的原因是，「所有人」不是一個個體或單元，它沒有一個意志，因此「公眾的快樂對於所有人來說是善」這句話沒有意義，如果這句話有意義的話，它只能解釋為「公眾的快樂對於每一個人來說都是善」。但這句話不能由它的前提推出：

前提：每個人的幸福對每個人自己來說是善。

結論：公眾的幸福對每個人自己來說是善。

這二者不相涵，因為二者間毫無邏輯關係可言。「甲的幸福對於甲是善，乙的幸福對於乙是善，丙的幸福對於丙是善」不涵「甲的幸福加乙的幸福加丙的幸福對於甲是善，對於乙是善，對於丙是善」。

二

這個批評雖然看起來很對，但也許穆勒另有其理論，這理論可

以就他的後來理論表示出來。上一節我們曾提及邊沁的四種使人遵守效益原則的約束力：一是自然的，二是政治的，三是道德的，四是宗教的。但這些約束力，穆勒認為，都是外在的，因為它們之所以是約束力，其根基是外在的責罰，最後是為了達致個人的快樂。穆勒雖然表示這些約束力有其一定的意義與價值，但道德如果完全依據於這些外在的約束力，顯然力量薄弱，根基浮淺。在穆勒看來，真正支持道德的根本力量是內在的，而不是外在的。這種內在的約束力是內心的一種感覺，是當自己的行為違背了責任時的痛苦感，這也即是一般人所謂的良心。

穆勒所說的良心毫不神祕，它是我們隨時可以經驗可以反省到的一些現象，即是當我們違背行為的道德標準時我們的那種不安、後悔或痛苦的感覺。

現在的問題是：這些現象可不可能只是後天文化教育的產物？如果是的話，那麼良心就不是每個人所必有。在某種文化教育的陶冶下，人會有良心，但不在這種文化教育陶冶下，人就沒有良心。那麼人有沒有內在的約束力使人遵守道德原則，就沒有一定的保障。

穆勒並不否認良心可在文化教育的培養下發展成長，但也不承認良心只是文化教育的產物。他以為良心植根於人性中的社會感，每個人都有與其他人合為一整體的欲望；每個人都將自己看為整個人群的一部分，就像將四肢看作身體的一部分一樣。這種與他人合

為一體的欲望即是社會感，那是人性的一部分，是良心的根基⑪。

　　如果使得人遵守道德原則的內在力量是良心，而良心又植根於社會感。那就等於說，人之所以能夠遵守道德原則的最後根基是社會感，是每一個人要將自己與人群合為一體的那種自然傾向。

　　我們在這裡看出穆勒與邊沁的不同。邊沁認為我們之所以會追求他人之快樂，最後的原動力是為了自己可以得到快樂。這樣，他人的快樂只是一種手段，我的快樂才是最後的目的。二者之間存在著一道不可跨越的鴻溝。利他與利我不能完全合一。邊沁的利他主義是並不徹底也不圓融的。

　　穆勒則不然，他很清楚邊沁這個缺點。他將邊沁所說的約束力看為外在的約束力，已表明他有這種了解。而他所說的內在的約束力最後指向於社會感，是每一個人人性中與其他人不分彼此，不分畛域的那種情操。在這種情操下，他人的快樂即我的快樂，他人的痛苦即我的痛苦，他人與我之分既不存在，手段與目的也合而為一，利己即利他，利他即利己，二者間不復有需要跨越的鴻溝。

　　這個意思如果確立，上面由個人的快樂對個人是善，推論到公眾的快樂對公眾是善，就可以有一個新的意思，不像後人所批評的那樣不可了解。依穆勒，我個人的快樂對於我來說是善，因為我的快樂是我之所欲。依同一原則，公眾的快樂如果為每一個有社會感

---

⑪　同上，p. 284.

的人所欲，公眾的快樂對每一個有社會感的人來說，自然也是善。
這個推論在穆勒的哲學系統中之所以不荒謬，正因為在穆勒看來，
個人與公眾不是截然兩分，利己與利他也不是兩不相關，或必然互
相矛盾的兩件事。

三

　　在上一節我們說過，邊沁以為快樂與快樂之間只有量的差別，
而沒有質的差別。他的倫理學的特色之一便是將快樂通過七個標準
來量化，使人有一個客觀的計算善惡的方法。穆勒在這一點上也不
同意邊沁。他以為許多快樂，彼此之間雖然只有量的差別，但有些
快樂，其間卻絕不只是量的，而且還有質上的差異。也即是說，依
他的經驗，他發現有一些快樂，雖然在量上說比其他快樂來得少，
但在質上卻比其他快樂來得高，更值得人追求。

　　現在的問題是，在確定量的大小上，邊沁有七個標準，如果穆
勒以為快樂不只有量的差異，而且還有質的差異，那麼確定質的高
低的標準是什麼？如果質的高低沒有一定的客觀標準，那麼，當兩
種快樂互相衝突時，我們就沒有客觀的根據來確定怎樣的選擇是對
的，怎樣的選擇是錯的，道德就失去了客觀性和普遍性。事實上，
正是根據這個考慮，邊沁才要將快樂量化，才要定出七個標準。

穆勒自然很明白這個問題的重要性。他一方面不肯將快樂一體平鋪而要肯定它們質上的差異，但一方面他又必須能訂定衡量質的高低的客觀標準，以保持道德的客觀性和普遍性。他如何能同時做到這兩點？

他的標準是這樣的 。他說如果所有對兩種 A 和 B 的快樂都很熟悉的人，都雖然同意 B 的快樂在量上大於 A 的快樂，但他們都寧可要 A 的快樂，同時願意為了 A 的快樂捨棄 B 的快樂，甚至為了它要忍受很大的痛苦，那麼，就證明 A 的快樂在質上遠高於 B 的快樂[12] 。

這種辦法訴之於對兩種快樂同樣熟悉同樣有能力享受的人的評價，而不是訴之於某個人主觀的感受，因此有其一定的客觀性和普遍性。穆勒之所以要強調對兩種快樂都有能力享受的人，是因為有許多快樂必須通過相當時間的訓練才可以享有，因此只有他們才能領略到其中的快樂。我們一般人大概都能享受到吃美味的快樂，但卻不是每個人都能欣賞巴哈或貝多芬的音樂。穆勒的意思是說，我們不能根據一般人的經驗，因而斷定吃美味的快樂高於欣賞巴哈音樂的快樂。理由是一般人根本沒有足夠能力欣賞巴哈的音樂。要知道這兩種快樂孰高孰低，必須由有足夠能力享受兩種快樂的人來判斷。

---

[12]　同上，p. 259.

　　根據這樣的標準，在經驗上說，哪些快樂在質上是比較高的呢？穆勒提出了好幾個例子，譬如做人本身就含一種較高級的快樂，它在質上遠高於一般動物所能有的快樂；聰穎所含的快樂也遠超於愚蠢人所能有的快樂；道德良心本身所含的快樂又遠超於卑鄙的人所能有的快樂。穆勒有一句名言：「做不滿足的人比做滿足的豬好；做不滿足的蘇格拉底比做滿足的笨蛋好。」⑬ 就是根據這個意思說的。

　　穆勒說這些話有什麼經驗根據？他的答覆是，一個人即使確信變了低等動物後會有最大量的快樂，也不會同意變成那種動物。同樣，聰穎的人也不會同意為了大量快樂而變成笨伯；受過文化教育陶冶的人不願變成文盲；有良心的人不願變得卑鄙。這些經驗事實都說明人性、聰穎、文化、良心所含的快樂在質上高於低等動物、笨伯、文盲和小人所可能有的一切快樂，否則人們不會如此選擇。

四

　　穆勒還有一點和他老師邊沁不同的地方。這在上面曾稍微提及，現在不妨再稍加分析。邊沁以快樂為行為的後果，行為之對或錯、道德或不道德，決定於它所帶來的後果是快樂或痛苦。這樣的說法涵蘊著一個意思：道德行為只是手段，快樂才是目的。我們之所以

⑬　同上，p. 260.

要使行為道德，不是為了道德本身，而是為了快樂，這個自然不是邊沁的創見。亞里士迪帕斯已經很自覺地這樣說，然後伊璧鳩魯以至邊沁只是承傳這個看法而已。

將快樂與道德、後果與行為二分為目的與手段，在倫理學上是有其嚴重的問題的。

第一，這和我們所觀察到的道德現象不合。志士仁人在殺身成仁、捨生取義時，絕不是因為這些行為可產生某種快樂，而以這些行為作為達致快樂的手段。相反，他們之所以作出這種行為，常常是因為這是理之所當然，直接以之為當下之目的。

第二，行為如果只是手段，它所達致的快樂後果才是目的。這涵蘊著一個意思：行為過程本身沒有快樂可言，快樂外在於行為。這樣，人生的大部分過程本身便都沒有意義，它們的意義只繫於每一段行為完成後所產生的短暫的快樂。這樣，人生便成為苦多於樂，惡多於善，黑暗多於光明的過程，如果最理想的道德人格所能夠達致的最高人生境界也仍然是苦多於樂，惡多於善，黑暗多於光明，那麼我們為什麼還要做人，還要對生命戀戀不捨？

第三，上面這個意思只是就生命所可能成就的正面價值、正面意義來說，但還有一個問題是涉及原動力的。如果所有行為過程本身都只有工具價值，而沒有本身的價值，人就不可能投身在這些行為過程中而孜孜不倦，就不能面對各種困難和冒各種大險。在我們

的經驗裡面，有許多行為或實驗是沒有結果的。許多科學理論都是經過無數假設的提出，無數實驗的失敗然後找到實證而奠立的。這也即是說，任何科學理論在其提出假設與過程中，都沒有任何保證會有美滿的後果而成為一個有確定性的理論。這樣，如果這些提出假設及歸納求證的行為過程只是手段而沒有本身的價值，那麼我們就不可能了解科學家們有什麼原動力，使得他們長年累月廢寢忘餐地在實驗室中摸索。

　　道德行為也是一樣，一個行為是不是能使得有關人士都得到快樂是不一定的，因為有許多外在條件我們不能預測。如果快樂才是目的，道德行為只是手段，而這個手段是不是能達致這個目的又沒有必然性。那麼，人何以能產生赴湯蹈火、捨生忘死的道德行為，它的原動力從何而來，就是一個不可了解的問題。

　　這個問題穆勒一定很清楚，因此由亞里士迪帕斯、伊璧鳩魯以至於邊沁的這個長遠的傳統觀念，到了穆勒手裡有了大轉變。穆勒雖然是效益主義者，以快樂為人生唯一目的或唯一價值，但他並不以為快樂外在於行為，行為也不外在於快樂。他以為這兩者不可分割。我們不是吃了好吃的東西，欣賞了好聽的音樂以後才快樂，快樂即存在於吃美味及欣賞音樂的活動中，吃美味或欣賞音樂即構成快樂的一部分。二者沒有時間的先後，更沒有手段與目的之分。道德行為也一樣，我們不是先有了一個動機要快樂，然後以道德行為

作手段，以達到快樂的目的。當人通過道德修養，自覺地遵守道德原則時，道德就成為這個人的目的，而同時道德就成了快樂的一部分，它即是快樂，快樂也即在其中。

如果行為與快樂不是手段與目的，而是互相內在的關係，那麼上面所提的三個問題都不再存在。第一，以道德為目的也即同時以快樂為目的，因為道德對於道德人格來說已成為快樂的一部分。第二，人生充滿奮鬥的歷程也即充滿快樂的歷程，快樂瀰漫於整個奮鬥歷程中。也即是說，正面的價值與意義可以瀰漫於人生的任何段落。第三，如果行為本身即存在著快樂，那麼行為本身即可以是人行為的原動力所在。

上面所說都是穆勒倫理學的特性所在，這些特性都很明朗、很顯然，但有一個意思就不是那麼顯豁明朗，那是動機論的問題。依邊沁，每一個人每一個行為的最後動機都是為了快樂，而快樂是善，因此動機本身不可能惡。善惡之分只從後果說，不從動機說。我們必須記得邊沁說這些話的理論背景是他認為快樂本質上是一樣的，它們的不同只是量的不同。但到了穆勒，他既然認為快樂在本質上有高下之分，人的快樂與禽獸的快樂不能等量齊觀，情況就已經不同。自然，穆勒基本上是享樂主義者，快樂本身即是善，就這個立場上說，儘管他以為快樂間有質的高下，但他總不能說有一類的快樂本身即是惡的，因此他似乎不能否定邊沁「動機不可能惡」這個

說法。

　　但穆勒不只是享樂主義者，他同時是效益主義者，即利他的享樂主義者。在他看來，效益主義的原則是：一般人的快樂對於所有人是善。我們上面曾分析過這個命題的背後涵義，它涵蘊著一個意思是說，人不但有追求個人快樂的自然傾向，而且還有追求與整個人群合而為一的情操。由於人有這種情操，因此穆勒才能說一般人的幸福對於所有人是善這句話，效益原則才能確定。

　　這樣，效益原則顯然不是植根於人追求自己快樂的自然傾向，因為這樣的自然傾向建立不起效益原則來。我追求我的快樂，你追求你的快樂，這種追求和以公眾的快樂為善的效益原則相差十萬八千里，兩邊無論如何拉攏不來。嚴格說來，效益原則不能是植根於這種個人的自然傾向，而是植根於每個人的社會感。因為人有與人群合一這情操，所以會欲求公眾的快樂，公眾的快樂才是善的，是可欲的。

　　這樣說來，人的行為可以來自兩種不同的動機：一是個人快樂的追求，那是一種自然傾向，是一種本能。另一是社會感，是另一種情操。這兩種動機迥然不同。哪一種動機才是善的呢？我們能不能說兩者都同樣是善的？或者用邊沁的話說，動機不分善惡，只有後果才可分善惡？

　　對於邊沁，這個問題根本不是問題。因為在他的系統裡，沒有

社會感這回事。人的行為只有一個動機，追求個人的快樂。人即使幫助他人，使人快樂，其原動力也是為了自己可得快樂。但穆勒如何處理這個問題？

　　穆勒在《效益主義》一書裡，曾經提到一個對效益主義的批評。這個批評說，效益主義因為只考慮後果，而不考慮品格，因而使得人冷酷無情。穆勒對這個批評答覆說效益主義也重視好品格，只是好品格的證據是好行為。如果一個人老做壞事，效益主義者就不會承認這個人有好品格。

　　但如何知道行為的好壞呢？答案是從行為的後果看。這樣，最後的標準似乎仍然在行為的後果，仍然是一後果論。

　　可是效益主義所求的後果是全體人的最大幸福。怎麼樣的品格或怎麼樣的動機才能達致這樣的行為後果？上面曾經提到兩種不同的品格或動機，一是以人我一體的社會感，一是個人的幸福。這兩個動機及所形成的品格迥然不同。很顯然，只有前者的動機或品格才能達致效益主義者所要求的後果。而後者則有時甚至干擾這個後果。

　　這自然不是邊沁的意思，甚至穆勒也沒有明顯地這樣說出來。但他強調社會感為內在的道德動力，同時強調人的官能有高級及低級之別，而為了獲致高素質的快樂，必須培育發展高級的官能。這些話都顯然隱含了一個意思，即動機不全是善，它也可以是惡的。

　　依上所述，我們可以看到，穆勒在效益主義的基本精神上，雖然大體上承襲了邊沁的思想，但在理論的圓融貫通上，以及對道德經驗的解釋上，都遠超過了邊沁。第一，穆勒的利他主義比較一貫，他的道德理據──效益原則，以及他的道德原動力──社會感，互相圓融而不衝突，不像邊沁那樣成為道德的二元論。第二，穆勒承認快樂與快樂之間不但有量的分別，而且還有質的差異。這樣，我們經驗中人性的尊嚴、道德與知識的崇高性都可以保留。享樂主義一向給人以人獸不分的批評，在此可以消失。第三，德性或道德行為不再被看為達致快樂的手段，而被認作是快樂的一部分，亦即人生目的之一部分。這樣，道德的地位固然提高，人生目的也被內在化，不再像過去享樂主義那樣永遠成為外在的追逐的目標。第四，除了行為後果外，產生此後果的品格也較受注意，這和我們一般的道德經驗比較一致。在我們的道德經驗裡，我們不只稱讚一個人的行為後果，而且更重視那個人的品格。

五

　　經過穆勒修改後的效益主義雖然比較一貫及比較符合道德經驗，但仍然存在著一些問題。

　　第一，穆勒從快樂是人之所欲而推論說快樂是可欲的，再因而

說快樂是善的。這個推論主要是根據一個類比：當一物為人所見時，就可以推論說那物是可見的；當一種聲音為人所聽到時，就可以說那聲音是可聽見的。但後來許多人都指出，這個類比不成立，因為「可欲」與「可見」及「可聽見」的意思完全不同。「可見」與「可聽見」的「可」，是指能夠的意思。「這物是可見的」是說「這物能夠為你我所見」或「你我能夠見到此物」。「可聽見」的意思也是一樣。但「可欲」的「可」則不是能夠的意思，而是指許可或值得的意思。「快樂是可欲的」，這句話不是說我們有能力欲求快樂，而是說快樂值得為我們所欲。正因為快樂值得為我們所欲，所以穆勒才因此說快樂是善。

　　如果可欲與可見的意思完全不同，上面的類比推論就不合法。我們固然可以從「這物是我們所見到的」推論說「這物是我們能夠見到的」，但不能從「這物是我們所欲求的」推論說「這物是我們可以欲求的」或「這物是值得去欲求的」。在經驗裡面我們也知道這推論有問題。我們所欲求的常常不是可以欲求的，我們常常欲求一些我們不可以或不應該去欲求的東西。

　　第二，穆勒以為快樂之間不只有量的分別，而且還有質的分別。我們上面說這個意思可以解決一些邊沁所不能解決的問題，譬如我們經驗中所感覺到的人性尊嚴的問題，也即是人獸之辨的問題。又譬如人可以自覺地為了真善美的追求而犧牲大量感性上的快樂，甚

至忍受大量感性上的痛苦，這樣的行為常常不但不會帶來人們道德上的譴責，而且只有使得人們給予道德上的尊敬。這些經驗邊沁的學說都不能解釋，而只有通過穆勒的質的分別說，效益主義才能與這些經驗相通而不衝突。

但質的分別說也有它的困難。兩種快樂之間，如果除了量的不同還有所謂質的差異，那就等於說除了快樂以外，還有另一些標準以確定快樂的高低。如果快樂的高低要由那些標準來確定，那麼那些標準在人生的意義或目的上，就可能比快樂更重要或更有價值，起碼和快樂一樣重要或一樣有價值。如果快樂是善，那麼那些標準也就一樣是善，這樣，快樂就不是唯一的善。

以穆勒自己的話為例，「做不滿足的人要比做滿足的豬好」。這意思是說，如果有兩個選擇，一是做一個人，所有欲望都不能滿足，整個人生過程中感受不到任何快樂，他所有的只是無邊無際的痛苦，另一個選擇是做一隻充滿快樂滿足的豬，沒有憂慮恐懼與痛苦。在這兩個選擇中，穆勒以為我們應該選擇做人，因為一個對人性的尊嚴有真正體會，而對豬那種感性上的快樂又完全了解的人，一定會做人而不願做豬。如果我們追問是什麼原因使得人有這種傾向時，穆勒只能說那是因為擁有人性本身就含有一種快樂，而這種快樂是超越於豬所能有的一切感性上的快樂的。

現在的問題是，擁有人性本身含有一種快樂是什麼意思？這自

然不是說當我們做人時，常常感到做人的快樂，就像我們吃美味的食物時，有一種快感一樣。它的意思是說，縱使一個人在人生過程中感受不到任何快樂，但如果問他願不願意做一個常常感到快樂的低等動物時，他仍然會表示不願意。而這種不願意表明了他如果不做人而做低等動物，他會感到某種損失，而這種損失感同時伴隨著某種不快的感覺。

這個分析如果正確，那麼即使穆勒的話是真的，即使我們每一個人都不願意做一隻滿足的豬，而寧可做一個不滿足的人，但我們之所以會有這種傾向，絕不是因為做人有什麼快樂使我們戀戀不捨，而是人性中有一種價值使我們不願放棄，當我們放棄時會有一種損失感，而這種損失感伴隨著不快的感覺。

這個意思不是要抹殺快樂與痛苦的重要性，而是在強調，在上述的經驗裡，我們的選擇不是決定於快樂或痛苦，而是決定於人性本身的價值。正因為人性本身有其內在的、比起低等動物有較高級的價值，因此當人放棄做人而去做豬做狗時，才會有損失感。就這個意義說，人性本身的價值決定了我們的取捨，同時決定了我們有無不快的感覺。而不是倒過來，由快樂或痛苦決定我們對人性的取捨。

這個分析不但在人性上有效，在德性及知識上也一樣有效。穆勒在說到德性時也承認德性並不必然會產生快樂，更不必然是快樂

的一部分。只有當一個人憑後天的修養，肯定德性的高貴，超然於利害之上而忠於德性時，才能在德性中獲得快樂。如果這個意思正確，那麼，人顯然不是為快樂而尊德性，恰恰相反，是先尊德性然後才能有快樂。這樣，德性的價值是先給肯定了，人才能在德性中得到快樂，德性的價值獨立於快樂之外，甚至先在於快樂，快樂不是唯一的價值，不是唯一的善。

上面敘述穆勒的倫理學時曾經指出，穆勒之所以在快樂量的分別外，加上質的分別，是因為他看出單是肯定量的分別而否定質的分別，會出現許多困難。現在我們又發現，一肯定快樂有質的分別，實際上就等於肯定了除快樂之外，還有其他的善，這也即是說快樂不是唯一的善，不是人生唯一的目的。這就等於否定了享樂主義或效益主義。穆勒為了補救效益主義的毛病而提出了一些補充，但這些補充卻使得他離開了效益主義或不自覺地否定了效益主義，卻是非他始料所及的。

▶ 參考書目

1. Mill, John Stuart, *Utilitarianism and Other Writings*, New York: The World Publishing Co., 1971.

2. Lyons, David, *Forms and Limits of Utilitarianism*, Oxford University Press, 1965.

3. Hodgson, D. H., *Consequences of Utilitarianism*, Oxford University Press, 1967.

第三節　規則效益主義 (Rule Utilitarianism) 與
行為效益主義 (Act Utilitarianism)

　　縱使傳統的效益主義有許多困難,但由於效益主義極接近常識,而且在許多道德情況裡,道德行為和大眾的快樂又常常有一定的連結關係:許多為人視為道德的行為常常都是帶來或起碼是企圖帶來某些人快樂的行為;反過來也是一樣,許多帶來或企圖帶來一些人快樂的行為常常是給人認為道德的行為。因此,效益主義一直至今不衰。自然,從邊沁、穆勒到現在,效益主義經歷了無數的批評與挑戰,其中有一個批評,影響效益主義至深,它使效益主義分為兩個學派。要明白這兩個學派的內容,必須先了解這個批評。

　　這個批評是這樣的:如果一切行為的道德與否,完全根據它是否增加或減少有關人士的幸福來判斷,那麼就會出現與我們一般道德經驗完全衝突的情況。如果我們堅持效益原則為一切道德判斷的根據,我們就必須否定我們過去在道德經驗裡所持有的道德標準。譬如,根據我們現代的法治觀念,我們都相信,一個正直的法官只應該根據法律條文以及明確的犯罪證據,來判一個嫌疑犯有罪,而

不是根據大眾的快樂來判他有罪。這二者在實際判案情況中不但迥然不同，而且常常互相衝突。許多姦淫擄掠，無惡不作的黑社會頭子，如果能處以極刑或長期監禁，必然人心大快，起碼可以使社會人士脫離長期的心理威脅。但由於缺乏具體確實的犯罪證據，我們就常常只能眼睜睜看著他們逍遙法外，人們繼續擔驚受怕。這些不勝枚舉的活生生的例子，說明在我們現代法律的運作過程上，我們的道德觀點和標準，與效益主義的可謂南轅北轍。因為依效益主義，不管在法律上這些人是否有具體的犯罪證據，我們為了增進大眾的快樂，減少大眾的痛苦，都應將這些人清除或監禁。

相反的例子也一樣存在，許多時候一些正直而不譁眾取寵的法官，根據法律條文和法律的精神而判一些人有罪。但這種判決常常與當地人民的利益衝突，而不受人歡迎。第二次大戰後在紐倫堡對一些德國戰犯的審訊就是極好的例子。如果效益原則是最高的行為準則，那麼即使那些戰犯在法律上犯了罪，那位法官也應判他無罪釋放；如果那位法官要維持法律的尊嚴，他勢必要犧牲效益原則。

判案只是其中例子之一。守然諾是另一個例子。現代英國倫理學家曾反覆用守然諾的道德觀念向效益主義挑戰，因為他們以為這二者不相容。西方倫理學家大都重視守然諾這個道德規則。許多倫理學的文章與論著都用守然諾為例來表示人有不可逃避的責任。但如果效益主義正確，那麼人就可以為了增加大眾的快樂或減輕大眾

的痛苦而不守然諾。守然諾便成為無足輕重的觀念，而這與一般人的道德信念相排斥。

為了答覆這個批評，也為了使效益主義與一般道德信念標準相容而不衝突，便產生了規則效益主義。洛爾斯 (John Rawls) 在 1955 年寫了一篇文章，題目是〈規則的兩個概念〉⑭，可以說是規則效益主義的代表作。我們在下面就以這篇文章為根據，來看看規則效益主義的特色。

一、規則效益主義

洛爾斯認為，上面對效益主義的批評之所以會引起那麼大的困擾和震動，主要是因為許多人，包括效益主義者，都將制度的理據和行為的理據混而為一。如果這二者能夠分別開，上面的批評便自然瓦解。先以法官判案為例。傳統的效益主義者如邊沁，顯然認為政府訂定法律與個別的行為一樣，都應以效益原則作最後的準則，也即是直接以效益原則為其理據。這樣，法律的訂定與個別行為一樣，如果合乎效益原則，就是道德，如果違背，則是不道德。

但洛爾斯認為，訂立法律制度與在法律制度下發出行為，這二

---

⑭　John Rawls, "Two Concepts of Rules", in *The Philosophical Review*, Vol. LXIV, 1955, pp. 3–32.

者絕不能混淆，許多問題都是由於這兩者的混淆而產生。這兩者的分別可以用兩種問題的答覆方式來說明：

一個小孩問他的父親，這個人為什麼要坐牢？他的父親說，因為他偷了別人的東西；而依據法律，偷東西的人要坐牢，因此法官判他坐牢。但如果這個小孩再問，我們為什麼會訂立判小偷坐牢的法律條文？我們訂立這樣的法律條文，有什麼目的或意義？他的父親就會說，我們之所以要訂立這法律條文，為的是使這個社會的人免除被偷竊的痛苦。

洛爾斯認為，這兩個不同的答案，表示訂立法律條文的理據，與法律制度設立之後判案的理據，是完全不同的。訂立法律條文的理據是效益原則。我們訂立法律條文，為的是增進有關人士的快樂，以及減少有關人士的痛苦。法律條文的好壞，決定於它是否符合或違背效益原則。但法律制度一訂立，判案的行為就不能再以效益原則為其理據，而只能以法律條文為理據。判案的對與錯，決定於它是否符合或違背法律條文。這二者的理據一分別開，上面對效益主義的批評就不再有效。因為法官是依據法律條文來判案，而不是直接依據效益原則來判案，自然不會與我們常識所持的道德信念相衝突。

如果法律制度與法律制度下的行為必須二分而不可混而為一，承諾呢？

正如前面所說，過去的效益主義者都以為，我應不應該實踐我的承諾，決定於實踐承諾是不是與效益原則相符合，即是不是帶來有關人士的最大快樂。這種說法引起的批評是說，這樣人豈不是隨便可以推翻承諾？這樣豈不是太不負責任？作承諾與不作承諾有什麼兩樣？

過去的效益主義者對這種批評的辯護是：人在效益原則之下不會隨便推翻承諾。因為當人衡量他應不應兌現他的承諾時，他不只要考慮他不兌現這承諾時對這件事所產生的後果，他還要考慮他這樣做對承諾制度所產生的後果。也即是說，他不只要考慮到他所承諾的對方所遭受到的損害，而且還要考慮到承諾制度所遭受到的損害。承諾是一種制度，這種制度有極大的效益價值。當人不遵守承諾時，人們就逐漸不信任承諾，這樣承諾制度就受到損害。因此，過去的效益主義者以為，即使根據效益原則，人仍然不應隨便破壞承諾。

但這種辯護仍然遭受到批評。批評者說，第一，即使我們把承諾制度的價值考慮進去，我們仍然可以想像得到有一些事物，比承諾制度的價值更大，為了這事物，人仍然可以推翻承諾。第二，人推翻承諾時，也許會使人不再相信他，但不見得就使人不相信所有人的承諾，因此承諾制度不見得會遭到破壞。這樣，人豈不是仍然可以極容易就推翻自己的承諾？第三，我們可以想像到在一些情況

下，推翻承諾絕不會影響到承諾制度。譬如一位垂死的父親要他兒子繼續管理其物業而不轉讓他人。在沒有任何見證人下他兒子答應了。但當父親死了後，他兒子卻將這物業贈送給一個慈善機構，因為這樣可帶來更大的效益後果。這種行為不影響到承諾制度，因為除了他父子二人外，沒有任何人知道有這承諾。因此根據效益主義，這兒子顯然沒有錯，而且做得很對。但批評者說，即使在這種情況下，這兒子既然作了承諾，他就有實踐承諾的責任，這和是否損害承諾制度完全沒有關係，因此，效益主義者的辯護顯然站不住腳。

　　洛爾斯以為，效益主義者如果訴之於後果來為效益主義辯護，是行不通的。在他看來，上面的辯論沒有意義，因為無論批評者或是效益主義者，都沒有將制度的理據與制度下的行為的理據分別開，他們將這兩者看為同一件事，因此才會引起上面的論爭。

　　洛爾斯將承諾看為一種互相默契、非明文制定的制度。它暗含互相遵守的規則，就像法律制度含許多規則一樣，不同的只是法律的規則是用文字表達的，而承諾的規則則是默契於人心中的。當我說「我答應你做某某事」時，這句話預設了承諾這個制度，就如法官審案這行為預設法律制度一樣。如果沒有承諾這制度，我說「我答應……」這種話就沒有任何意義，正如沒有法律這制度，法官審案就沒有任何意義一樣。

　　洛爾斯於是說，承諾制度的理據與個別承諾行為的理據是兩回

事，不可以混淆。這正如法律制度的理據與個別審案的理據是兩回事而不可以混淆一樣。承諾制度的理據是效益原則，其目的在增進有關人士的快樂及減少有關人士的痛苦。但承諾制度一建立，在這個制度下所產生的一切應許或承諾，便直接向承諾制度負責，而不是向效益原則負責。也即是說，當人失信或不守然諾時，我們是根據承諾這制度，而不是根據效益原則來判斷這行為。上面所說的兒子，既然違背了他對他父親臨終時的承諾，他這行為就是不對的，不管這行為的後果可以帶來多少人的快樂。

洛爾斯相信，當我們將制度的理據與制度下的行為的理據分別開後，過去對效益主義的批評與責難，就自然風消雲散。實際上，他認為效益主義並沒有錯，因為效益原則始終是道德的最後標準。上面所引起的批評與責難，只是將兩個完全不同類的行為混淆為一後所產生的誤解而已。當它們分開各歸本位後，這種誤解自然也就冰釋。

現在的問題是，洛爾斯根據什麼理由要將這兩種行為分別開？他何以以為訂定制度這行為，其理據在效益原則，而個別行為的理據，則在於制度？他必須有堅強的理論支持這個二分，否則他固然可以任意地一分為二，別人也可隨意二合為一，那麼上面所說的批評與責難就不是一定如他所說那樣風消雲散。洛爾斯也不能說，他二分的理據在於可以免除責難，保持效益主義，因為若然，他便成

了沒有原則的折衷主義。

　　洛爾斯的二分法是有他言之成理的理論作支持的。至於這理論是否堅強得無懈可擊則是另一回事。

　　洛爾斯的理論是從分析制度的性質而建立的。這自然不難了解。他既然將制度與個別行為二分，必然預設這二者的性質不相同。正因這二者性質不相同，所以才要二分。

　　制度的內容是規則，法律制度的內容即是法律規則。因此制度的性質也即是規則的性質。現在我們可以問，規則或制度有什麼特殊的性質而必須與個別行為分割開？

　　洛爾斯指出，對於規則的性質，大概有兩種不同的觀點，一是將規則看為過去經驗的總結。譬如「不可殺人」這規則，乃根據過去的經驗事例，殺人常常違背效益原則，總結這種經驗，為了使我們以後不致再由於殺人而違背效益原則，因而定了「不可殺人」這規則，這種觀點可以稱為總結觀 (summary conception)。總結觀大概有下列幾個特徵：

　　第一，由於規則是過去經驗的總結，因此當我們應用規則於當前事件時，是假定了這事件與過去的經驗相類似。正因為它們相類似，我們才能根據過去的經驗，說這樣做會違背效益原則，因此不應這樣做。但假如一個人做出一個與個去人類經驗完全不相同或不類似的行為，那麼根據過去經驗而定出的各種規則如「不可殺人」、

「不可偷盜」，就都不適用於這個行為。

第二，如果道德規則是過去經驗的總結，那麼，沒有過去的行為，就沒有道德規則。這即是說，行為邏輯地先於道德規則，也即是說行為是道德規則的先決條件。沒有過去的行為，就沒有道德規則。但我們不能倒轉來說，沒有道德規則，就沒有個別的行為。因為即使沒有「不可殺人」這個規則，這個世界上仍然可以有殺人的行為。因此，道德規則不能說是行為的先決條件。

第三，正因為規則只是過去經驗的總結，而未來的事件與過去經驗總不能完全相同，因此道德規則應用於未來行為時，實際上只是一種參考，而不是無上權威。

第四，我們之所以需要道德規則作為未來行為的參考或指引，是因為有許多時候我們需要當機立斷，沒有時間慢慢衡量哪一個行為更能帶來效益後果。道德規則的功能在於告訴我們，一般地說，「不殺人」更符合效益原則，「殺人」則比較不符合效益原則。雖然這不是絕對正確，但總比臨時衡量效益後果的正確性來得大。就這個意思說，道德規則仍有它一定的價值和功用。

另一種對規則性質的看法，稱為制度觀 (practice conception)。在這種觀點下，規則不是被看作過去經驗的總結。規則或制度的建立有許多原因，其中一個是，如果人與人之間要和諧相處，為共同的幸福努力，必不能各自為政，互不相涉，而必須互相了解，互相

調協。制度的建立，正是為了達成人與人間互相了解、調協，以達成效益的目的。禮節是最好的例子之一。沒有共同的禮節，人與人間就無法表達心中的善意。各人依照自己的方式待人接物，結果彼此間必然誤會重重，更不用說和諧合作，以達致共同的幸福了。

依照制度觀的看法，規則完全是為了調協個人行為而設計出來的共同準則，而不是個人過去行為經驗的總結。我們之所以設立叫人「早安」這禮節，不是因為根據過去個人的經驗，叫人「早安」可以帶來效益後果，不叫人「早安」不帶來效益後果，因此定出這樣的規則，以供後人作行為的參考之用。剛好相反，叫人「早安」這個禮節的設立，完全是為了避免每個人各自依效益原則行事而產生混亂的情況，因此定出這一個表示善意的共同形式來。

根據上面的意思，制度觀的看法可以歸納為下列幾點：

第一，規則不是邏輯地後於個別行為，而是邏輯地先於個別行為。換句話說，個別行為不是規則的先決條件，規則才是個別行為的先決條件。以球賽為例：球賽中的行為都是由球賽規則而產生，它們的意義由規則所賦與。球賽規則一改變，其行為意義就跟著改變。每個人自然也可以獨自玩乒乓球，但乒乓球比賽中的名詞與行為，譬如落網、出界、正球等等，都只有在乒乓球比賽規則或制度下才有意義。規則一改變，這些名詞與行為就失去了原來的意義。因此，規則決定了行為。沒有乒乓球的比賽規則，就沒有乒乓球比

賽的行為。

第二，由於規則決定了行為，因此規則是行為的絕對標準。當乒乓球比賽進行中，球員不能懷疑乒乓球規則適不適用於他的行為，他不能再問：「我是否應該遵守乒乓球比賽規則？」因為當他一參加乒乓球比賽，他已經假設了比賽規則的存在，這些規則就是他比賽行為的無上權威。如果一個人一面在比賽乒乓球，一面在想是不是可以不守規則，他就不真正了解他在比賽乒乓球。

第三，這樣，規則不是用來作為個別行為的參考，因為它不是過去個別行為的總結。如果規則是過去行為的總結，它對未來行為就只是一種參考而不是無上權威。我們也一定可以想像到未來有一些行為是例外，而不能用規則來決定它們的對與錯。但規則不只是過去行為的總結。每一個制度和每一套規則的出現都意味著一些行為，這制度和規則不出現，這些行為也不可能出現。這表示這些行為由制度或規則而產生，制度或規則是這些行為的根基，因此也是它們的最後標準或至高權威。如果有人問一個人他在做什麼，而他說他在比賽乒乓球時，他就已經假定了乒乓球比賽規則是他的無上權威。如果有人問他為什麼要這樣打球，他的回答必是因為這是乒乓球比賽的規則。他不能說因為根據過去的經驗，這樣做可帶來有關人士的最大快樂，他若這樣說，就表示他不知道自己在比賽乒乓球。

　　在分析了規則性質的兩種觀點後，洛爾斯就指出，總結觀與制度觀是不相容的。上面說過，依制度觀，制度或規則的設立，是為了人與人之間可以有互相了解、互相預知、互相調協的行為，因此制度或規則不是過去個別行為的總結。將它們看為過去行為的總結是不了解制度設立的意義。傳統的效益主義者正因為採取了總結觀來看規則，才會將規則與個別行為混淆在一起，直接以效益原則作為它們是非對錯的根據。也正由於這樣，才會引起人們對傳統效益主義的批評。這些批評原可以避免，只要我們根據創立制度的原義，以制度觀來看制度或規則，這樣，制度的好壞固然是以效益原則作準，但制度一設立，在這制度下的個別行為就不能再直接以效益原則為準，而只能以規則為準。規則與個別行為二分為兩個不同的層面，過去的批評就自然風消雲散。

　　由上面的分析可以看出，洛爾斯解消傳統批評的方法是將規則與個別行為二分為不同層次，而他之所以將它們二分是因為制度不是個別行為的總結，規則也不是個別行為的總結。承諾與法律都是一種制度，它們的設立是為了調協人與人間的行為，以達成效益後果。許多法律條文都不是過去行為的總結。「車輛遇紅燈必須停駛」這交通規則，絕不是根據過去個人的經驗，而是根據遇紅燈停駛會帶來效益後果、不停駛則違背效益後果而設立的。我們儘可以設立「紅燈亮時可以通過，綠燈亮時必須停駛」這種交通規則，它一樣

可以協調人們的行為，達成效益後果。許多法律條文都是這樣約定俗成，不是過去行為的總結的。

承諾在洛爾斯看來也是這樣的一種制度。它不是根據過去個人的經驗而定出來的。實際上，洛爾斯說，當一個人說「我承諾」時，這句話如果有意義，必然在人們心中先有「承諾」這個制度。這個制度在未設立或不存在之先，人就根本不可能有承諾這種行為。因此「承諾」這制度不是總結過去承諾行為的經驗而生，它是為了調協人們的行為，以達致效益後果而設立的。

這看法自然是制度觀的看法。這個看法一接受，制度下的行為必須向制度負責，也即是向規則負責，而不是直接向效益原則負責。只有設立制度或規則時才直接向效益原則負責。當我訂立法律時，自然須依據效益原則，看看怎麼樣的法律條文更符合效益原則，帶來更大的效益後果。但法律條文一訂立，法官審案時就只能依據法律條文，而不是依據效益原則來判一個人有罪抑無罪。

但制度觀是不是適用於所有的規則呢？譬如說「不可吸菸」、「不可酗酒」，甚至「不可殺人」、「不可姦淫」這一類的規則，難道不是因為依過去經驗，我們發現吸菸、酗酒、殺人、姦淫的行為，常常產生違背效益原則的後果，因而制定的嗎？難道在某些情況下，譬如吸菸如果可醫治某種病，也不得吸菸？又譬如在抵抗外敵侵略的戰場上，也不得殺人？

　　洛爾斯並不以為制度觀適用於所有規則。他只是反對傳統效益主義者以總結觀來看一切規則。他同意規則本來不只一種，有些是總結過去經驗而作未來參考用的；有些則是先有規則，然後才有那一類的行動的。洛爾斯甚至以為除了這兩類規則外，還可作更多的分類，而且有些規則是上述兩種之間，既不完全屬制度觀，也不完全屬總結觀。說到這裡，洛爾斯的語氣是很小心謹慎的，他的立場也是很有彈性的，他承認規則的多元性，絕不將自己限制在制度觀裡。

　　不但如此，即使像法律、承諾這些制度，雖然其所屬的行為應向規則負責，而不直接向效益原則負責，但洛爾斯仍然承認可以有特殊的例外。因此，在特殊情形下，我們可以問：「我是不是一定要遵守這個承諾？」這特殊的例外不在於它可帶來更大的效益後果，而在於制度的意義已經喪失，規則已經失去作用的時候。譬如，我們可以替洛爾斯想像這樣的情況：在大地震中，每個人的生命危在旦夕，交通規則已失去了原來的調協作用的時候。又譬如，我向朋友借了一支手鎗，當我依約歸還時，發現他正神智不清，狂性大發，隨時可以殺人的時候。

　　有人也許會覺得洛爾斯太滑頭，他既批評傳統效益主義的總結觀，但又不肯堅持制度觀，結果是立場模糊，什麼都是，什麼都不是，但這可能是現代哲學家的一個特色：就事論事，不肯用一頂帽

子戴所有的頭，寧可不給人整齊劃一的感覺，也不肯犧牲經驗的多元性與豐富性。他以為傳統效益主義的問題正在於用一個觀點來看不同種類的規則，才會產生上述的問題與辯論。如果我們根據規則的性質將它們還原為不同的種類，這些問題與辯論自然就平息而不再存在了。

二、行為效益主義

　　規則效益主義並不是效益主義的最後定論。在效益主義者當中，有許多人仍然不能接受洛爾斯將規則與個別行為分為兩個層次的看法。在他們看來，所有規則的本性都一樣，是為了給我們參考，以使我們的行為達致效益的目的。這種看法稱為行為效益主義。司馬達 (J. J. C. Smart) 是持這種看法的一位哲學家。他在 1956 年寫了一篇文章，叫做〈極端的與有限度的效益主義〉⑮ ，即是為駁斥洛爾斯的規則主義的理論而寫的。極端的效益主義即是行為效益主義，有限度的效益主義即是規則效益主義。由這篇文章，我們可以看出司馬達等人之所以不接受規則效益主義而堅持行為效益主義的理由。

---

⑮　J. J. C. Smart, "Extreme and Restricted Utilitarianism", in *The Philosophical Quarterly*, Vol. VI, 1956, pp. 344–354.

　　我們在上面曾指出，出現規則效益主義這理論的一個原因，是傳統效益主義與常識的道德觀念有許多相衝突的地方。這些衝突引起了各方面對效益主義的批評。為了解決這些衝突和消解這些批評，規則效益主義提出規則與行為二分的理論。這即是說，規則主義者顯然假定這些對效益主義的批評是對的。當效益主義與常識的道德觀念相衝突的時候，理虧的是效益主義。為了使二者不相衝突，我們必須修正效益主義。

　　司馬達在討論規則效益主義的時候，一開始即否定這個假定。他的意思是：我們何以在未經批判地審查研究之前，一開始就先假定了常識的道德觀念是正確的？為什麼一個倫理學理論如果和常識的道德觀念衝突，我們就不經反省，一口咬定這個理論有問題？為什麼不可能錯的是常識的道德觀念，而一定是與它衝突的理論？

　　事實上，司馬達指出，一般的道德意識或道德信念常常夾雜著迷信、不良以及混亂不清的成素。迷信與不良的成素常常藏匿在混亂不清的成素後面而不為人發覺，因此要將它們揪出來先得將思路弄清楚，而要將思路弄清必須不再倚賴一般人的常識信念。

　　司馬達覺得必須澄清的第二個意思是：我們一般人都以為行為效益主義者不尊重一般的道德規則，而直接訴之於效益原則作為行為的準則與指南。這是許多人攻擊批評傳統效益主義的原因。如果直接訴之於效益原則，法官豈不是可以忽視法律的條文？人豈不是

可以不守諾言？但實際上，一個真正的行為效益主義者絕大多數的時候，仍然使用一般人的道德規則來作為其行事為人的準繩，這自然不是因為規則有什麼神聖不可侵犯的地方，而只是因為這樣才收到更多更大的效益後果。司馬達在這裡舉了兩個經驗上的例子：

第一，許多時候我們必須馬上決定作行為的選擇，沒有任何猶豫躊躇的餘地。假如一個行為效益主義者，1938 年，在德國的一條河裡，看見一個像極了希特勒的人就快在河裡溺死，他怎麼決定？是救他上來抑不救他上來？自然，如果他有時間，他會查出真相，看看這個人究竟是不是那位著名的大獨裁者，然後再作決定。但他沒有時間，沒有任何思考計算的餘地，因為思考計算下來這個人已經溺死。司馬達說，一個行為效益主義者在這種情況下只能服從常識的道德規則，跳下河去救人。因為一般來說，這樣做更符合效益原則，這一類的行為一般來說可帶來更大的效益後果。因此，即使這個人真的是希特勒，救他起來後壞的後果多於好的後果，但這個行為仍然應該受到褒獎，因為從這一類的行為的後果看，它仍然是對的。

不但如此，當我們褒獎這一類勇敢救人的行為時，人的仁慈之心以及勇敢的德性就受到激勵，而這種受激勵的後果也是合乎效益原則的。

第二，經驗告訴我們，當一件事牽涉到我們個人的利害時，我

們衡量這件事的後果就很容易有偏見而不客觀。譬如一個人婚姻不如意而考慮應不應該離婚時，他會很自然地誇張離婚的好處和低估離婚對他自己與小孩的害處。因此作為一個真正的行為效益主義者，在這一類的事件中他會寧可訴之於一般的婚姻道德信念，而不直接訴之於效益原則。因為在這種看來是反行為效益主義的決定中，才合乎行為效益主義的原則。

上面只是兩個比較明顯的例子，但已經足夠說明何以司馬達認為，在實際行為上，行為效益主義者與規則效益主義者並沒有太大的差異，因為他們都一樣訴之於規則，而非直接訴之於效益原則。主要原因是許多時候，我們無法正確地計算出一個行為的效益後果，因此最好的辦法仍然是訴之於規則，而不直接訴之於效益原則。在行為效益主義者看來，規則原是過去經驗的成果。依過去經驗，大家不殺人比互相殘殺更符合效益原則，更能帶來效益後果，因此定出「不可殺人」的規則；扶危濟困比見死不救更符合效益原則，因此以扶危濟困作為道德的綱領之一。在一件事上，當人不可能正確地計算出一個行為的效益後果時，最好的辦法就是訴之於這些過去經驗累積得來的道德規則或道德綱領，因為一般說來，訴之於這些規則比較可靠，後果來得更好。

自然，一定有一些情況，行為效益主義者的行為抉擇會和規則效益主義者的不一樣。這種情況也許不多，但一定有這種情況，否

則這兩派的爭論便成為純口舌之爭或字眼之爭而無實際上的意義。那是怎麼樣的情況呢？是什麼情況，使得這兩派效益主義之爭具有實質的意義呢？

司馬達的答覆很清楚。當我們在某件事上，已經很清楚地計算出，不遵守規則比遵守規則的後果要好，或者說，遵守規則比不遵守規則的後果要壞。在這種情況下，規則效益主義者仍然會盲目地信從規則，但行為效益主義者則必然會選擇另一個更明智的行為。司馬達在這裡問：如果在這種情況下我們仍然跟從規則，規則豈不成了我們盲目崇拜的偶像？這豈不是一種迷信？

穆勒曾經用航海作例，司馬達借用了這例子來說明他的意思。航海學通常以天文學為根據，定出航海曆書。根據這曆書，航海家知道怎麼樣的航行是對的，怎麼樣的航行是不對的。但這曆書事實上只是過去觀察太陽、月亮以及其他星球的結果。假如太陽等星球的運行有時有不規則的情況，那麼航海曆書所定的航海規則對目前情況就只有百分之九十九的準確性。現在假如有航海家，通過他直接的觀察或計算，發現他目前的情況正在這百分之九十九的準確性之外，也即是說，航海曆書對他現在的情況完全不適用。在這種情況下，他是否仍然必須盲目地遵守航海曆書的指示，即使他確信這指示是錯的？這種行為豈不是一種迷信，一種偶像崇拜，一種非理性或甚至反理性的行為？

　　上面所引述的論證與例子都表示出一個意思：行為效益主義者將一切規則一視同仁，都看作過去經驗的總結，因此以為規則邏輯地後於行為，規則對新的情況或事件只是一種參考，而不是一種權威性的標準。但為什麼他們要將它們一視同仁、一體平鋪地看，而不像規則效益主義者那樣，將規則分為兩類或甚至許多類？他們這樣做的理由是什麼？像交通規則或球賽規則，豈不是如洛爾斯所說，先有規則，然後才有「闖紅燈」、「超速」，或「禁止進入」、「手球」等特殊意義的行為嗎？行為效益主義者對這一類的規則有什麼解釋？

　　司馬達明白地表示，即使這一類的規則也不是行為的決定者。我們不是因為有了這些規則，因此採取了某種行為。我們不是因為有了「靠左走」的規則，因此就靠左走。假如某一個城市，有「靠左走」的規則，又假如那城市的人專門和規則作對，規則說靠左走，他們就偏偏都靠右走，我們就很有理由不依從規則，而依從一般人的行為方式靠右走。這表示規則實在不是決定行為的理由。我們一般人之所以依規則行為，不是因為規則本身有什麼絕對權威性，而是由這些規則，我們可以知道其他的人大概會怎麼行為，因此同時知道我怎樣行為比較容易和他人配合。換句話說，規則不是權威，它們只是指出他人如何行為的符號，它不是行為的理由，而只是我們選擇行為時的資料。

　　交通規則固然如此，棋類比賽與球類比賽的規則也莫不皆然，

都是個人行為的參考資料，而不是個人行為的決定理由。它們只告訴人怎樣行為更能配合他人的行為，因而更能獲致更好的後果。但它們的指示可能有錯，可能在某特定情況下，不但不能給人們帶來好處，反而會帶來惡果。在這種情況下，它們就失去了參考資料的作用，而應暫時擱置。

司馬達因此認為規則只有一種，都只能作為行為抉擇時的參考資料，而不能作為行為的無上權威。但依照這說法，法律是否也只是法官審案時的參考資料，而不是審案的根據？司馬達舉了下面一個例，可以用來答覆上面這問題：聯合國在討論摩洛哥案時，法國代表憤而離開會場，因為他認為法國是摩洛哥的宗主國，摩洛哥的問題是法國內政問題，它是法國權利的一部分，因此聯合國無權過問。司馬達承認法國代表的論證是合法的。但他同時說我們所應關心的不是法國的權利問題，而是人性是否受到尊重以及維護的問題。換句話說，如果討論摩洛哥問題可以使人性更受到尊重與維護的話，那麼為了得到這更重要更好的後果，即使法國的權利可能因此受到忽視，聯合國仍然有足夠理由討論摩洛哥問題。

司馬達在這個例子中所採的立場，自然是一貫的行為效益主義的立場。但我們可以問：這個立場能不能同樣應用到公民法上去？法官能不能為了尊重與維護人性，而忽視甚或侵害到法律條文所明載的不可轉讓的人權？譬如說，如果法律條文中包括了私有財產的

人權，法官能不能因為大多數人都面有菜色，而判一個浪費自己財物的人有罪，而將其財物充公？

　　至於規則性質的辯論，即使如司馬達所說，交通規則或球賽規則只是一種標記，幫助我們了解他人如何行為的資料，我們也得不出行為效益主義的結論說，這些規則都是過去經驗的總結，告訴我們，哪一類的行為大概會帶來更好的後果。司馬達顯然將「參考資料」的兩種不同意思混而為一。我們有許多勸告式的規則都是過去經驗的總結，譬如「不可抽菸」、「早睡早起」、「不可暴飲暴食」都是。由這些規則，我們知道，依過去的經驗，抽菸、暴飲暴食、晚睡晚起，都有損健康，因此如果我們不想健康受到損害，最好依據這些規則來生活。由規則是過去經驗的總結，告訴我們哪一類的行為可以有更好的後果來說，這是規則作為參考資料的一個意思。但由某一些規則，我們所知道的不是某類行為的後果，而是其他人怎樣行為，則是規則作為參考資料的另一個意思。這兩個意思顯然不同而不能相混。知道他人如何行為不等於知道我如何行為有更好後果。我知道他人如何行為後，還須知道我的行為與他人行為相配合相一致會產生更好後果，然後才能說我知道如何行為會產生更好後果。

　　　　前提一：我知道其他人如何行為。

前提二：我知道我的行為與他人行為相一致相配合會產生更
　　　　　好後果。

結　論：我知道我如何行為會產生更好後果。

　　前提一加上前提二才能得出行為效益主義者所要得出的結論。
必須注意的是前提二本身乃是過去經驗的總結，有了這總結，才能
有結論中所作的總結。因此如果交通規則或球賽規則只告訴我們他
人如何行為，則它們就無論如何不能說是過去經驗的總結，以引導
我們達致更好後果的參考資料。

　　不但如此，當洛爾斯說規則決定行為因而邏輯地先於行為的時
候，他所說的「規則」不必是明文的條文，也可以是一種互相的默
契信約。這是為什麼承諾雖然不是明文的制度，守信也不是明文的
規則，但洛爾斯仍然將它們看作是制度與規則的緣故。洛爾斯將規
則看為制度的本質。一個制度是怎麼樣的制度，決定於它有怎樣的
規則。因此，制度與規則幾乎可以說是同一回事。但制度是什麼呢？
洛爾斯說，制度是為了使不同的人的行動互相調協配合而作的設計。
交通制度是這樣的設計，球類比賽也是這樣的設計，甚至承諾本身
也是這樣的設計。當一群人為了調協彼此行為而作出某種設計的時
候，就有了制度，也就有了規則。在這新的設計、新的制度與新的
規則下，就有新的行為，譬如下棋、賽球等。司馬達只要承認人群

會為了調協彼此的行為而作出某種設計，就等於承認規則不必是過去個人行為經驗的總結，也就等於否定了行為效益主義。

　　同時，由於制度與規則都不必是明文的，因此司馬達上面所說，人可違背交通規則而有新的調協行為這例子就難不倒洛爾斯。當人為了調協彼此的行為而違背交通規則時，制度與規則就不在明文規定的交通規則中，而在於人們彼此默契之中，是這種默契中的規則決定了彼此的行為。

　　最後一點，司馬達以為一般人的道德意識充滿混亂與迷信，因此當行為效益主義與常識的道德信念相衝突時，我們要拋棄的恐怕是常識的道德信念，而不是行為效益主義。這種論辯自然言之成理。但問題是：效益主義者以效益原則作為最高的道德原則，其最後的論據正是一般人的道德意識或信念。效益原則之所以是最高原則，不外是幾個理由：第一，我們都追求快樂。第二，我們一般人所以為道德的行為，都是達致快樂的行為。第三，凡是帶來不快樂或痛苦的行為，我們一般人都不以之為道德的行為。除了第一點指的是有關心理事實者外，第二點與第三點所說的正是一般人的道德信念或道德意識。如果一般的道德意識是效益主義之所以成立的根據，則二者如果有相衝突之處，則所要修正或反省的自然是效益主義，而不是一般的道德意識。如果二者相衝突時所應拋棄或修改的是一般的道德意識，則效益主義就不能以一般的道德意識作為其基礎。

附　論　享樂主義的基本困難

享樂主義是一種最接近常識的倫理學，因此最容易了解和為人接受。也由於這個緣故，它在今天仍然是一種極受歡迎、極受注意的倫理學說。但這個學說實際上有其不易克服的困難。前面從亞里士迪帕斯，至伊璧鳩魯，再從邊沁至穆勒，展示了各種型態的享樂主義的思想，但他們都各有其內在的困難。規則效益主義試圖解消一些有關規則地位的問題，但是否成功仍然見仁見智。即使這個問題可以獲得解決，但享樂主義的基本問題仍然存在。

享樂主義的基本信念是：快樂是人生的唯一目的，因此也是唯一的善或唯一的價值。所有享樂主義的思想系統都建立在這個基本信念上。如果這個基本信念成立，享樂主義的思想系統才有可能成立；如果這基本信念本身有問題，那麼享樂主義整個思想系統就會倒塌。

這個基本信念是否站得住腳呢？每一個人都想要快樂，都不想痛苦，大概是不錯的。即使被虐待狂看來是在追求痛苦，但也可以解釋說他們在痛苦中獲致快樂，為了更大的快樂而忍受較小的痛苦。

　　但我們是不是只在追求快樂？快樂是不是我們所追求的唯一目標呢？人生在世，追求的東西很多：食物、衣服、房屋、生命的繼續、家庭的溫暖、朋友、自尊、成就感、金錢、名譽、權力、地位、知識、美、德性、人格的內在統一與和諧等等，我們能不能說這些東西都只是獲致快樂的工具，我們之所以追求它們，最後目的只是為了快樂？

　　答案顯然是否定的。許多科學家為了追求知識、藝術家為了追求美、志士仁人為了追求內在的德性，可以忍受無邊的痛苦，犧牲大量的快樂。在他們看來，他們所追求的這些東西絕不只是一種工具或手段，它們本身即是價值。為了它們，可以赴湯蹈火，可以傾家蕩產，可以犧牲生命。穆勒也承認，對於一些人來說，甚至金錢也不只是工具。許多人為追求金錢而追求金錢，因此即使擁有的金錢十世都用不完，他們也不滿足，而要追求更多的金錢，因為金錢對於他們已不只是用來購買物件的工具，它們本身即是可愛的、值得擁有的東西。

　　穆勒因此承認，人是追求很多東西的。但為什麼穆勒仍然堅持效益主義呢？他的理由是當人追求任何事物的時候，都可以在那事物中得到快樂。因此不管人在追求什麼，都等於在追求快樂。這種論證聽起來言之成理，但其實是倒果為因。當人在追求金錢的時候，他可以在獲得金錢中得到快樂，當人在追求名譽地位時，他也可以

在名譽地位中得到快樂。但他的追求目標顯然不是快樂，而是金錢、名譽與地位。他心目中所要的，使他發出行為的，不是快樂，而是金錢、名譽和地位。當他達致他要得到的目標時，他同時會得到快樂。但快樂不是他原來行為的目的，而只是附帶的後果。

這個意思還可以用另一種方式來說明。假如一個人像享樂主義者所說的那樣，只以快樂作為其人生的唯一目標，除了快樂以外，他別無所求，他對食物、朋友、家庭、名譽、地位、權力、知識、德性、美等一切事物皆無興趣，這樣他就不可能作任何活動，他不會追求任何東西，不會熱愛任何東西，這樣他也不會在任何東西中得到快樂，他就不會有快樂。

這是一種悖論，通常稱為享樂主義悖論 (paradox of hedonistic)。這悖論是說，假如我們以快樂為人生唯一的目標，那麼我們就不會對任何其他事物發生興趣，那麼我們就得不到快樂。

享樂主義之所以會成為一種悖論，是因為許多時候快樂本不是行為的目標，其他事物才是行為的目標。當人熱愛其他事物，追求這些事物時，人才會在這些事物中得到快樂。快樂是人熱愛一些事物時產生的後果，它不能離開這些事物來作為人生的目標。享樂主義以快樂作為人生唯一的目標，犯了以結果為目標的謬誤。

第 四 章

霍布士 (Thomas Hobbes)

一

　　前面提到有利己主義 (Egoism) 式的享樂主義，也有利他主義式
的享樂主義。這表示享樂主義不一定是利己主義。但倒過來也是一
樣，利己主義也不一定就是享樂主義。利己主義有許多型式，享樂
主義只是其中之一種。

　　上面又說過，利己主義不必然是自私主義。像伊璧鳩魯就絕不
能說是自私主義者。即使是亞里士迪帕斯，他雖然以為人應注重目
前的強烈的快樂，但也不以為人可以不顧一切，損人利己，嚴格來
說也不能說是自私主義者。利己主義是從行為的最後目標說，自私
主義是從行為的手段或表現說。在歷史上，利己主義者都認識到，
即使每個人的人生目標都是為了自己個人的快樂或滿足，但也不能
採取自私的手段，因為自私手段不能達致個人的快樂或滿足，或達
不到個人的人生目標。利己主義與自私主義這兩個名詞表面上是親
兄弟，但哲學家們在人生體會上發現它們其實互不相容。在東西方
的哲學史上，主張利己主義的倫理學家大不乏人，但從未有人公開
主張自私主義的，可見這二者的關係並不如一般人所以為的那樣
密切。

　　不但如此，一些利己主義者進而以為，為了個人的人生目標，

人不但不可自私，而且還須和他人衷誠合作，遵守一定的道德準則和政府釐定的法律。道德律則與政府法律的意義和價值，也在於可以間接幫助人達致個人中心的人生目標。也即是說，道德律則與法律，不但和個人的人生目標不相違背，而且還是後者的必要條件。下面我們選取英國的霍布士，作為這一類利己主義者的代表。

　　霍布士 (Thomas Hobbes) 生於 1588 年，卒於 1679 年，他生長在十七世紀，那是近代自然科學勃興的時代。開創出近代自然科學的四員大將，哥白尼 (Copernicus)、克卜勒 (Kepler)、伽利略 (Galileo) 和牛頓 (Newton)，都是十六至十七世紀的人，也即是霍布士前後期的同時代人物。近代自然科學對西方世界影響至巨，西方的思想界、文化界，以至於社會結構、生活方式，都受到它極大的衝擊和改變。人對自然世界的一切，包括自然人在內，愈來愈感興趣，也愈來愈重視。自然主義在哲學界、文學領域，成為了一代主流，可以說是十七世紀的自然科學直接或間接影響而成。霍布士是十七世紀的人，在這樣的一個自然科學巨流之中，自然很難不受其影響。他的利己主義，主要的論證基礎是自然主義，也即是將人看為自然人，深深透露出他那個時代的信息。霍布士式的自然主義以及利己主義，到現在仍然有許多支持的人，而且持之有故。這是我們要在這裡反省討論這個學說的主要原因。

二

霍布士的主要著作《巨獸》(*Leviathan*) 是集心理學、倫理學和政治哲學於一身的著作。這部書前半部分析人性，後半部則分析國家的本性。他的倫理學和政治哲學即在這些分析中建構出來。

霍布士將人看為自然世界的一部分。人的一切官能的作用，都是人體與外在物體交互運動的結果；人的行為，最後也可以約化為一種運動 (motion)。這種機械唯物論的論調是不是站得住腳，不在我們討論範圍以內，不擬討論。但接著的論題卻是我們必須注意關心的題目。

霍布士說，人的運動有兩種❶，一是生命本身的，非自願的 (involuntary)，如血液的運行、脈搏的跳動、呼吸、營養的吸收等等，都不是我們有意的運動，用霍布士自己的話說，是不需要想像或思想的幫助的運動。另一種則是動物的運動，是自願的 (voluntary) 運動，譬如走路、說話、活動四肢等等，是必須事先有想像或思想的活動才能作的運動。在走路之前，我必須預先想到什麼地方去，怎麼去；說話之前，我預先想我該說些什麼等等。

---

❶ 下面一段敘述參看 Thomas Hobbes, *Leviathan* (London: Everyman's Library, 1962), Ch. 6, pp. 23–30.

　　很明顯地，倫理學也好，政治哲學也好，所真正有興趣的是人自願的運動，像血液運行或脈搏的跳動等等非自願的運動，既非人可自主選擇，自然無善惡對錯可說。因此霍布士後面的話題全部集中在自願的運動上。

　　一切自願的運動固然都是一種運動，但這些運動之所以可能，是由於人身體內一種細微至不可覺察的運動使然。這種細微的運動，霍布士稱之為「努力」(endeavour)。

　　努力有兩種，一種是趨向於事物的，稱為「愛欲」(appetite) 或「欲望」(desire)；一種是避開事物的，稱為「嫌惡」(aversion)。人之所欲也即是人之所「愛」(love)，人之所嫌惡也即是人之所「憎」(hate)。不同的只是所欲、所惡的事物通常還未存在，所愛、所憎的則已經存在。至於人既不欲又不惡的事物，我們的態度是「輕視」(contempt)。輕視不是一種運動，而是不作任何運動。

　　上面的話很像近來一些心理學家的分析，將人一切行為歸源於人的本能或衝動。本能、衝動或愛欲是人性的基本成素。這樣，人基本上是自然人，和其他動物沒有什麼不同。

　　愛欲的對象即是善 (good)，嫌惡的對象即是惡 (evil)。至於輕視的對象則是無價值 (vile) 或無足輕重 (inconsiderable)。這是純自然主義的價值觀，善惡完全由自然欲望或傾向來決定。自然，這種價值觀也有經驗事實作支持。許多人或甚至一般人心目中的善即是他們

的欲望對象，所謂惡即是他們嫌惡的對象。至於引不起他們的欲望或嫌惡的事物，則對他們來說無所謂善，也無所謂惡。

善惡既由愛惡來決定，而人的愛惡又由其身體的結構或情況決定。每個人的身體結構或情況都不完全相同，因此人與人間的愛惡也不完全相同。這即是說，引起某人欲望的事物，不必能引起另一人的欲望。使某人嫌惡的事物也不必使另一人嫌惡。不但如此，由於每個人的身體情況可以有變化，因此，今天引起我欲望的事物不必然能永遠引起我的欲望。嫌惡也是這樣。因此，沒有絕對普遍或恆常不變的善和惡，善和惡完全相對於個人的特殊情況而言。

霍布士觀察到，所有欲望或愛都伴隨著快樂 (pleasure) 或喜悅 (delight)。同樣，所有嫌惡或憎惡都伴隨著不快 (displeasure)。在這裡，我們可以看到霍布士與享樂主義的相同點與歧異之處。霍布士顯然同意，快樂與善有一定關係，不快與惡也是一樣。但他並不將快樂看為善，將不快或痛苦看為惡。快樂是人趨向所欲或善的事物時的心理狀態，不快或痛苦是人逃避所嫌惡或惡的事物時的心理狀態。換句話說，在霍布士的倫理學中，欲望與嫌惡在第一層面，它們是一切行為的根源，也是善和惡的決定者。快樂與痛苦則只在第二層面，它們是附帶現象，不是善惡的決定者。

我們一般人都以為人有超越於欲望的意志，足以控制欲望。霍布士當時所流行的經院學派的說法也以為意志是理性的，超越於欲

望之上。霍布士的自然主義反對這種看法。他說意志只是人在考慮
行為的各種後果的過程中，最後出現的愛欲或嫌惡❷。譬如一個人
在考慮用欺詐的手段謀奪他人財產時，他可以想到這種手段帶來的
好處而起愛欲之心，然後又想到這行為會為人所唾罵而起嫌惡之心。
這個考慮過程可能很長也可能很短。在這個過程中，愛欲與嫌惡可
以交替出現。這樣，這個人一時想作這個行為，一時又不願作這個
行為。然後，最後出現的或者是愛欲或者是嫌惡。它決定了他作或
者不作這個行為。這最後出現的愛欲或嫌惡，即是我們一般人所謂
的意志。

　　因此，霍布士認為，在這個意義下，有許多動物都會考慮行為
的後果而出現思慮的現象，也即是上面所說的愛欲與嫌惡交替出現
的現象。對於這種動物來說，牠們也有意志。在牠們考慮後果的過
程中，愛欲與嫌惡交替出現，到最後的那個愛欲或嫌惡，便是牠們
那個時候的意志。

　　這樣，傳統上的自由意志的問題對於霍布士來說根本不存在。
如果自由意志的意思是說，有一個獨立於自然傾向和自然律的意志，
那麼根本就沒有這麼一個意志，因為意志只是愛欲或嫌惡，它本身
即是一自然傾向。但如果自由意志是指有力量作要作的事，那麼人
和許多其他動物一樣，都有自由意志。

---

❷　同上，pp. 28–29.

三

　　如果愛欲與嫌惡是人一切行為的根源，又是善惡的決定者；又如果愛欲與嫌惡相對於不同的人、不同的情況而不同，因此善惡也只相對於不同的人、不同情況而不同，那麼我們就不可能有普遍的人人遵守的道德規範或道德標準。這是不是霍布士的意思？

　　這是依上面霍布士的自然主義價值觀所提出來的結論。但霍布士的結論並不如此簡單。如果人是一個個的，沒有國家組織或社會組織的人，那麼上面的結論自然正確。每個人當時的愛欲與嫌惡便是善與惡的決定者，人與人之間便不可能有普遍的道德準繩或道德規範。但霍布士說，當人一在國家組織中，這種情況就完全不同，善惡的決定者便不再是個人的愛欲，而是國家的愛欲──法律。自然，即使在國家組織中，許多人也仍然以他們的個人愛欲與嫌惡作為行為的指標，作為善惡的準繩。但霍布士說，這些人作了他們不應該作的事。

　　現在的問題是，為什麼人一在國家組織中，就不能再以個人的欲望作為善惡的標準？霍布士的自然主義，何以一碰到國家組織時就似乎走了樣？國家組織有什麼特性可以改變人的行為標準？如果人一切行為的原動力是愛欲，那麼我們何以在國家組織中應該以法

律作為行為的指標？

　　要答覆上面這些一系列的互相關連的問題，我們必須先解決一個問題：人為什麼要有國家。這個問題不是問，在歷史上，國家如何出現；而是問，國家這種政治組織，有什麼非存在不可的理由。

　　自然，國家也許沒有非存在不可的理由。有些哲學家就以為國家只是一些人用來剝削他人的工具，它沒有正面意義，這也即是說，國家在歷史上出現雖有它的原因，但卻沒有任何支持它非存在不可的理由。

　　現在，霍布士正是問這個問題：國家有什麼意義？有什麼價值？它的存在有什麼理由？

　　哲學家們之所以會問這問題，是因為國家不是自然物，它是人工的產品。自然事物不一定因對人有價值有意義才存在，它的存在是一個事實。但國家既是人工物，則我們總要問造這樣的東西出來有什麼意義，有什麼好處，或有什麼價值，有什麼理由。

　　意義或價值是相對於人來說的。因此當我們問國家的意義或價值時，也即是問，我們的人性是不是有什麼需要，在純自然世界中得不到滿足，而必須通過國家組織才可以滿足？因此上面的問題牽涉到人性與國家之間的關係問題。也就是說，它是在問，國家組織能不能在人性上找到它的基礎，找到它對人來說非存在不可的理由？

　　依照霍布士的分析，人的行為的最後根源雖然是愛欲和嫌惡，

但人的生活或行為並不單是一連串的愛欲和嫌惡而已。人和其他動物不同的地方也在此。當人的許多欲望彼此衝突時，人能夠反省這些欲望，同時估計這些欲望獲得滿足的可能性，分別它們的輕重、緩急、先後，來滿足它們。通過這些考慮和安排，人才可以在整個生命過程中使欲望不斷地獲得滿足，才可以獲得幸福。霍布士認為幸福不是人生某一目標的達致，因為人生不止有一個目標。人生過程中有無數欲望，一個欲望的滿足常常導引出另一個欲望的生起。因此，只要人有一口氣在，人就有新的欲望，也即是有新的目標。幸福的人生不是某一個欲望，或某一個時刻的目標的滿足或完成，而是人通過計畫與思慮，使得整個人生過程中的重要欲望或目標都得到滿足或完成。

因此，人除了有欲望的追求外，還有理性的計慮，只是計慮本身並不是目的，它最後仍然是為了欲望的滿足。因此，理性扮演的只是輔助的工作，它並不能超越欲望而有自身的目標，換句話說，欲望仍然是行為最後的原動力。

如果每個人用自己的理性可以獨立地得到欲望的滿足，那麼人就不需要國家這種政治組織，國家就沒有存在的理由，因為國家的存在沒有任何意義或價值。但霍布士以為，在沒有國家組織的自然狀態裡，人不可能得到欲望的滿足，不可能幸福。因此，國家組織的存在理由在於成全人的欲望的滿足，成全人的幸福。國家的根據

在於人性的需要。

　　根據霍布士的觀察和分析，每個人的欲望無窮，但自然的資源有限，因此人的欲望不可能都獲得滿足。一些人滿足得多些，另一些人就滿足得少些，或者甚至一些人完全得不到滿足。而人無論就體能或智力看，都可以說是平等的❸。這不是說人的體能或智力都完全相同，而是說一個無論怎樣弱小愚蠢的人，都有能力威脅一個比他強壯而聰明的人的安全，或在某個意義上勝過那個人或甚至控制那個人。因此，在追求欲望的滿足上，每個人的能力平等，沒有一個人會因為自己的弱小愚昧而放棄滿足欲望的希望，也沒有一個人會因為自己的強壯聰明而有絕對的安全感。

　　因此，在自然狀態中，也即是說在沒有國家組織的情況中，人必然在互相競爭中求生存和欲望的滿足。而所謂競爭的意思是互相殺戮、放逐或奴役。因此，自然狀態等於是戰爭的狀態。我們的自然世界和自然人性使得人互相仇視、互相猜疑，沒有愛、沒有信任，也不可能有平等的合作。霍布士所說的戰爭狀態自然不是指人永遠在實際的戰鬥中。當人互不信任，互相威脅彼此的安全，人與人之間隨時有戰鬥的意向時，霍布士說人即是在戰爭狀態中。而自然狀態正是這樣的狀態。

　　由於在自然狀態中，每一個人對於另一個人來說都是一種威脅，

---

❸　同上，p. 63.

人與人之間只有互相排斥而沒有合作的關係，人就不可能有社會和文化。人不可能有知識、藝術、居無寬舒的住屋、行無車輛或船隻。人永遠在恐懼、孤單、窮困，在最原始野蠻荒涼的情況中過活。

　　自然狀態也是一個沒有道德的狀態。不是說人在這狀態中不作道德行為，而是說人在這時根本無所謂道德不道德。自然狀態是人儘量依自然欲望的驅使和理性的策劃來行動的狀態，無所謂私有財產，無所謂個人的尊嚴，也無所謂公正、不公正。道德只是在國家組織中，在私有財產的肯定下，在法律的界定下的產品。因此，沒有國家組織，就沒有法律，也就沒有私人財產，也就無所謂道德不道德。

　　許多研究霍布士哲學的人都已經指出，霍布士這些有關自然狀態或戰爭狀態的話不是歷史事實的描寫。他不是根據考據，發現人類在國家或社會組織出現之前，普遍地有這種自然或戰爭狀態的存在。他只是根據他對人性在不同情況中，譬如在戰亂中，在沒有法律或風俗習慣的制裁中的表現，加上他對人性如上面的分析，而推論出來的狀況。

　　這種自然狀態自然不是人所願意生活於其中的狀態。因此，根據人性，人必然要脫離這樣的狀態。這裡所說的人性仍然是上面所說的欲望和理性 。 人對死亡有所恐懼 ， 人想要過較富裕舒適的生活。理性所扮演的角色是設計出某種方法或途徑，以使這種傾向獲

得滿足。

　　因此，依照霍布士的自然主義，理性不是欲望的死敵。欲望永遠是行動的原動力，理性則只幫助欲望獲得滿足。不是欲望使人戰爭，理性使人和平。如果人沒有對死亡的恐懼和富裕生活的欲望，則理性不可能使人和平。

　　理性為了使人脫離恐怖的自然狀態提出一些條款，霍布士稱為「自然法」。自然法是國家組織的基礎，也是道德的基礎。換句話說，人之所以有法律、有道德規則；同時法律與道德規則對人的行為之所以有約束力；人之所以有是非對錯的判斷，同時有做對的行為，不做不對的行為的責任，其理由或根據即在於理性提出的自然法。而自然法之基礎或根據則在於人不願意過自然狀態中那種窮困和恐懼的生活。就這個意思說，法律與道德的根據在於人的自然本性。

　　霍布士的自然法不是形上學所謂的自然宇宙的律則，也不是物理學的自然律。自然法是理性為了滿足人追求安全和富裕欲望而設計的法則。這些法則既不是客觀的自然規律，也不是理性直下頒布的道德律。自然法只是一種手段或工具，為求達成欲望的目標而已。那是在個人利害考慮下而設計的法則。就如同說，如果我要病好，就必須吃藥一樣。它本身是個人利害考慮，而不是道德考慮下的產物。但霍布士以為，這種個人利害考慮下而設計的工具或手段，卻

是道德的基礎。霍布士的道德學說之所以是利己主義和自然主義的
學說，其原因在此。

　　自然法既是理性設計來保護生命，過更安全、更富裕的生活的
法則，因此霍布士說自然法禁止人毀壞自己的生命或破壞有利於生
命的工具。現在理性很清楚地看到，人如果永遠在戰爭狀態，便永
遠不能安全地過日子，因此和平是有利於生命安全的工具。人為了
生命安全，必須想法獲取和平。因此第一條也是最基本的自然法是
這樣的：

　　　　每一個人，如果有獲取和平的希望，都應該努力去獲致
　　　　和平。❹

　　這個自然法涵蘊了一個意思：和平不是我個人決定得了的事。
它必須眾多的人有同樣的意願才能實現。當其他人沒有這個意願的
時候，則個人片面的努力，不但得不到和平的好處，而且反會帶來
惡果。因此，霍布士在這個自然法的後半部加上這句話：

　　　　如果不可能獲致和平，人就可以設法從戰爭中獲取一切可能
　　　　的利益。

❹　同上，p. 67.

這是提醒人不要執著於和平，將它當作目的，而忘記了它只不過是一種工具或手段。當它失去工具價值的時候，它就比戰爭更壞。

但要獲致和平，每個人必須約束自己，必須犧牲自然狀態中為所欲為的自由。這種自由，霍布士稱為「自然權利」。在自然狀態中，人為了保護自己，不受任何規則的約束，有權使用自己力量作任何行動，這即是自然權利。因此霍布士所說的自然權利不是現在民主國家所說的人權。現代人所說的人權是指每個公民應該享有、同時是其政府或國家有責任加以保障的權利，這和霍布士所指自然狀態中不受約束或限制的自由迥然不同。

現在，霍布士說，如果每一個人都不肯放棄這種為所欲為的自然權利，那麼人就不能脫離自然狀態，就不能獲致和平。那麼人就永遠停留於恐懼貧困孤獨中過生活。要脫離戰爭狀態，要獲取和平，人就必須放棄一部分這種自然權利。因此，第二個自然法說：

> 當其他人都願意的時候，每個人都應該願意，為了和平與保護自己，放棄為所欲為的權利；同時在容許他人如何對待自己的條件下才可以如何對待他人。❺

這個自然法有兩點必須注意：第一，放棄自然權利本身不是目

---

❺　同上。

的，而是為了達致和平這目的的一種手段。而和平的目的不是個人放棄自然權利就可以達到。而且只有一個人放棄自然權利，那麼不但和平達不到，和平的好處（安全、富裕等等）達不到，自己反而會吃大虧。因此，這個自然法在告訴人，放棄自然權利是有條件的，這個條件是其他人也願意相應地放棄他們的自然權利。放棄個人自然權利這個自然法是道德的基礎。既然放棄個人自然權利是有條件的，那麼我遵守道德規則和作道德行為自然也是有條件的，即其他人也要同樣遵守道德規則，作道德行為才行。第二，放棄個人自然權利是有限度的，它只是為了達致和平，使自己得到更多的利益。因此有些自然權利無論如何不可放棄，譬如保護自己生命的權利等等。因為如果這些權利都放棄的話，那麼放棄自然權利就成為沒有目的沒有意義的事。可見放棄自然權利本身不是目的，是為了達致個人利益的手段。以這自然法為基礎的道德，因此也不是目的，只是為了達致個人利益的手段。

當人一接受這自然法，即等如人在互相默契或互相協議的情況下放棄了為所欲為的自然權利。這種協議或默契稱為合約(contract)。這種合約與其他合約不同的地方是，一般定合約的雙方是同時履行合約中所定的義務，而這裡第二個自然法中所涵的合約，則常常是某一方履行了其義務後，另一方在未來某情況出現時才履行其義務。譬如我今天有機會殺你而放棄這殺你的機會，你則要到

將來有機會殺我時才履行放棄殺我的義務。這種不是同時履行義務的合約，霍布士稱為契約 (covenant)。

霍布士所說的契約自然不是白紙黑字、雙方簽字如儀、經過律師或政府核定後的文件。必須記住這個契約是一切政府國家以及道德規則的根據或基礎。因此，這個契約不能倒過來依賴政府或國家來肯定它的意義。這個契約因此毋寧是一種無形的默契，而不是一種法律文件。

當人一接受第二個自然法，也即是說一接受這契約，人的行為就受到約束，人就不再可以為所欲為，因為他已經放棄了為所欲為的自然權利。在這個時候人就可以說有了道德責任。人的行為開始有公正與不公正的分別，也即有道德與不道德的分別。當人使用他已經放棄或者已經轉讓出去的自然權利的時候，他就是不道德。因此第二個自然法與契約可以說是道德的真正基礎。有了第二個自然法，有了契約，道德就有了意義；沒有第二個自然法，沒有契約，人的行為就無所謂道德不道德。

上面說過，霍布士作為一個自然主義者，總是要提醒我們道德不是行為的目標，因為它的根基——契約——不是行為的目標。契約只是安全與富裕的工具。我們不能為了工具而犧牲安全——定契約的目的。因此，霍布士說，人不能定讓人殺死自己的契約。譬如，我和人作出這樣的契約說：如果我明天不把錢給你，你可以將我殺

死，我不會抵抗。這個契約違背了契約的工具意義，因為定契約的目的是為了自己安全，現在契約的內容使自己不安全，因此它不可能是真正的契約，我們不能要求它有契約的效果。

上面說一有了契約，人就有了遵守這契約的道德責任。這個道德責任用文字表達出來，就是第三個自然法：

> 人必須遵守訂定的契約，因為若不然，契約就只是空話而沒有意義。人的為所欲為的權利若仍然保留，我們就仍然在戰爭狀態中。❻

這三個自然法一確定，大致上說，霍布士的道德哲學就已經建立，起碼規模已具。但這裡有一個問題。第三個自然法要人遵守契約，而遵守契約的一個必須條件是彼此相信他人也會遵守契約。如果我不相信他人會遵守契約，則我個人守契約不但沒有意義，而且會帶來個人的損害。因此要使人遵守契約，必須先使每個人都互相信任，其他人也會遵守契約。這個條件如果不存在，契約實際上等於不存在，我們就不能要求人遵守契約。如果道德或公正這些字眼奠基在契約上，那麼契約如果不存在或失去意義，則自然就沒有道德公正，道德公正這些字眼就不能應用在我們的生活行為上。

---

❻　同上，p. 74.

　　因此，現在的問題是，如何使每個人彼此信任對方會遵守契約？這不是原則上或理論上的問題，從原則上或理論上說，三個自然法一確定，道德就有了意義，道德就有了根基。現在的問題是，這三個自然法如何可能真正落實到我們的生活行為上去？它們如何可能與我們的生活行為具體地結合起來？這個問題如果不能解決，那麼三個自然法就只是抽象的理論上的東西，而建基於自然法的道德也就只是抽象的理論上的東西，和我們的具體生活行為完全不相干。

　　霍布士自然想到這個問題。他的解決辦法是訴諸國家的政治力量。他相信，如果沒有法律的制裁，人們就不可能互相信任，就會害怕對方隨時會不遵守契約，在這種互不信任的情況下，契約實際上沒有意義；第三個自然法，即要求人們遵守契約的法則，也就不可能落實，這樣，道德就成為抽象理論中的東西，跟我們的生活行為連結不起來。

　　如果道德、公正這些字眼，有賴於契約的有效才有實際意義，而契約的有效，又有賴於國家或法律的制裁力量，這是不是說，道德的根基在於國家組織或政治組織？霍布士的道德哲學是不是建基於他的政治哲學？

　　答案可分別從二方面說。從道德理論說不是，但從道德的實際效用說則是。從理論上說，自然法是政治組織或國家組織的根基。國家的建立完全是為了使契約得到保障。沒有自然法或契約，國家

就失去其意義或目的。上面說過，第二自然法已涵蘊了道德責任，而第三自然法則是道德原則。因此，自然法如果在理論上說先於國家組織，是國家組織的根據，那麼道德原則在理論上說就先於國家組織，是國家組織的根據。

但道德原則要與生活行為連結，必須人們互相信賴，這種信賴須有具體的力量作支持，這即是政治或國家的制裁力量。因此雖然從理論上說，道德先於政治，道德哲學先於政治哲學，但在實效上說，道德又依靠政治來落實。事實上，這也是政治或國家組織的功能所在。如果自然法無須政治力量就可以落實，每個人都能遵守契約，而無須國家力量的監察或支持，那麼，這個世界，通過自然法，通過契約，就已成為一充滿道德秩序的世界，每個人都既安全又富裕，就無須國家的存在了。

霍布士的其他自然法可以說是前面三個自然法的引申。如果第三自然法是道德原則，那麼其他自然法就是一些道德規則。譬如第四自然法說不要以怨報德；第五自然法說要合群；第六自然法說要饒恕悔過的人的過失；第七自然法說懲罰不是為了報復過去，而是為了警惕將來；第八自然法說不可蔑視或仇恨他人；第九自然法說要承認人人天生平等等等❼。

我們由此可以看到，霍布士認為我們一般的道德規則最後只是

---

❼　同上，Ch. 15, pp. 74–83.

為了人際間的和平，而和平最後又是為了每個人自身的安全和富裕，這是道德的最後目的。為了這個目的，我們的理性設計出自然法，設計出道德規則，也設計出國家的組織。這些都只是達致和平、滿足個人自身欲望的工具或手段。如果沒有了這些東西，我們個人的安全仍然不會受威脅，我們仍然可以富裕地過日子，那麼我們就不需要道德，也不需要國家或政治組織。

前面說過，在自然狀態中，個人的欲望與嫌惡是善與惡的根據。凡我之所欲即是善，凡我之所惡即是惡。而每個人的所欲所惡不盡相同，因此善惡就沒有普遍性。但國家一建立，善惡的標準決定於國家的法律，不再決定於個人的欲望；國家的法律對於整個國家的人民是一樣的，因此善惡有了普遍性。

我們前面曾經問：善惡的根據何以會轉變？兩者之間是否有矛盾衝突之處？如果我們掌握到上面對霍布士道德哲學的敘述和分析，這個問題的答案就應該再清楚不過：善惡的標準確實有了轉變，但善惡的根基並沒有變，因為國家的法律是在成全自然法，自然法是為達致和平，而和平是滿足欲望的工具。因此，判別行為善惡的標準雖然已經從個人的欲望轉變為國家的法律，但善惡最後的根據仍然在個人的欲望上。至於判斷行為善惡的標準之所以要轉變，是因為只有這樣才能真正滿足個人欲望。如果每個人都以個人欲望作為善惡的標準，他的欲望反而得不到滿足。因為各欲其欲的結果是互

相戰爭，而戰爭的結果是死亡與窮困。

　　因此，為了欲望得到滿足，我們必須放棄為所欲為的自然權利，必須遵從自然法。這樣，人必須公正、必須感恩、必須仁慈等等，所有這些德性因此有了意義。不是因為德性本身神聖不可侵犯，我們不是為德性而德性，而是因為它們有助於和平，有助於人的群體社會的建立，最後有助於每個人自己的欲望的滿足。

四

　　霍布士這種自然主義式的利己主義，可以說是最容易了解，也最容易為人接受的道德學說。事實上，許多今天的社會科學家都相信，道德是為了維持起碼的人際關係，而維持人際關係是為了使每一個人自己生活得更好、更安全和更富裕。因此，即使為了自己，人也不能自私，也要遵從道德規則。這種學說之所以受到那麼多人接受和相信，第一，它有一定的事實作根據。在經驗上，人與人之間如果沒有任何道德關係或法律的監察作用，彼此之間不但不能互相信任互相合作，而且一定非常緊張。因此，要解除這種緊張，道德與法律顯然有一定的作用。第二，將道德看作滿足欲望的工具，道德實踐就有了強大的原動力。就如為了病好，不管藥怎麼苦，我們都甘心情願吃下肚子去一樣，如果我們確信道德最後可以使人更

安全，更富裕，我們自然也會實踐道德。第三，這種學說和許多人的道德動機相符合。一般人在日常生活中，不敢太過欺負人，除了因為怕法律制裁外，也是怕人報復，怕其他人對自己有戒心，以致在未來謀事上得不到他人的幫助。因此，即使為了自己，也不能肆無忌憚，而要稍微公平誠實待人。在我們的世界上，許多所謂道德君子、善長仁翁大概都是這一類的人。如果行善得不到任何好處，為惡又沒有任何壞處，這些人大概都不再理會道德原則，而寧可大奸大惡了。

　　上面三點表示這種道德學說有一定的意義和價值。它最低限度指出，不管人如何以自我為中心，他仍然必須有起碼的道德。從教育後果看，這個學說對於只計較個人利害的人，也可以起一定的警惕作用，使他不敢胡作非為。

　　但這種道德學說顯然也有許多缺點。

　　第一，儘管這學說和大多數人的道德動機相符，可以解釋大多數人何以會作道德行為，不敢作不道德的行為，但仍然有一些道德行為得不到圓滿的解釋。如果人的行為動機只為了滿足個人欲望，作道德行為的最後目的是為了個人的安全和富裕，那麼我們人際之間便只能有消極的道德，即不侵犯他人的道德，而不易有積極的道德，如為社會為國家為理想而犧牲的道德。但歷史上，有許多志士仁人為一些與個人無關的道德理想拋頭顱、灑熱血。這些行為既與

個人中心的人性論背道而馳，也與道德作為欲望的工具的自然主義相衝突。

第二，柏拉圖在二千多年前就在他的《理想國》一書中指出，道德如果只作為滿足欲望的工具來看，實在不是一件好工具。原因是我們的歷史經驗告訴我們，在我們人類社會裡，善人常不得善報、惡人常不得惡報，「殺人放火金腰帶，修橋鋪路子孫絕」的例子，多得不可勝數。這證明要安全富裕，道德常常不是必須，也不是最好的手段。事實上，要升官發財，有哪些人是通過道德方式來達到目的的？

這些經驗事實自然不表示霍布士的分析完全錯誤。沒有法律道德的監察，分工合作的社會確實不大可能存在。在這種情況下，人確實只會在恐懼、窮困中生活。問題不在這裡，問題在於，當社會或國家已建立，尤其是當一個社會已經成為相當大型的社會時，少數人有時做一些違背自然法或道德規則，甚至做一些違背法律的行為，但沒有入罪的充分證據時，這個社會並不會崩潰。法律依然有效；道德規則依然有效；和平依然存在；人仍然能分工合作。這樣，這些少數違背自然法違背契約的人，一方面取得了契約的好處，但又有不完全遵守契約的便宜。這種人自然是在欺騙他人，欺騙社會或欺騙國家。但如果道德或社會與國家的建立，目的只是為了使個人欲望得到滿足，而人如果可以用不道德的手段，取得更多的欲望

的滿足，人為什麼不可以不道德，為什麼不可以欺騙人？

這是利己主義，也是自然主義的大問題。如果道德只是工具而不是目的；如果我自己不道德而又可以獲取道德的好處，自己可以獲得更大的滿足，我為什麼要道德？

霍布士曾經對這問題有所答覆。基本上，他的答案仍然從利害的考慮著眼。他的意思是，自己不道德而希望他人道德，自己不遵守契約而又要求他人遵守契約，是一種心存僥倖的賭徒式行為。第一，我必須希望他人不發覺我單方面毀約，不發覺我在走法律漏洞，或對道德規則陽奉陰違，因而不會給社會所擯棄。第二，我必須希望我個人不遵守契約不會導致別人也不遵守契約，而使社會崩潰，回到恐懼與貧困的自然狀態。但心存僥倖是極不安全極危險的原則，我們顯然不能用這種原則來指導行為，就好像我們不能用賭博作為致富的原則一樣，我們也不能用單方面毀約或單方面的不道德來取得欲望的滿足❽。

這個答覆和伊壁鳩魯的答覆差不多。有人問伊壁鳩魯，如果我作不道德的行為而自信不致被人發覺，我可不可以作不道德的行為以取得更大的快樂？伊壁鳩魯說，不可以。因為即使事實上沒有人發覺我作偽善或不道德的行為，但我仍然不免心中有所掛慮，恐怕有朝一日東窗事發，因此為了得到心中的快樂，我還是不可以作不

---

❽　同上，Ch. 15, pp. 74–76.

道德的行為。

　　霍布士和伊璧鳩魯都假定，做了壞事而要不給人發覺，沒有人有絕對的把握。因此霍布士說這是僥倖心理，伊璧鳩魯則說人不免心中忡忡不安。基於利害上的考慮，人還是安分守己，規規矩矩做人好。

　　這種答覆一般說來很對。俗語說，「平時不作虧心事，半夜敲門也不驚」，所表示的正是這個意思。但有一些少數例外，卻似乎不是霍布士或伊璧鳩魯的答覆所對付得了的。譬如，一個有錢人忽然遭遇到意外，臨終前身邊只有一個年輕人，因此將自己的保險箱鑰匙和密碼交給了他，本來是要那年輕人將所有保險箱裡的財產全部捐給慈善機構。但那年輕人見那有錢人已經死了，生前又沒有遺囑，在法律上自己有動用保管那有錢人的財產的一切權利；在輿論上也沒有人知道那有錢人的臨終意願，因此吞沒了那筆財產。

　　這個虛構的故事的特點是這位年輕人有絕對的把握，別人不知道他違背了那有錢人的意願，吞沒了他的財產（自然，除非他自己說夢話或喝醉酒時告訴了人）。因此，伊璧鳩魯所說的害怕東窗事發，或霍布士所說的僥倖心理，對於這個年輕人都不適用。現在的問題是，在這種特殊情況下，這位年輕人，是否可以違背那有錢人的生前意願，而吞沒他的財產？這恐怕是伊璧鳩魯或霍布士的自然主義倫理學所解答不了的難題。

▶ 參考書目

1. Hobbes, Thomas, *Leviathan*, London: Everyman's Library, 1962.
2. Laird, John, *Hobbes*, New York and London: Ernest Benn, 1934.
3. Peters, Richard, *Hobbes*, Harmondsworth: Penguin, 1956.

第 五 章

佛洛依德 (Sigmund Freud)

一

佛洛依德 (Sigmund Freud) 有許多地方和霍布士很相像。他認為人性的基本部分是本能衝動，是非理性的部分，同時這也是人的行為的基本動力所在地。就倫理學的立場看，他和霍布士一樣是自然主義者，因為他以人的自然本能作為人的一切行為的根基；他也是利己主義者，因為他認為人的行為的目的只是他個人的快樂（就這意義來說他還是享樂主義者）。但由於他的心理分析，霍布士所不能夠或不能圓滿解釋的問題，在佛洛依德都獲得一定的解答。譬如人何以有文化理想，能為人類文化作犧牲；何以人在有把握欺騙他人而不為人發覺時，仍然不可以欺騙他人等等。自然，我們在這裡討論他的道德學說，不只是因為他多了這些解答。佛洛依德對今天人類的影響，已經大至無法衡量的地步。不但在心理學，即使在社會學、經濟學、文學、哲學、神學、宗教、藝術等多個文化學術領域，我們都看到他的影響。至於一般人的生活行為，我們發現今天的人對人的看法和對人生的態度，都和十九世紀以前的人大不相同，而其中拜佛洛依德之賜甚多。在這種情況下，要討論人的行為，不管是應然的也好，或是實然的也好，都無法避免碰到佛洛依德的學說或他所提出的問題。

　　嚴格說來，佛洛依德不是哲學家。他從沒有自覺地要討論研究傳統哲學上的問題，包括倫理學的問題，如人生的目標或應然的標準在內。但他依據心理學的分析，對人的性格發展有一套假設和解釋。這些假設和解釋接觸到人何以有道德信念和道德行為等問題，而這些問題正是倫理學的核心問題。同時，他通過心理分析的例證，對人的心理壓抑的後果作了許多分析，這些分析也涵藏了許多對人的行為的指導或忠告，譬如不要太過壓抑個人的欲望等等。這些指導和忠告自然和倫理學的一些主題有一定的關運。我們在這一章所要討論的是佛洛依德心理學中和倫理學有關的這些部分，至於其他方面，譬如他對夢的分析、對性的看法等等，雖然是他學說中膾炙人口的部分，但因為與倫理學的主題沒有直接關係，都不會討論。

　　佛洛依德生於 1856 年，卒於 1939 年，是一位猶太人，一生絕大部分時間都在維也納度過。他在那裡成長、讀書、寫作，達到事業的最高峰，作出他對人類的貢獻。

　　佛洛依德年輕時讀的是醫科，但他承認他對醫學一向沒有親切感，他對行醫也沒有興趣。十九世紀時，自然科學在西方的發展一日千里，許多新的學說和理論改變了人對世界以至對人的看法，許多問題在新的科學理論的應用下得到解決。科學在當時西方人的心目中代表了最高的智慧。佛洛依德顯然受到這個時代心靈的感染。他像其他西方知識分子一樣，相信世界的許多主要病痛可以由科學

知識來根除，他也相信人的真正力量不是來自於武力，而是來自於知識。他在醫學院讀了八年，比一般醫學生多讀了三年，主要是因為他對知識的興趣太濃，他拼命在涉獵各方面的科學知識，對醫科本門的科目反而忽略了。他在大學中從第二年起，每年都修讀一門哲學課，後來還翻譯了一本穆勒的書，可見他知識興趣的廣闊。但他終於發現他對人的關心多於自然事物。這和他後來成為一個心理學家而不是自然科學家，有很大關係。

　　依照鍾士 (Ernest Jones) 的記載❶，佛洛依德雖然組織力很強，能夠將雜亂無章的材料組織成有系統的知識，但他對精確的定義和推論卻不感興趣。他在知識追求的過程中，寧可讓想像力帶著他的思想自由馳騁，而不願清楚地一步一步推論。佛洛依德在 1915 年寫過一篇有關本能的文章，一開始就表示科學不是始源於清晰明確的概念，也可證實鍾士的記載。佛洛依德後來之能發展出一套非常革命性的反傳統心理學，似乎與這性格頗有關係。

　　佛洛依德的思想和當時的科學發展顯然有很大的關連。他自己承認他受達爾文的進化論的影響很大。在達爾文之前，不管過去自然主義者如何努力，人始終被看為與其他動物和自然物截然不同的存在。進化論出現後，人真正摔在地上成為自然的一部分，像其他

---

❶　Ernest Jones, *The Life and Work of Sigmund Freud*, edited and abridged by Lionel Trilling and Steven Marcus (Pelican Books, 1964), pp. 55–58.

自然物一樣，是科學研究的對象。這對於佛洛依德的心理學的發展，影響自然很大。

物理學上，能量不變說也是這個時代的產物。依這個學說，能可以轉化，但不會消滅。某部分的能消失，必在另一個部分出現。譬如當一物變冷，其鄰近物就變熱。後來佛洛依德的心理能轉變說顯然受了這個學說的影響。

另外，佛洛依德的老師柏魯克 (Ernst Brücke) 對佛洛依德的影響也很大。柏魯克是維也納大學生理實驗所的主任，是十九世紀最偉大的生理學家之一。他使得佛洛依德於廣闊無邊的知識中找到自己的落腳點，佛洛依德一生都以他為模式。他的著名理論是生命有機體是一個動力系統，服從物理學與化學的律則。佛洛依德後來從這理論再進一步，以為不但人的生理系統，甚至人的性格也服從動力學律則，於是建立了他的動力心理學。他的心理學理論中和倫理學比較有關連的是他的人格論。但他這個人格論到了 1920 年左右才真正建立起來，那時他已經六十多歲。這或許也可以看出他精進不已的治學態度。

二

佛洛依德的人格論將人的心理結構分為三個部分或三個環節。

許多心理現象，如壓抑、抗拒，都是這三個部分或環節間的作用。
這三個部分如果互相和諧，這個心理系統就很健康，這個人大致來
說就很快樂。但如果這三個部分彼此間不和諧，那麼這個心理系統
就會出毛病，這個人也不快樂。自然，絕對的和諧是不可能的，因
為壓抑的現象總不能完全避免。因此，和諧是相對的，其間只有程
度上的差別。而心理健康也就成了一種相對的名詞，因為沒有絕對
健康或快樂的人。

本我 (The Id)

在佛洛依德晚年的心理學中，「本我」是一個人最原始的心理部
門，它不是後天的經驗產物，當人還沒有和外在世界接觸之前，它
已經存在，因此可以說是人的先天的心理結構。這個心理結構根源
深遠，它是千萬年來生物在地球上的行動習慣的遺傳產品，是本能
的所在地。依據佛洛依德的看法，本能根源於肉體或生理組織中。
也即是說，在生命有機體的組織分子中，已經有本能的趨向。佛洛
依德將本能分為兩大類❷，一是愛欲 (eros) 的本能，包括性欲的本
能以及自我保存的本能在內；另一種是死亡本能，即將有機生命帶
回至無機的狀態的趨向。而佛洛依德以為這兩種本能趨向皆活躍於

❷　Sigmund Freud, *The Ego and the Id* (New York: W. W. Norton & Co., Inc., 1962), p. 30.

生命有機體的生理組織裡面。譬如生理組織日趨衰老死亡即是死亡本能的表現。但這些根源於肉體組織的本能，必須通過本我才可以作心理上或精神上的表現。因此，如果從心理現象說，本能屬於本我。

本我不但是最原始的我，而且也可以說是最真實的我。其他人格部門或心理部門如「自我」或「超我」都是為了滿足它的需要或根源於它而發展出來。佛洛依德有一個假定，即一切有機體基本上都是保守的，只想維持原有狀況而不願有所改變或發展。有機體的變化與發展是由於外在的干擾與刺激而起。因此，假如外在情況不變，有機體就只會重複它的生存方式而不會有任何變化與發展。即使本能，也是生物有機體的保守的表現，因為本能正是回到過去情況或過去習慣的趨向。譬如死亡本能即是回到無機情況的趨向。

這個假定有許多生物學上的證據，譬如一些魚本能地要費大氣力游到河的上游產卵，又譬如北雁依一定季節南飛，還有在人的生長過程中，必重複低等動物的發展過程，都是使佛洛依德深信其假定而不疑的例子❸。但這個假定涵蘊了一個重要的意思。由於本我是最原始、最歷史悠久的我，而生命有機體又保守戀舊，因此本我即是最真實的我，後來發展的「自我」與「超我」都是有機體在外

---

❸　Sigmund Freud, *Beyond the Pleasure Principle* (New York: Bantam Books, Inc., 1959), pp. 67–68.

在的刺激下不得已發展出來的我，而且它們最後、最終極的目的仍
然在於本我的滿足。雖然由於外在的刺激，它們所採取的活動方式
和本我可以極不相同，但其最後的原動力與目的則並無二致。

　　本我所代表的是生物自然的本能衝動，它不會思想，沒有知覺
的分辨能力，沒有你我的分別，沒有主觀願望和客觀事實的分別，
也沒有是非善惡真假的分別。這即是說本我是非理性、非道德的，
它只有一個功能，即滿足生命有機體的需要，解除一切來自外在或
內在刺激而起的緊張。但即使這個功能也不是在意識中或自覺的，
而是本能的。

　　本我的活動所依據的是快樂原則。快樂原則是解除緊張，或將
緊張減至最低限度。當人受到內在或外在的刺激時，會產生緊張，
而緊張意味著痛苦，緊張的消除則是快樂。本我所依據的快樂原則
是人的有機體面對內在或外在干擾刺激時，保全自己的傾向。如果
沒有這個原則或傾向，生命有機體就會受到干擾而不作任何反應而
毀滅。快樂原則是人的生命有機體在自然界中保全自己的基本活動
形式。

　　佛洛依德發現，事實上，這是所有生命有機體的共同傾向。許
多生命有機體由於外來的刺激或干擾太強，它的最外在的表層必須
在某種程度下變為無機的物質。這樣，裡面的生命有機體由於得到
它的表層物質的緩衝，外來的刺激到達它那裡時已經大為減弱而可

以接受或適應❹。

　　對於人的心理部門來說，依據這傾向或原則來活動的是本我。本我的原始活動形式是反射 (reflex)。當強烈的光刺激眼球時，眼自然會閉上，以消除或減輕眼神經所受到的過分強烈的刺激。

　　自然，許多刺激或緊張都不是反射作用可以解除得了的。肚子餓了，胃依據反射作用在抽搐，但飢餓的緊張不但不會消失或減少，反而增加。這種情況要一直等到有了食物為止。這表示人的心理部門不能停頓於本我的反射作用，因為單是反射作用不能使人的緊張消除，或使人繼續生存，因此必須有新的心理或人格的發展。

　　本我消除緊張的反射作用還有另一種形式。嬰兒肚子餓了，大人給他食物，他的緊張跟著解除。他由看到、嗅到、嘗到及觸到食物而至於緊張的解除，這種經驗重複了許多次以後，在他心理中構成了一個有連鎖關係的過程，儲藏在他的記憶系統中。當嬰兒在後來經驗中，肚子餓了但得不到食物來消除他的內部的緊張時，他的記憶系統就反射出食物的影子。這種借助於記憶所作的反射是本我的活動。佛洛依德稱這種反射活動為「初步過程」(primary process)。

　　上面說過，本我沒有分辨真假、主觀與客觀的能力，因此，它對於食物與食物的影像之間的不同，也分別不出來。肚子餓極了的

---

❹　同上，pp. 50–54.

人會幻覺看見食物，或在睡覺時夢見食物。同樣，性飢渴者會夢見自己在作性行為。這些都是初步過程，在幻覺中的人不知道這是幻覺，做夢的人也不知道那只是虛幻的夢。因為本我本來不能作真假的分別，而只會以反射作用來消除緊張。

自我 (The Ego)

單是反射作用並不能真正消除緊張；幻覺和做夢只能使人稍微鬆弛，並不真正使緊張消失。望梅暫時或可止渴，但不能真正使人不渴。肚子餓的人必須獲得食物，性飢渴的人必須獲得配偶，而這顯然不是本我的反射作用式初步過程所可以達致。人必須發展出新的心理系統，對外在環境有所適應或控制，才能獲取滿足自己需要的生命必需品。這種新的心理部門即是「自我」。

佛洛依德不斷提醒我們，自我並不是與本我毫不相關的一個心理部門，因為若然，則二者間的連續性或關連性就不可解釋。他在《自我與本我》一書中甚至說，自我是本我的一部分，只是這部分是通過知覺，為外在世界所影響而改造過的而已。因此，自我與本我本是一體，或者說，自我本來即是本我。如果外在世界對人不施加任何刺激，或者如果我們對外在世界不能作任何知覺活動，那麼人就不會有「自我」發展出來。這些話表示本我是最基本的真正的我，自我只是人對外在世界的適應而發展出來的變異了的原我。而

這種適應最後仍然是為了驅除緊張。

　　自我與本我不同在什麼地方？依照上面所說，對於這二者的分別，知覺顯然扮演了重要的角色。佛洛依德說自我於知覺系統中出現，又說知覺系統是自我的核心。在另一個地方，他又說知覺對於自我所扮演的角色，就像本能對本我所扮演的角色一樣。知覺的功能在於分辨，本能則是衝動。因此佛洛依德說自我代表理性與識見，而本我則是激情 (passion)。

　　自我既然由知覺系統出現，它所代表的是分辨的能力，使人能適應外在世界，以滿足自己的需要，因此它不像本我一樣，只是憑反射作用盲目地追求快樂或者緊張的消失。如果本我所服膺的是「快樂原則」，自我所服膺的則是「現實原則」(reality principle)。它要認識面對現實，當外在環境或情況不能滿足自己的需要時，它要展延本我的衝動，暫時忍受緊張或痛苦，直至滿足需要的事物出現或產生為止。譬如小孩必須學習在飢餓時不隨便把物件放進嘴裡。他必須學習識別食物，否則他就不但不能去除飢餓的緊張或痛苦，反而會因隨便將物件放進嘴裡而遭受傷害，增加痛苦。嚴格來說，在現實原則下，自我雖然常常要展延或壓抑本我的衝動，忍受緊張與痛苦，好像和快樂原則相衝突，但這種展延與壓抑的活動，最後仍然是為了快樂。

　　遵從現實原則的活動過程是「第二過程」(secondary process)。

「初步過程」是投射出相關的事物的影像,「第二過程」則是找尋或製造那個事物。因此第二過程包括思想、計畫、發現或製造。

隨著第二過程的重複,知覺、記憶、思想等心理活動就發展得愈來愈精密和複雜,人就能將主觀的想像世界與客觀的真實世界分別開,而不會一廂情願地將願望當作事實;人也會更聰明更有效地控制本我的衝動和外在的環境,以獲取更大更實際的滿足。

自我是人格的中心,它要適應或改變外在環境,使這個陌生荒漠的世界變得親切可愛;它要展延本我的衝動,但又要適當地給予滿足;它還要應付超我的壓力,使自己符合它的要求。用另一種話說,自我負擔了調協外在世界、本我和超我之間的衝突這種工作。這個工作如果做得好,這個人的人格就是統一和諧或正常的,這個人就是幸福的,否則這個人的人格就是分裂而不正常,這個人就是一個不幸福的人。調協的工作既然落在自我身上,因此也可以說一個人的心理健康與幸福主要是看自我在人格部門中能否居於主導的地位,對外在世界和本我與超我是否調協得很好。

佛洛依德還有三個很重要的術語可以幫助我們了解自我與本我。這三個術語是意識、前意識以及下意識。前意識和下意識的不同在於前意識是潛伏的意識,它可以經由正常途徑轉變為意識,一些暫時忘記但可以通過語言或圖象等方式喚起記憶的事件是一例。下意識則不能用這些正常途徑轉變為意識,最好的例子是受自我壓

抑而不能浮現為意識的一些傾向，譬如佛洛依德所說的愛迪帕斯情結或戀母情結 (Oedipus Complex)。它之不能浮現或轉變為意識是因為它遭受到自我的壓抑，自我不允許它浮現為意識。引致精神分裂的正是這被壓抑被抗拒的下意識。心理分析的任務是消除自我對它的抗拒，使它浮現為意識。

　　自我既然由知覺系統出現，它包括了思維活動，因此自我活動主要是意識。它在意識中認識知覺世界，在意識中控制著本我的衝動，也在意識中接受超我的命令與責備。但自我並不全在意識中，許多時候它也在前意識中，譬如我們在前一天殫精竭慮都無法解決的數學難題，過了一個晚上的睡眠，忽然迎刃而解，那是自我在前意識中工作的一個極好的例子。不但如此，自我也有時在下意識中。心理分析有這樣的臨床病例：在從事心理分析的過程中，病人通過聯想本應該接觸到「被壓抑者」，但卻接觸不到。心理分析者說，這是因為病人的自我在抗拒接觸「被壓抑者」，不願將「被壓抑者」從下意識轉變為意識。但病人對這種抗拒毫無所知，即使他由於本身不舒適的感覺猜想到他內心中有一股抗拒的力量在發生作用，他也不知道那是什麼，也不知道應該怎樣說明。那是因為自我不但不願「被壓抑者」轉變為意識，甚至不願意識到自己在壓抑那「被壓抑者」，因為這樣做可引起自我的痛苦。因此，那壓抑「被壓抑者」的自我也被壓抑而在下意識中。

這樣我們可以更了解自我與本我的不同：本我主要是前意識，許多時候經過自我的壓抑而成為下意識。自我主要是意識，但有時也會在前意識中工作，又有時為了避免痛苦而成為下意識。如果簡單地說，則自我與本我的不同在於自我代表意識，本我代表前意識或下意識。自我與本我的複雜關係也正在這裡表現出來：一方面前意識是意識的前身或源頭，它的力量龐大無比。佛洛依德受了當時物理學的能量不變說的影響，以為人的心理活動也依賴能。而心理上的能基本上出於本我，因此本我可以說是心理能的儲藏庫。自我和超我的能都從本我那裡轉移過來。這是本我之所以擁有巨大力量的原因。但另一方面，自我代表了理智，它扮演的是調協與約束的功能，因此佛洛依德形容自我與本我的關係「像是在馬背上的騎士」。這個騎士必須約束抑制馬兒的強大力量。自我和騎士不同的地方在於：騎士是憑自己的力量來約束馬兒，而自我所用的則是來自於本我的能量。

超我 (The Superego)

自我雖然扮演著調協與約束的功能，代表了中心主宰的身分，但它只有利害的考慮，而沒有道德的考慮。換句話說，它所考慮的只是如何改變外在環境，使本能儘快獲得滿足，至於所採取之途徑或手段是否道德，則不在其考慮之列。這表示在佛洛依德看來，自

我不是道德的根基，我們的道德判斷與道德信念不是源自於自我。為了解釋我們一般人的道德經驗或道德現象，佛洛依德介紹了人的另一個心理部門，即是所謂「超我」。

超我是人格系統中的道德部門，它代表的是理想，而非本能或現實。它關心的是完美，而不是快樂或事實。這些特性表示出超我和本我以及自我都有所不同，它們各有其目標和功能。但正如自我是本我受外在世界影響的變異體一樣，超我也是自我受社會環境，尤其是父母所影響的變異體。因此，本我、自我和超我各有其特性和功能，但它們又是一個連續體而非互不相干。

超我是如何形成的呢？佛洛依德說超我絕非先天的心理機能，它只不過是人在後天經驗中所接觸的權威，經過內在化的過程而形成。一般來說，這些權威是父母、老師，然後是社會領袖等等。由於一個人在生長過程中最先接觸的權威是父母，因此，在形成一個人的超我來說，父母的影響最大。

這些話表示人本來沒有善惡、是非、對錯、道德不道德等分別。佛洛依德說惡的東西或行為常常對自我無害，相反，它常常是自我之所欲或所樂。因此，善惡對錯是非等概念，絕不是來自「自我」，而是來自外在的事物❺。人何以會屈服於外在的事物而接受善惡對

---

❺　參看 Sigmund Freud, *Civilization and Its Discontents* (New York: W. W. Norton & Co., Inc., 1961), pp. 71–75.

錯是非等概念呢？那是因為人孤立無助。尤其是小孩子，他們必須依賴大人才能生存，他們害怕會失去大人，特別是父母的愛，因為失去他們的愛意涵著失去保護，因而生命就在危險中，包括受到大人刑罰的危險在內。因此，所謂「惡」與「不對」，最初即等於使得一個人失去大人的愛的行為。為了不願失去大人的愛，人必須不做這些行為，甚至不起念頭做這些行為，因為即使起壞念頭也可能使大人不喜歡而失去他們的愛。

　　直至這個時候，超我還沒有形成。上面這些考慮都只是自我的考慮，那是自我根據「現實原則」所作的利害上的考慮。但一個小孩，為了害怕失去父母的愛，而以某一類行為為善的、對的或道德的行為，以另一類行為為惡的、錯的或不道德的行為，久而久之，這種是非對錯、道德不道德的標準，原來是屬於外在的權威的，漸漸內在化成為自己的了。這即是說，當一個小孩做錯了事，責罰他的原是他的父母，但久而久之，當這個小孩子接受了父母的是非道德標準後，他做錯事時，即使他的父母不責備他，他自己也會代替他的父母責備自己。這種轉變，佛洛依德稱為外在權威內在化。也唯有當這個內在化過程完成了，超我才得以形成，因為超我其實即內在化了的權威，也即是代表父母責備自己的那個「我」。

　　佛洛依德所說的超我即我們一般人所謂的「良心」。但在佛洛依德的用詞裡，良心偏於批評攻擊自我，使人有罪咎感，因此是負面

或消極性的超我。當自我違背了超我的道德標準，做錯了事時，良心就出現，譴責自我。但超我也有正面或積極性的表現，佛洛依德稱之為「自我理想」。當自我違背了超我的道德標準或理想時，超我或自我理想就會給予鼓勵與讚許。「良心」與「自我理想」都是超我的表現，它們一而二，二而一，不是兩個獨立的心理機能。可以這樣說，沒有「自我理想」，就沒有道德標準，也就無所謂良心。倒過來說也是一樣，沒有良心，就沒有是非的分別，這樣「自我理想」也沒有了意義。

　　上面說超我是外在權威的內在化，這從自我理想與良心的形成便更能明白。自我理想的內容即小孩所接受的父母的理想，這個接受過程通過父母的獎勵與稱讚而完成。譬如，一個小孩的誠實行為如果受到他父母的讚賞與鼓勵，這個小孩就不知不覺地以誠實為自我理想的內容。良心的內容則是這小孩接受其父母的惡的標準。這個接受過程由懲罰或責備來完成。當這個小孩的撒謊行為不斷受到責備或懲罰，這個小孩就慢慢地會以撒謊為惡。

　　但這樣描寫分析超我的形成仍然不能完全表達佛洛依德的意思。佛洛依德在《自我與本我》一書中，將超我與性關連起來。說自我理想是愛迪帕斯情結或戀母情結的產品，又說超我是本我的反映。這是什麼意思？

　　愛迪帕斯是一個希臘悲劇裡的主角，命運注定他長大以後會殺

父娶母，他父親作了許多人為的努力都逃不了這個命運，愛迪帕斯後來果然殺了父親娶了母親。這是命運的悲劇。佛洛依德借用這個悲劇裡的角色來表示，每個男孩在他的成長過程中，都有愛迪帕斯的傾向，妒恨父親，愛戀母親；女孩則相反，妒恨母親，愛戀父親。但這種傾向由於受到種種阻礙而不能得到滿足，因此成為一種情結，佛洛依德稱之為愛迪帕斯情結。但這種情結和超我的形成有什麼關係？

佛洛依德說男孩的心理發展過程可以簡述如下：男孩在吃母親的奶的時期，逐漸將母親看作性愛的對象，這和母親的乳房有關。另一方面，他又與其父親同一化，以其父親作為其理想，希望自己長大後像他。這兩種關係同時進行了一段時期後，他對母親的性的願望變得更為強烈，而又發覺到他的父親是這種願望的障礙。在他父親的權威下，他這願望不可能實現，他於是產生了愛迪帕斯情結。

愛迪帕斯情結必須消溶，也就是說，這個男孩將母親當作性愛對象的願望必須捨棄。這時，這個男孩只有兩條路可走，一條路是不再將母親看作性愛的對象而與母親同一化，將自己化為母親，即以自己為愛的對象。這是當一個人不能獲致其性愛對象時常常出現的現象。另一條路是加強和父親的同一化，這樣，他和他母親的愛情關係可以通過他與其父親的同一化而在某程度上獲得保留。

依佛洛依德的觀察，這兩條路並不互相排斥而且事實上常常連

結在一起。這樣，這個男孩的自我，就通過這兩種同一化而產生新的變異的型態，這變異的自我即是超我❻。

這超我一方面對自我發出命令：「你應該這樣（像你父親一樣）。」這即是自我理想；一方面又發出禁令：「你不可以這樣（像你父親一樣）。」——也即是說，你不可以做你父親所做的一切；有些事是他的特權。而這即是良心。

超我之所以有這雙重性格是因為超我的工作在於壓抑愛迪帕斯情結，而這種壓抑的根源出於男孩的父親。這個男孩發現他父親是他對母親發生性愛的障礙，因此他就在自己內部建立同樣的障礙，這就是超我。超我是他父親的化身。因此，一個人的愛迪帕斯情結愈強，他的超我就會對自我愈嚴厲，就這個意思說，超我可以說是愛迪帕斯情結的產品。

超我如果是父親或外在權威的內在化身，它必須像外在權威一樣能控制自我。它的道德規則必須像父母的一樣有力量，這即是說它必須同樣能夠獎勵與懲罰。超我的獎懲對象是自我，因為自我是意識的代表，是一切行為的執行者，它對一切道德或不道德的行為負責。不但行為，它對思想也要負責，因此也受獎懲。超我和本我在這方面很相像，它不分主觀思想和客觀的存在，一律看待。此所以許多人雖然行為上沒有過錯，但由於有不良的意念或想像，仍然

---

❻　*The Ego and the Id*, pp. 22–24.

受到良心嚴厲的責備，仍然痛苦不堪。

　　由於這個緣故，佛洛依德指出，人的良心愈強，他的許多欲望就愈不能直接通過行為來獲得滿足，被壓抑的欲望就愈要通過幻想或白日夢來找尋出路。這樣，這個人就愈有罪咎感，就愈痛苦。反而那些良心不那麼強的人，他的欲望很快通過行為獲得滿足，他就反而不會念念不忘於那些欲望，他也就愈不容易有罪咎感。這個分析和我們一般人的看法完全相反。我們總以為君子坦蕩蕩，小人長戚戚，佛洛依德在這裡指出事實並不如此，而且相反。

　　超我的獎懲與賞罰，像父母的一樣，也可以分為實質的與心理的兩種。譬如自己做了一些超我認為的好事，如考取了大學，或在學校中名列前茅，超我會說，你做得不錯，可以放鬆一下。這個人會給自己放幾天假，瘋狂地玩幾天。當一個人做了超我認為的壞事，譬如害得自己弟弟跌破了頭，超我會說，你做了壞事，大禍要臨頭。然後這個人會頭痛，會發生車禍，或失去金錢。許多個人遭遇的不幸，佛洛依德以為都有自我懲罰的成分。

　　另一種賞罰則是純心理的。人做了自己認為的好事會有驕傲的感覺，做了壞事會有羞愧的感覺。驕傲代表對自己的愛，羞愧代表對自己的恨，是超我對自我的賞和罰。這和人承受父母的稱讚或責備後的反應是一樣的。

　　超我這個心理機能在人的社會組織中扮演極重要的角色。由於

它是外在的社會道德規則的反映，有了它，人才不致為了自己個人的利益而危害社會，人和其他人才能互相認同，結合為一個整體。

三

上面提到過，佛洛依德還有一個重要的理論是心理能 (psychic energy) 的轉化理論。那是物理學的能量不變說應用到心理學的結果。正如物體運動一樣，推動心理系統工作的也是能。在心理現象上，那是心理能。人之能夠有本能的衝動，又有記憶、知覺和思想等活動，又能夠控制自己的衝動，不使逾越道德規則，都有賴於心理能。

一個人身體上的能有限，心理能亦然。這有限的心理能本來儲藏於本我。上面已經說過，本我是心理能的儲藏地。但為了生存，本我發展出新的活動過程，如記憶、知覺，這時自我就出現。自我可以說是本我的能發展於新的活動過程的結果，但也可以說，當本我的能不只放在反射作用，而發展為記憶、知覺等活動的時候，本我的能就轉化為自我的能。

這個情形對於超我來說也是一樣。當自我考慮到會失去父母的愛而抑制本我，這抑制的力量來自於自我。但當自我逐漸認同其父母，也即是說，其父母逐漸內在化為自我的時候，自我就不只通過

利害的考慮來抑制本我的衝動，而且直接就行為的是與非來鼓勵或
阻撓行為。這種新的自我即是超我。超我可以說是自我的能發展於
新的鼓勵與阻撓等活動過程的結果；也可以說，當自我的能不只放
在利害的考慮而計畫、而思想，同時直接就行為的是非來鼓勵或阻
撓行為的時候，自我的能就轉化為超我的能。

　　上面的分析聽起來只是名詞的更換，本我的能、自我的能與超
我的能只是名詞上的分野，沒有實質上的意義。但其實不然。必須
記得，佛洛依德所說的本我、自我和超我是可以互相衝突，它們的
活動是可以彼此限制或排斥的。因此，如果這三種心理部門的活動
都有賴於心理的能，那麼本我的能若遠多於自我和超我，這個人便
是純依本能衝動、任性妄為，而不受任何抑制的人。假如這個人的
自我的能遠多於本我和超我，那麼這個人便是極冷靜極理性，一切
事皆根據實際情況，擬定計畫，按部就班來完成的人。又假若這個
人的超我的能遠多於本我和自我，那麼這個人便是不計較個人利害，
可以捨生取義的人；他對道德的關心遠超於利益，對是非的重視遠
超於真假。

　　上面說過每個人的心理能有限，因此本我保留的能多些，自我
和超我所擁有的能就相應地少些，倒過來也是如此。因此，一個人
在極端衝動的時候，神智時常就不很清明；一個人在非常清明，對
事件的因由後果照見得一清二楚的時候，就不大會衝動。一般來說，

當自我的功能運作得很成功，他運用其知覺、思考、判斷的後果很好，能夠很快地滿足其本能的需要的時候，本我所儲藏的能就會大量地轉化為自我的能，這個人的思想判斷就會愈見銳利，愈能洞燭先機。自我強則本我弱，因此這種人就愈不容易盲目衝動，作出乖情悖理的事。但當自我遲遲不能滿足本能的需要，本我的要求遲遲不能兌現的時候，自我的能就會轉化回本能或本我的能。這時人就會有較多幻想或一廂情願的想法，以滿足自己，但這樣人就更不能面對環境、認清事實，他的思考和判斷也愈容易犯錯誤。一個人受到太大、太長久的挫折或打擊，常常顯得頑固而不可理喻，當事業蒸蒸日上的時候，言語行為都顯見智慧，其原因在此。

這個現象表現在超我時有特別的倫理學意義。超我的良心可以反對自我或本我，使快樂原則或現實原則停止工作。如果良心太強，使用了太多的心理能來防範不道德的衝動，相應地，這個人的自我與本我的能就減少。他對許多事物就不會感到興趣，他的知覺、思維及判斷的能力也不能有新的進展，這個人就會顯得沒有創造力，生命就沒有光采；這個人適應環境和面對新的問題、新的困難的能力會顯得薄弱。他固然不可能領導社會來克服時代的苦難，他甚至不能解決他個人在人生路途中所碰到的難題。這是佛洛依德心理學觀點裡，道德家或理想主義者的悲劇，而且常是不可逃的悲劇。

另外，佛洛依德還有一個特殊的理論。超我雖然一般來說代表

了理想和道德，它永遠在與不道德的衝動為敵而壓抑本我，但本我
在被壓抑之下，雖然不能光明正大地直接表現於思想或行動中，但
卻可以在下意識中活動，利用超我作為其宣洩口。一個人在悔恨自
我所作的罪惡的時候，可以鞭打自己，甚至還可自殺。表面看來，
這個人所作的是一種悔過的行動，象徵著他浪子回頭，但實際上，
這只是被壓抑得太久的侵略本能或死亡本能在通過道德或理想的藉
口來宣洩自己而已。在歷史上，許多名正言順理直氣壯的大屠殺，
都是同出一源的不同例子：中國人借禮教殺人，羅馬時代屠殺基督
徒，中世紀時的焚燒異教徒，以及德國納粹的屠殺猶太人，在佛洛
依德看來，都是本我在狐假虎威，超我上了本我的當，中了它的圈
套。自然，屠殺人的當事人並不自覺這一點，通常他們都會洋洋自
得，以為他們在替天行道，為人類幸福做了好事。超我之所以可能
為本我所利用，原因是它們有一個共同點，它們都是非現實地看事
物，都是非理性地工作，因此超我很容易為本我所混而不自知。

　　上面說，超我是父母或外在權威的內在化，也即是說，超我是
人認同其父母的結果。問題是，人在認同其父母而產生超我時，所
認同的不是真實的父母，而是理想化了的父母。對於一個認同其父
母的小孩來說，父母和理想分不開，父母即是具體人格化了的理想。
不但如此，由於父母代表了絕對的賞罰的權力，因此，父母在小孩
心目中擁有無限的力量，他們是力量或權力的代表與象徵。如果超

我是父母的內在化，那麼，超我也具備了父母的特色，它代表著純
理想，同時對於自我來說，它也代表了絕對的賞罰的權力，這可以
解釋為什麼在我們的道德經驗裡，良心總代表著完美，它和現實的
自我永遠有一條不可逾越的鴻溝。同時，良心在自我面前總扮演著
裁判者的角色，它是絕對的、無可置疑的權威。

四

　　一般人，尤其是受過傳統文化思想洗禮的人，大概都會同意良
心或超我在人心中扮演了主要的道德角色，也會同意它是完美理想
的標準，是善惡是非的絕對權威。但也正因為如此，傳統思想家一
向以為良心是使得人格上升的根據，是人性尊嚴的所在；它使人與
禽獸殊途，與自然物有別。但佛洛依德從心理學，尤其是精神分析
學的立場，卻有完全不同的看法。他認為我們一般人的超我對於一
個人來說不但不能幫助他達致幸福，反而增加了他的負擔和痛苦。
由於超我擁有的理想太多，與現實自我的距離太大，同時它又太漠
視本我的抗拒力量和周遭環境所構成的困難，因此它的理想與禁令
就不但不能淨化人的心靈，使人與物劃清界域，反而只能使人自卑
甚至精神分裂。佛洛依德舉「愛人如己」這句話為例，說明我們的
超我的要求完全超越了人的能力範圍，因為人根本不可能愛人如己。

因此這個命令雖然聽來很美，但對於人來說只構成不可克服的心理壓力。它不但不能使人上升，反而使人沉淪，沉淪於無窮的自咎自怨自責之下❼。

佛洛依德說起超我時總是帶著貶抑的語氣，雖然他在受人批評時也承認超我是較高級的品性，但這種承認恐怕只是字面上的成分居多。他的意思充其量是說超我是人的心理結構中最不自私的部門。就我們一般的人際關係來說，不自私代表高尚的品性，因此超我可以說是較高級的品性。佛洛依德意識到，如果沒有超我，人的自私本性和攻擊性會是人類文明的大障礙。就這個意思說，超我的工作既然是壓抑人的自私性和攻擊性，它對人類的文明顯然有其一定的貢獻。

但佛洛依德從各個人的幸福看，總覺得超我所給與自我的壓力和痛苦太多。他甚至認為，就他當時超我的要求來說，一個想要服從它的命令的人，其吃力不討好所引致的痛苦，絕不下於一個完全不理會超我命令的人。

自然，這樣說並未真正接觸到問題的核心。某些社會、某些時代所產生的超我，其要求可能嚴厲了一點，另一些社會、一些時代的超我，其要求則可能鬆動寬舒得多。超我的壓力或大或小，視乎各社會文化背景或甚至家庭背景而定，因此上面所說的由超我的壓

---

❼　*Civilization and Its Discontents*, pp. 90–91.

力所引起的問題，仍然不是佛洛依德心目中的核心問題。

　　佛洛依德心目中的真正問題是，超我本身是非理性的，它的要求不是理性的考慮的結果，它與個人的幸福無關。它只是外在權威的是非標準的內在化。因此，它的內容不確定，完全由兒童的生長背景所決定。這種完全由外在環境所決定的超我，它的命令與個人的要求可能完全背道而馳，但在過去文化傳統及一般人心目中，竟然佔著心理結構的主導地位，這才是佛洛依德心目中的真問題。

　　它之所以是一個問題，是因為佛洛依德根據他的心理學研究，認為人基本上是追求快樂的動物，快樂原則控制了人的整個心靈。因此儘管他一方面在譏笑過去許多倫理學家對人生目的這個題目作無謂的爭論，但另一方面他自己卻以為他從人的行為表現，已經掌握到人實際上的生命目的是快樂，而且是個人本身的快樂，這說法無論在方法論或其內容說，其實都與過去個人中心的享樂主義沒有分別。從方法論說，這是經驗主義的進路，即從客觀的觀察歸納，看人實際上在追求什麼東西。從內容上說，他肯定每個人實際上都無例外地，在追求快樂，因此都以快樂或帶來快樂的事物為善，以痛苦或帶來痛苦的事物為惡。

　　佛洛依德從不以為自己是一個倫理學家，也不以為他在探討應然的問題。他只以為他在根據心理學的資料，在描寫人實際上在找尋追求什麼；換句話說，他以為他所作的只是事實的描寫，而無意

於給我們應然的命令，或告訴我們道德原則。但當他在描寫人的心理結構，指出人基本上是在追求快樂時，他同時在指出違背或壓抑這種心理要求的結果是痛苦，是心理的不平衡，甚至是精神分裂。隨著這個描寫，他就不斷在表示人應該面對自己這基本的要求而給予適當的滿足，而不應作太大或太多的壓抑。他對東西方的人生哲學和宗教作過許多批評，著眼點主要也在於這些哲學與宗教是有助於人獲取快樂或在壓抑人對快樂的追求。在這個時候，他顯然不自覺地逾越了他作為純事實描寫的心理學家的界限，而在給人價值的取向與標準，及指示人應然的原則。換句話說，他在無意中扮演了傳統規範倫理學家的角色，同時，加入了自我中心的享樂主義的陣營。

依據這種享樂主義的心態，他排斥一切與這心態相反相背的人生哲學和宗教，包括十九世紀時仍然支配著西方人的心靈的基督教在內。同時，也由於他肯定追求快樂的本我在人心靈中的基本地位，他對於以壓抑本我為其主要功能的超我，總不願給予太高的地位。

根據同樣的理由，佛洛依德也不以為本我在人的心理結構中應居主導的地位。原因是本我只通過反射作用尋求快樂，而盲目的反射作用常常不能真正給人快樂，而只帶來痛苦。在這個意義下，人必須先認識產生快樂的條件，然後依照一定的步驟，使那條件出現，然後人才能真正獲致快樂。這一連串的認知和創造過程，正是理性

的運作過程，也即是佛洛依德所說的自我的功能所在。因此，對於佛洛依德來說，自我在人的心理或心靈機構中，應屬於主導的地位。我們必須注意，這樣子排列自我的位置，其根據顯然不是由於在心理現象或心理事實上，自我的力量最大或最原始、最根基深厚，而是由於它最能滿足佛洛依德以為的人生的目的。換句話說，在排列自我的位置時，佛洛依德不是在敘述事實，而是在作價值論斷。佛洛依德不自覺地建立了一套有關人生目的及應然法則的倫理學。

　　但除了上面所說以快樂為人生目的的假設外，佛洛依德還另外做了一些工作。他探究了道德信念與道德原則的根基這問題。他的動機和方法是心理學的，但這個問題與結論卻與倫理學有關。他的看法很清楚；我們一般人的道德信念與原則，其根基在於超我；形成超我的根源是代表著社會規範的外在權威，如父母、老師、社會領袖等等。這個答案或結論涵蘊著道德的相對主義。由於道德的最後根源不在於人性本身，而在於外在的社會規範；又由於不同的時代背景，不同的社會結構可以有不同的社會規範，因此不同時代不同社會結構的人其道德原則或信念就可以不同。換句話說，道德相對於不同的社會結構文化背景而不同，沒有放諸四海而皆準的道德。

　　這種道德的相對主義與佛洛依德以個人快樂為人生目標的享樂主義，在內容上迥然不同。前者以社會規範為最後根基，後者以人性本身為根基；前者內容隨時代及社會背景而變異，後者的內容則

隨人性而含普遍性及恆常性；前者展示的是一般人的道德判斷道德
信念的特性，後者展示的則是一般人在行為上的最後鵠的。佛洛依
德的心理學中，竟然包含著兩套完全不同的倫理學或倫理學意含，
恐怕是他自己與一般人都沒有意識到的吧！

　　對於個人中心的享樂主義，我們在前面有關章節裡已經用了相
當篇幅作分析，不再重複，這裡我們想要討論的是超我是不是一切
道德判斷道德原則的根基這個觀點。事實上，佛洛依德對我們這個
時代的道德觀念，影響最大的也是這個觀點，因此最值得我們思考。

　　在經驗上，我們大概可以同意佛洛依德，我們有一種心理部門
在分辨善惡、對錯、是非、道德不道德，同時這種判斷常常和個人
的利害不相干。對於自己不利的行為，有時我們會稱讚它，說它是
對的、道德的，譬如自己的仇人掉在海裡快要溺死，有人奮不顧身
把他救了上來。我們也許會因為這個人獲救而遺憾，甚至覺得這個
救人的人多事，但另一方面仍然會為這個冒生命危險而救人的行為
而喝采。同時，對於有利於自己或使自己快意的行為，有時我們會
貶抑它，說它錯誤或不道德，譬如有人為了取悅自己，陷害自己的
仇人，我們一方面可能會因為去掉眼中釘而感到快意，但另方面會
感到陷害人的行為不光明正大，卑鄙齷齪。人之所以會有這兩種互
相矛盾互相衝突的心理現象，佛洛依德說是因為自我與超我的立場
不同，一是考慮利害，一是考慮道德是非。我們可以不理會自我與

超我這些名詞，但卻不能不承認人的道德判斷，許多時候確實與個人的利害考慮沒有關係，有時甚至互相衝突。因此在我們的心理結構中，確實有一個獨立的心理部門或能力，在負責道德是非的分辨工作。

接下去的問題是這種心理部門或能力的根源問題。分辨道德是非的能力從何而來？它是人性本有，就像佛洛依德所說的本我那樣，其活動代表著真正的自己？抑或是受後天經驗世界的影響而形成，它的內容完全是當時社會規範，社會型態的反映？

佛洛依德的答案是後者。在經驗上，也確實有許多事實在支持這個看法。許多社會學家以及文化人類學家都已指出，人的道德觀念隨不同時代不同的文化型態和社會結構而不同。對於游牧民族，勇敢是最重要的德性，因為整個民族的存亡由這種德性的多寡來決定；對於農業民族，和平比勇敢重要，因為他們經濟生活的安定，主要是倚賴人際間的和平相處，勇敢這種德性，變得無足輕重。

超我或良心與社會規範社會型態的關係還可以用許多例子來說明。在過去，中國人表現在孝道方面的良心肯定比西方人的多，而現代人對婦女小孩的尊重又遠勝於古人。過去農家出身的中國知識分子會以「咬得菜根香，方是讀書人」來自勉，但在今天鼓勵消費的工商業社會，儉樸就不再是人們用來自勉或作為自豪的德性。這些不同的人格理想，不同的德性觀念，自然和各時代的觀念及各社

會結構有關。

我們也可以同意，在現代的社會與家庭結構裡，父母對於一個小孩的影響極大。對於許多小孩來說，父母的理想就是他們的理想，父母的禁令即是他們的良心內容。這二者之間的關係，我們也可以接受佛洛依德的解釋，這和父母親的獎懲，以及小孩害怕失去父母的愛或保護很有關連。

但問題恐怕不在於，佛洛依德的超我理論有無道德經驗作支持，能否解釋許多道德經驗。依上面所說，每一個人都可以依自己所見所聞以及親身的體驗，找到支持這理論的事實。問題在於這理論能否解釋所有的道德經驗或道德現象，它是否可以獲得所有道德經驗的支持而毫無例外？佛洛依德是一個科學家，他觀察了許多有關道德方面的事實，然後提出一個超我的理論假設來解釋這些事實。如果這個理論得不到任何事實的支持，這個理論當然是假理論，但如果它只獲得一部分事實的支持，只能解釋一部分事實，而另外還有一些事實和它相衝突，或者它解釋不了，那麼這個理論也不全真而有待修正或補充。

超我的理論是否能解釋所有道德經驗道德事實呢？我們必須記得，佛洛依德認為超我的內容，無論是正面的理想或是負面的憎惡對象，都不是由理性選擇，而是外在標準在下意識中轉化的結果。那是純機械式、非理性、非自覺的。因此嚴格說來，超我以什麼為

是、什麼為非，什麼為道德、什麼為不道德，根本只是外在標準的反射，沒有理由可說；所有道德辯論中提出的理由，都是假的，是人為了保護自己而造出來的。

在道德問題的討論中，雙方堅持己見而得不出一致結論的情況自然很多，但在我們的經驗中，由彼此立場完全衝突而最後和諧一致的例子也並不少。自然，這種轉變有兩種可能。第一，原來意見的衝突是由於語言意義的混淆所致，語言意義弄清楚了，衝突自然跟著消除。第二，意見的不同是由於雙方對事實過程的了解不同，譬如我說這個人是手鎗走火而誤殺了人，你說他是有計畫地殺人。二者對事實的了解既然不同，隨之而下的道德判斷自然也大不相同。如果經過調查後雙方對客觀事實有一致的了解，道德判斷上的爭論可能也就跟著消除。

嚴格說來，這兩種由對立轉為一致的例子都不能證明人可以理性地討論和考慮道德的是非問題，也不能證明佛洛依德的超我理論為錯。有沒有什麼例子，辯論雙方對彼此的語言意義都了解得很清楚，對客觀事實也有一致的認識，但起初對這件事有不同的道德判斷，經過討論後終於見解一致的呢？

對於這種複雜的牽連著許多因果的問題，我們恐怕很難直覺地回答說有或沒有。因為這必須經過調查，將語言及事實認知的爭論分別開，然後才可以得到真正的答案，但這自然不是這裡可以做的

工作。

那麼這問題是不是就此懸而不決呢？在這裡，起碼有一件事實可以肯定，那就是對於道德問題，我們一般人都認為它可以訴之於理性的方式來討論或解決。因此，當兩個人對同一件事的道德判斷不相同時，原則上，我們都願意聆聽與考慮對方的理由，同時也要求對方聆聽與考慮自己的理由，以求雙方的意見一致。這種現象之所以可能，是因為我們都預先假定道德問題是理性的問題，它屬於理性管轄的範圍。相對來說，本能衝動則不然，當兩個人對同一件事作不同的衝動反應時，我們很少要求自己或對方給予非如此衝動不可的理由，以求作一致的衝動反應。不但本能衝動，甚至感覺也是如此，如果一個人吃臭豆腐覺得它很臭，另一人則覺得它很香時，我們也很少會要求雙方給予理由，以謀求取得一致的感覺。這是因為本能衝動也好，感覺也好，它們都只是純事實，沒有理由可說，因此我們不會訴之於理性以謀求普遍性的衝動或感覺。

一些近代的實例或許更能使我們了解上面的意思。希特勒成千整萬地屠殺猶太人，我們說這不人道、不道德。日本皇軍的南京大屠殺，我們也說不人道、不道德。但如果道德是相對於各人的超我，各社會、各民族的規範而有意義，那麼我們怎麼能用我們的道德標準強加於德國人、日本人身上？德國人與日本人何以不能理直氣壯地說，你們有你們的道德，我們有我們的道德，依你們的道德，我

們不能殺猶太人、中國人，但依我們的道德，我們可以殺這些人？

如果道德只是社會規範、社會型態的機械反映，那麼不同的社會型態就可以有不同的道德，不同的社會型態就不可能用自己的道德標準、道德內容來批評對方，同時，也不可能互相理性地反省討論彼此的道德觀念的優劣，但這顯然與事實相違。

佛洛依德的超我理論，究竟問題出在什麼地方？它何以可以解釋某部分的現象，而又不能解釋另一些現象？答案其實很簡單：佛洛依德誤將道德觀念的發生過程當作是道德的本質。這在哲學上稱為發生論的謬誤。一個人在他生命過程中開始有道德觀念，常常由於父母的教訓與賞罰，這是事實；父母的教訓對一個小孩的道德觀念影響很大，這也是事實。但由於這個緣故就說道德我或超我只是外在權威的內在化，沒有理性的成分，不能作理性的反省討論或修正，就是將道德發生過程當作是道德本身。舉個例子也許會更明白：一個小孩開始學算術，父母告訴他一加一等於二，這個小孩記住一加一等於二。就發生過程說，這小孩之所以能肯定一加一等於二是由於父母的教訓。他在這時甚至可能不能理性地了解何以一加一等於二，可能要過一些時候，慢慢地他才可以理性地明白何以一加一等於二。

這個例子說明，人在學習過程中，有許多在小孩時候所接受肯定或相信的其實只是盲目地接受外在權威的意見，但這不表示這小

孩此後不能由理性來重新肯定接受或甚至修正推翻他小時所接受了
的真理。道德觀念也如此。我們小時候受父母影響接受了一些道德
觀念，不表示這些觀念不能在後來由理性重新肯定接受或修正推翻。
就這個意思說，由於道德觀念開始起自父母，就一口咬定說道德只
是外在權威內在化的結果，未免太獨斷了。

　　上面提到道德觀念常隨時代的變遷而有更異。在歷史上，這種
例子確實不少，殉葬與守寡在從前是一種貞節的表現，到了現在即
使不算不道德，但也不再被認為是值得表揚鼓勵的道德行為。在過
去，攻其異端是替天行道，但到了現在，容忍異己成為了基本道德
之一。我們不必過分考查這種變遷的原因，但卻可以問，這種變遷
是否絲毫不含理性的成分，而只是機械地反映那個時代的社會規範？
現代人推崇容忍的德性，豈不是因為它能避免更多人為的災禍，使
每個人的生命與人格更有保障和更能自主，從而更能發揮他的創造
力，在人類文化史上放光芒？這豈不是理性的考慮？抑或只是盲目
的機械的社會條件的反射？

　　如果超我不只是外在權威的機械代表，它是不是純先天的非經
驗產物的心理部門？如果超我能夠理性地照顧自己甚或人類的幸福
而改動其道德觀念，這是不是表示人的理性不但照顧利害得失問題，
如佛洛依德所說，而且也照顧到道德問題？

　　這些問題都是跟著上面對佛洛依德學說的反省而出現的問題，讓我們看看下面幾章所介紹的倫理學家怎樣回答這些問題。

▶ 參考書目

1. Freud, Sigmund, *Beyond the Pleasure Principle*, 1920.
   trans. by James Strachey, New York: Bantam Books, Inc., 1959.
2. Freud, Sigmund, *The Ego and the Id*, 1923.
   trans. by Joan Riviere, New York: W. W. Norton & Co., Inc., 1962.
3. Freud, Sigmund, *Civilization and Its Discontents*, 1930.
   trans. by James Strachey, New York: W. W. Norton & Co., Inc., 1961.
4. Freud, Sigmund, *An Outline of Psycho-Analysis*, 1940.
   trans. by James Strachey, New York: W. W. Norton & Co., Inc., 1969.
5. Jones, Ernest, *The Life and Work of Sigmund Freud*, New York: Basic Books, Inc., 1953.

第 六 章

休　謨 (David Hume)

一

　　前面一章最後所提的幾個問題，是休謨的倫理學中的重要問題。因此承接著上一章的思路，我們可以討論一下休謨的倫理學，看看這位十八世紀的英國哲學家給我們什麼啟發。

　　休謨 (David Hume) 生於 1711 年，卒於 1766 年，蘇格蘭人，是近代英國經驗主義三大哲學家之一。他在愛丁堡大學讀的是法律，因為他父母都希望他做律師。但後來他發現自己喜歡的是哲學，而不是法律，因此拋棄了他所唸的法律而專研哲學。事實上，他在哲學上的才華很快就顯露了出來。他在二十三至二十六歲那幾年，就寫成了他那部後來影響極大的 《人性論》 (*A Treatise of Human Nature*)。

　　但這部書出版後起初的反應奇差，人們對他的新觀點既沒有稱讚，也沒有批評，甚至沒有爭辯。這部書就像石頭掉進大海中一樣，一點漣漪也激不起來 。 他接受到的只是漠視和不了解 。 到了 1742 年──那已經是五年之後──他另一部書《道德與政治論文集》出版，他才開始受到人們的注意。

　　休謨是一個思想早熟的人。他後來的一些哲學著作其實都只是他二十多歲時那部《人性論》的改寫，可見他對哲學問題的看法，

很早就已經定了型。但他的運氣並不像他的思想那樣早熟。他在三十四歲那年曾經向愛丁堡大學申請過哲學教席，那時他已稍有名氣。但由於他的無神論言論，申請失敗。他做過一年私人教師，好幾年祕書，後來又做過愛丁堡律師公會圖書館的館長，但就是沒有正式在學術界或教育界擔任過任何職位。

休謨雖然得不到當時哲學界的接受與推崇，但一般來說卻頗有文名。他寫過大不列顛史，又寫過英格蘭史，都得到時人的好評。他的道德思想與政治思想，很為人讚許。他的經濟理論，在當時可與亞當·斯密的相比美。

休謨是英國知識分子的典範。他聰明、和氣，有幽默感，懂得社交，雖然有些自負，但從不妒忌人，在亞當·斯密給他編纂的自傳裡，他說他頗能駕馭自己的脾氣和情緒。從這句話看來，他的好脾氣顯然不完全是天生，起碼一半是後天自覺努力的成果。

休謨雖然在當時不被人看為純哲學家，但他的哲學思想對我們現代哲學家卻影響至巨。邏輯經驗論者一直將他看作他們的先驅。他的知識論觀點籠罩著現代經驗主義者的心靈。在倫理學上，現代的情緒主義受休謨倫理學的影響也很大。在理性與道德之間有何關連這個問題上，我們也看到休謨對現代人的巨大衝擊。

二

　　休謨和霍布士有一點很相似，都想將科學方法應用到有關的思想行為的研究上。這自然和十七、八世紀自然科學有輝煌的成就有關。休謨第一部書的書名叫「人性論」，就是想用科學的、可以實證的方法，審視人的知性、情緒與情操，從而把握人的心靈或人性，轉而了解人的多種行為與思想。他和霍布士不同的是，霍布士在告訴我們人性或人的行動的根據時，同時想以此作基礎來告訴我們應該怎樣行動。他告訴我們人性是在追求欲望的滿足。但要滿足欲望，我們應該和平相處，要和平相處，我們應該放棄自己為所欲為的權利。霍布士是以他的人性論作基礎來指導人的行動的。在上一章，我們指出佛洛依德也不自覺地脫離了心理學家的工作範圍。他不只描寫分析人的心理結構，而且告訴人，由於人的基本結構在追求快樂，因此不應該讓超我壯大，不應該接受壓抑人性的各種宗教，而應該發展自我，理性地認識自己與環境，培養解決問題的能力等等。佛洛依德在這裡已經不是一個描述與解釋事實的心理學家，而是在給我們一般性的應然原則的倫理學家了。

　　在這一點，休謨顯然不同。儘管他在《道德原則探究》一書中說，有關道德的思考，其目的在教導我們責任是什麼，同時使我們

培養良好的習慣，他似乎認為倫理學的功能不只在描述解釋事實，而且主要在給我們行為的規範，告訴我們應然的規則，這和傳統倫理學的觀念固然相符，與霍布士的雄圖也相一致，但事實上，休謨有關道德的工作卻只是限於描述道德經驗，同時找出一些假設或原則來解釋這些道德經驗而已。換句話說，休謨的實際工作倒真是限於應用科學方法於道德事實上面。他從沒有進一步指引我們的行為，告訴我們應該遵守的行為規範。

三

　　休謨的倫理學所探討的一個大問題是理性在人的行動中所扮演的角色這問題。一般來說，傳統的看法總認為理性與人的行動，尤其是道德行動，有極密切的關係。當一個人的行動合乎理性或由理性所主宰的時候，他的行動或人格便是理性、和諧、一貫及道德的。相反，當一個人的行動不合乎理性或不受理性支配或主宰的時候，他的行動或人格便是衝動、不和諧、不一貫或甚至不道德的。這種看法根源非常深厚長遠，流行程度也非常廣泛，即使佛洛依德，一個十九及二十世紀的心理學家，雖然以超我作為一般人道德判斷與信念的根基，以本能衝動作為本我，但依然認為代表理性的自我應該是整個人格機構的支配者或主宰者。這是傳統的理性主義的看法，

雖然佛洛依德不是理性主義者。

　　休謨在十八世紀對這個為人普遍接受而不加懷疑的看法作了強烈的挑戰。他不是說人的行動不應該合乎理性，或者說非理性的本能衝動應該是人的主宰——要記得休謨是科學的人性研究者，他在客觀地觀察人的理性、激情與行動——他的問題是：理性在人的行動中實際上扮演了什麼功能？它能不能產生或抑止行動？這不是應不應該的問題，而是事實問題。他不是問我們應不應該只聽從理性的命令，而是問理性能不能直接命令或產生行動。如果理性根本不能產生行動，也不能阻止行動，那麼說「應不應該只聽理性的命令」就沒有意義。

　　休謨的結論是：理性根本不能指揮意志，以產生行動；同時，它也不能阻止行動。對於休謨來說，理性只是一種認知能力，它的功能是分辨真假。有真假意義的是命題。命題在兩種情況下有所謂真假，一是它的觀念與觀念之間是否相一致或者矛盾；一是它和存在與事實是否相符合。前者即是現在人所謂的分析命題，邏輯或數學命題屬於這一類；後者即是現在人所謂的綜合命題，經驗科學命題屬於這一類。

　　休謨的意思很明顯。如果理性的功能只在於分辨真與假，而真假又只在於分析命題的是否一貫，以及綜合命題的是否符合事實，那麼，激情、意志與行動本身就無所謂真假，就與理性無關。這即

是說，激情、意志與行動，既不能說合乎理性，也不能說違背理性。

　　如果行動無所謂合乎理性，也無所謂違背理性，那麼我們就不能說合乎理性的行動是好的、道德的，不合乎理性的行動是壞的、不道德的。這樣，我們也就不能說理性是道德的根基。理性與道德無關，與行動的善惡無關。

　　上面的說法似乎有點極端。我們一般人的經驗是理性常常可以指引我們的行為。依休謨的看法，理性的功能在於分辨真假，也即在於給我們知識。但在我們日常生活中，知識給我們行動指引的例子不勝枚舉。生理學知識使人運動；營養學知識使人吃某種食物，不吃另一種食物；經濟學知識使一個政府採取某種經濟政策，不採取另一種經濟政策。事實上，文明人與原始人在行動上的分野，或甚至人與其他動物在行動上的分野，絕大部分由於知識上的分野而來。如果知識來自理性，休謨怎麼能說行動與理性無關？

　　這個批評也許很有意思，但卻誤解了休謨的原意。休謨說的是「理性不能產生行動」，不是說「理性不能指引行動或影響行動」。休謨自己就觀察到，理性可以在兩種方式下指引或影響行動。第一，理性告訴我們所愛所欲的事物的存在，引發起我們的欲望。第二，理性告訴我們可以通過什麼手段或途徑，來滿足我們的欲望。這兩種方式都屬於供應經驗知識，也即是前面所說理性的第二種分辨真假的方式。可見休謨也承認理性可以通過所供應的知識來指引或影

響行動。但他為什麼說理性不能產生或阻止行動？指引或影響行動為什麼不等於產生或阻止行動？

　　如果我們好好想一下休謨所說理性影響行動的兩種方式，就會明白他的真意所在。休謨的意思是，一切行動的出現，都和我們的激情有關，也即與我們的愛惡有關。如果我們對一件事物沒有愛惡，不管理性告訴我們這件事物存在或者不存在，或者告訴我們怎樣是獲致這事物的最好途徑，我們都不會因而有所行動。換句話說，沒有激情或沒有愛惡，單是理性絕不能使我們產生或阻止任何行動。理性在行動上的作用，不是主宰性的，而是輔助性的。它只是輔助我們的激情，獲致它之所愛，或離開它之所惡。真正產生行動的根源是激情，而不是理性。

　　我們可以用另一種方式來表示這個意思。激情給我們行動的目標，理性則告訴我們行動的方式或途徑。沒有途徑或方法，目標仍然是目標，但沒有目標，途徑或方法就失去其作用而不再成其為途徑或方法。如果我們想要身體健康，有健康的欲望，健康就是我們的目標。而理性告訴我們，如果要身體健康，必須常常運動。在這種情況下，運動就成為我們達致健康目標的途徑或方法。但如果我們根本不想要健康，健康根本不是我們的目標，那麼運動也就失去其意義而不再是可行的途徑或方法。

　　上面解釋了理性不能產生或阻止行動，但又能夠指引或影響行

動的理由。總括一句話說，理性所能提供的只是工具或手段，而不是目標。休謨用誇張的語氣表示這個意思。他說，理性只是激情的奴隸，只為激情服務。這句話自然是對應著行動而說的。對於行動來說，最後的原動力是激情。理性只在為激情服務上，對行動有影響力，但它本身並不直接產生行動，因為它本身不是行動的原動力。

如果理性自己不能產生或阻止行動，它所做的一切都只是為激情服務，那麼理性自然就不可能與激情相衝突。舉個例子，理性告訴我們損人利己雖然暫時可以獲取利益，滿足一時之欲，但長遠來說會失去他人的友誼，蒙受寂寞孤立的痛苦與損失。我們聽從理性的勸告，放棄了損人利己的手段。表面看來這似乎是理性在壓抑我們的欲望，叫我們不要損人利己，實際上我們是為了長遠的利益，為了更大的欲望，放棄損人利己給我們的滿足。

我們也可以從另一個角度了解這個意思，休謨說理性的功能是分辨真假。上面說只有命題或判斷才有所謂真假，因此只有命題才是理性的對象。但激情是一種存在狀態，不是命題，因此無所謂真假。休謨在這裡表示，存在狀態與命題完全是不同類、不同層次的東西，它們不可能互相衝突、互相矛盾，因此激情與理性不可能互相衝突、互相矛盾。

這個意思一肯定，傳統觀念以為理性與激情不斷在互相衝突摩擦，便成為無稽之談。同時，將行動分類為合理的與不合理的兩種，

嚴格來說，也沒有意義。當然，行動在兩種情況下可以說不合理。一是對存在事實作了假判斷，然後根據這假判斷而行動，譬如一個人看見水中的月亮倒影而以為水中有月亮，跳下水去捉月亮。另一種是錯誤地以為通過某種手段或途徑可以達致他的目標，同時根據這錯誤的判斷而作出行動，譬如一些人以為某某神佛或大仙的符籙可以治病，不肯好好延醫醫治，結果把性命送掉。但嚴格來說這不是行動或激情不合理，而是判斷不合理。人們作了不合理的判斷，然後依據這判斷來行動。

這些意思都在表示理性不提供行動的原動力，而只提供行動的工具或手段。理性怎麼樣提供行動的工具或手段？答案是它提供知識。理性的功能是辨別真假，也即是給我們知識。知識可以作為行動的工具或手段，因此理性在提供相干的知識時，就提供了行動的工具或手段。所謂相干的知識是：第一，告訴我們所欲所惡的對象的存在；第二，告訴我們獲致所欲對象或避開所惡對象的途徑。

由於理性只提供知識，而嚴格來說，知識不是產生行動的原動力，包括道德行動的原動力，因此，休謨說，在我們的經驗裡，我們的知識儘管有錯誤，許多人也常常依照這些錯誤的知識來行動，但通常我們不會說這些人不道德。我們甚至會同情他們。就像上面的例子，有人以為某些神佛的符籙可以治病，結果讓家人喝了符籙水而送掉生命。我們也許會說這種人愚蠢，也許會為受害的人悲哀，

但不會說這行為不道德，主要原因是因為知識或理性不是產生行動的原動力。因此一個人的行動道德與否，就不是決定於知識或理性身上，而是決定於行動的原動力或動機身上。

這是用反證的方式，證明知識與道德沒有直接的關係。既然理性的功能只在提供知識，因此理性與道德也沒有直接的關係，傳統觀念以為理性是道德的根基，證明是錯的。

不但如此，休謨在檢查理性能否作為道德根基時，一開始就說，在我們的經驗裡，道德觀念或道德規律對我們的行動是有影響力和駕馭的能力的。我們的行為常常受責任觀念的控制，也常常受道德規律的限制。如果道德對行動不是那麼有影響力，道德教育就成為沒有意義的一件事。現在，休謨說，如果道德對行動有那麼大的影響力，它可以直接產生激情與行動，但理性或知識，如上面所說，不能有任何產生行動的力量，那麼理性自然不可能是道德觀念、道德規條的根基。因為不能產生行動者不可能是能夠產生行動者的根基。

上面從正反兩方面辯論理性與道德無關，理性不是道德的根基。但休謨覺得這樣的辯論仍然不足以說服讀者，因此他要進一步分析，如果理性是道德的根基，會出現怎樣的情況。

對於休謨，說理性是道德的根基等於說理性是分別善惡的根基，即道德判斷的根基。如果理性是分別善惡的根基，會出現怎樣的情

況呢？

　　上面說理性的功能在分辨兩種命題的真假，一是有關存在事實的綜合命題，一是關於觀念間的關係的分析命題，如果理性是善惡的分別的根基，那麼善與惡就或是在存在的事實中，或是在觀念間的關係中。也就是說，當我們說某某行為是善或惡時，有兩種可能：第一，該行為本身含有善或惡的性質，就像這個桌子含有顏色、形狀等性質一樣。如果我們說這桌子是白色的，而我們根據觀察，發現這命題和事實相合，我們的理性就說這命題是真的；如果發現二者不相合，我們的理性就說這命題是假的。同樣，如果善與惡是行為的性質，那麼當我們說這行為是善的，那行為是惡的時，我們也可以根據觀察，看看這命題是否和事實相合，同時根據它們的相合與否來確定這命題的真假。

　　第二種可能是，那行為涉及某種關係，而善惡涵於這關係中，因此當我們發現這行動牽涉到某種關係時，我們就可以推論說這行動是善或惡的。

　　休謨舉了兩個例子來說明這意思：一是以怨報德，一是亂倫。通常我們一聽到有人因利忘義，殺害了養育愛護他的父母，或者作了亂倫的行為時，我們就自然地推論說這個行為不道德。這些例子粗看起來好像可以證明善與惡是在關係中，因為以怨報德與亂倫都涉及關係，我們無須親眼看到這行為，但一聽到有人的行為涉及這

些關係時，就可以推論說這不道德。

　　但休謨說善與惡既非在事實中，也不在觀念間的關係中。先說前者吧。如果善或惡是在事實中，就像顏色形狀是在一件東西裡面一樣，那麼當我們觀察一個道德或不道德的行為時，就可以發現其中含有道德或不道德的性質。但休謨說，當我們觀察譬如謀殺的行為時，我們在其中所能找到觀察到的只是一些激情、動機、思想、意念，但找不到、觀察不到所謂惡或不道德的性質。我們可以發現這個人為了得到一些錢，布置了一個陷阱，殺了一個人，同時並讓死者在臨死時吃了許多苦頭。通常當我們發現這些事實時，我們就斷定說這個人是壞人或這個行為不道德。問題是，為了錢財而冷血殺人是一回事，這個行為不道德是另一回事，我們在前者中看不到有後者的性質。

　　如果善與惡不在事物之中，是不是在觀念間的關係中呢？像兄對弟須友，弟對兄須恭，父對子須慈，子對父須孝，對有恩於己者須有所報答等等。沒有一件事物本身是父、子、兄、弟。父子兄弟是觀念上的關係。通常我們以為，這些涉及人際間的觀念關係有一定的秩序，合乎這秩序的行為是善，不合乎這秩序的是惡。因此父不慈、子不孝是惡，忘恩負義是惡，與血親發生性行為也是惡。善與惡可由這關係推演出來。

　　但休謨對這個信念表示懷疑。因為不但人與人間有這些關係，

其他動物或植物也同樣有這樣的關係，父子、兄弟、血親這種關係同樣存在於動物或甚至植物中。如果善與惡含於關係中，那麼當其他動物或植物的行動涉及這些關係時，它們也應該有所謂道德不道德的分別。但我們從來不會說這隻狗或這棵樹的行動道德或不道德。

休謨舉了一個例子：一棵橡樹飄下種子，在它旁邊的泥土上長出一棵小橡樹。這棵小橡樹日漸長大，遮蓋了母樹，母樹因為得不到足夠的陽光和雨水而枯死。小樹和母樹間的關係與我們母子間的關係是一樣的。小樹為了自己的生存而讓母樹枯死，這和兒女為了個人利益而讓父母餓死，其情況也是一樣的。但我們對於人說不道德，對於樹則不說不道德，可見道德不道德、善或惡，不在於關係中。

再以亂倫為例，其他動物同樣有血親關係，但在人來說，至近血親如父女、母子，或兄弟姐妹發生性行為是惡，是不道德，而在其他動物來說，則沒有人會說此是惡，是不道德。可見惡與不道德不是含於關係中。

自然，我們會直覺地認為以人和植物動物相比較不倫不類。我們會說植物沒有意志，不能指揮其活動，我們也可以說其他動物沒有理性，即使亂倫是惡，牠們也不知道。

休謨並非不知道這一點，他不是否認人有異於植物和禽獸。他的意思是，如果我們訴之於意志來解釋何以人的行為有善惡，植物

的活動沒有善惡　，則正好證明善惡不由關係來決定　，而由意志來決定。

至於說其他動物沒有理性，不能分辨善惡。休謨的辯論是，如果善惡含於關係中，理性充其量是認識到關係中含有的善或惡。因此理性不決定善惡，不產生善惡，而只認識善惡。既然如此，當動物亂倫時，牠就已經是惡。如果我們說人有理性，因此其行為有善惡之分，其他動物沒有理性，其行動因此沒有善惡，那麼，善惡就不是含於關係中，而是在理性中。

因此，善惡既非存在於行動事實中，也非存在於關係中。上面說理性的認知對象只是這兩種。因此善惡就不是理性的認知對象。

四

對於休謨來說，一切呈現於心靈而為人所意識的都稱為「知覺」(perception)。知覺分為兩種　，一是印象 (impression)　，一是觀念 (idea)。舉個例子說，我看見這個桌子時，我有的是這桌子的印象。事後我回想起這桌子時，我有的是這桌子的觀念。印象是鮮明的、清晰的、活潑的，觀念則是比較模糊呆鈍的，印象是直接在感覺或感受中的，而觀念則是記憶、想像或認知的對象。

善惡是呈現於心靈而為人所意識的東西，它們當然是知覺的對

象。現在的問題是，它們是印象抑是觀念？當我們意識到一個行動是善或惡時，善惡的分別是人直接感受到的印象抑只是認知的觀念？

上一節說，我們不是通過觀念的比較來認知善惡，因此，善惡的分別就不只是我們腦海中的觀念。善惡是印象，就好像我們看見這桌子是白色的，白色不僅是觀念，而且是印象一樣。

印象有兩種。我們可以通過五官的感覺而有印象，顏色、形狀、聲音、氣味等等屬於這一類。但一切激情 (passion) 也是印象，悲哀、憤怒、妒忌、歡欣、情愛，屬這一類。上面說過，善惡不是可以觀察的、存在於事物中的性質，因此不是感覺中的印象。這樣，善惡的根源只有一個，那即是激情。我們是通過激情感受善惡，換句話說，善或惡是我們的感受。當我們看到謀殺的行為而說它惡時，我們是有一種特別的感受而作這判斷的。

休謨不只是根據邏輯的論證獲得這結論，他是經驗主義者，根據經驗，他發現當人作道德判斷時，總有某種感受，而且也是這感受使他作道德判斷。當我們說一個行為是善時，我們對這行為產生的是喜悅感或讚許的心情。當我們說這行為是惡的時，我們對這行為起的是不快或厭惡的心情。道德判斷或善惡與我們的感受分不開。

休謨不是享樂主義者。他不是說因為這行為帶給人快樂，所以它是道德的。他也不是說道德是手段，快樂是目的。他的意思是，我們之所以會說「甲行為是道德的」這個判斷，是因為當我們看見

或想到甲行為時，我們產生了一種快樂或讚許的感受。同樣，我們之所以說「乙行為是不道德的」這個判斷，是因為當我們看見或想到乙行為時，我們有一種不快或厭惡的感受。

自然，休謨馬上指出，這樣粗鬆的說法大有問題，因為快樂有許多種，吃喝玩耍可以引發快樂，吟詩作對也可引發快樂。在我們經驗裡面，並不是引發任何快樂的行為都是道德行為，都引起我們道德的讚許之情。休謨指出，我們對道德行為所感受到的快樂是一種特殊的快樂，它超越個人利害，有時甚至與個人利益相衝突。我們的敵人如果擁有高貴的道德品格，或作了道德行為，這種品格與行為雖然對我們沒有任何好處，甚至也許只有害處，但我們可以對這品格或行為喝采而加以讚賞。

因此，這種快感是一種特殊的不同於一般與個人利益有關的快感，就好像美感是另一種特殊的快感一樣。休謨稱這種分別善惡、道德不道德的快感為道德感❶。這道德感是分別善惡的根基，也即是道德的根基。有了這種道德感，我們才有道德判斷，有善惡是非的分別，沒有這種道德感，我們就不會有道德判斷，就不會有善惡是非的分別。

休謨之所以認為道德的根基不在理性而在於感受，基本原因很

---

❶　道德感之「感」，休謨的用字有時是 feeling，有時是 sentiment，有時是 sense，參看 *A Treatise of Human Nature*, Book III, Part I, Section II.

簡單，他總是以為理性的功能只在於認知，即產生知識。在經驗上，知識與行為是兩回事，認清客觀事實是一回事，對這事實採取什麼態度、什麼行動是另一回事，兩者之間沒有必然的關係。認知事實是理性的事，但對客觀事實採什麼行動則屬於我們激情的事。上面已經說過，休謨認為，使我們行動或停止行動的原動力是我們的欲望，也即是激情。在這個意義上，休謨和霍布士一樣是一個自然主義者，只有欲望可以作為行動的原動力，理性充其量只能在提供知識上，為欲望服務。

　　休謨將道德植根於感受，原因是他將感受與欲望這種自然傾向歸於一類，因此可以直接影響行動，作道德行動的原動力。在這裡我們可以看到，對於休謨來說，道德感、美感，和其他激情——即其他欲望、感受、情緒——一樣，屬於同一層次，都是一種自然傾向，沒有任何超自然的意味❷。休謨和霍布士不同的是，霍布士的道德的最後根源即一般的欲望，休謨的道德感則雖與欲望同屬自然傾向，但卻是獨立於一般欲望的感受。我們可以基於自己的欲望憎恨敵人，但卻可以基於道德感欣賞尊重敵人的道德品質和道德傾向，也可以基於同一道德感讚賞或貶抑和我們的利害無關的古人的行為。在這個意義上，休謨如果是自然主義者，也是一個多元的自然主義者，而不像霍布士一樣，以一般的自然欲望作為一切行動——

---

❷　參看前書同章同節後半部。

包括道德行動——的原動力與根基。

<h1 style="text-align:center">五</h1>

　　道德感是道德的最後根基或最後根據，這是休謨通過經驗觀察和推論後找到的結論。但休謨並不以此為滿足。他進一步問，我們為什麼在面對某種行為時會生讚許愉悅之情，而面對另一種行為時則起貶抑與不快之情?這個問題好像是在問我們為什麼會有道德感，道德感的根源是什麼。這自然也是一個很有趣的形而上的問題，但休謨是那麼推舉科學方法的經驗主義者，對這樣的玄思式的問題並不感興趣。他這問題的真正意思是，行為中有什麼特性使得我們在面對它時生讚許或不讚許、愉悅或不愉悅之情？這不是向後追溯道德感的根基，而是就經驗現象，查問怎麼樣的行為會引起道德感的反應？

　　休謨這個問題是可以透過經驗觀察來探索的問題。我們只要仔細觀察我們所讚許的行為有些什麼共同特性，所不讚許的行為又有些什麼共同特性，就可以獲致他所要的答案。在這裡我們也可以看出休謨的經驗主義的精神。

　　休謨發現，我們所讚賞、所愉悅的行為，一般來說都是對社會人類有用的行為。像公正、守法、慷慨的行為都屬這一類。我們之

所以以為這些質素為德性，主要原因也是因為它們對社會有利。

　　這個意思聽起來很像效益主義，不同的是效益主義以效益為善，同時以之為道德的目的。休謨則不然。他並不以為效益等於善，也不以為道德是達致效益的手段或工具。在他看來，道德行為當下即滿足了人的道德感，道德行為本身便是目的，而不是以效益為目的。我們不是因為某行為可帶來效益後果，所以以之為道德。我們以之為道德是因為它當下使我們的道德感生愉悅讚許之情。效益不是道德的目的，只是在心理結構上它和道德感有一種連鎖關係——我們的道德感所愉悅的行為許多時候都有效益的趨向，如此而已。

　　不但如此，休謨觀察到，我們的道德感所讚許的行為並不都是對社會人類有利，有些只是對行動者個人有利而已。像在行為中表現出來的節儉、勤勞、審慎等德性，就不一定對社會有直接的好處，而只對行動者個人明顯有利。

　　另外，還有一些行為中表現出來的德性，既非對人有利，也不是對自己有利，但卻是直接或當下使人喜悅的，像幽默、口齒伶俐、莊重、有禮，都不是可帶來效益後果，而是當下使人愉悅的德性。甚至仁慈，它之為德性一部分原因固然在於它有效益的趨向，但一部分也是因為它本身即當下使人愉悅。

　　這樣，我們可以看到，使道德感讚許的行為其實可分為兩大類，第一類是對個人或對他人有效益趨向的，另一類是當下使人喜悅的。

　　第一類的屬大多數，尤其以對他人或社會有利的為然。這裡有一個問題是，道德感何以會讚許對他人有利的行為？人的道德感既然會讚許或喜悅對他人有利的行為，同時貶抑或厭惡對他人不利的行為，這表示在人的心理結構裡，一定有一些質素使人關心他人的利益，雖然這些利益與個人利益無關。這個心理質素是什麼？

　　休謨發現，這種質素是「同情心」。正因為人有同情心，人的道德感才可能對與己無關而有利於他人的行為加以讚許。

　　同情心是對別人的感受有所感受的傾向。別人快樂我也快樂，別人痛苦，我也痛苦。用中國古人的詞語說，這是與他人相「感通」的傾向。

　　人怎麼能和他人相感通呢？或者說，人怎麼能感受到別人心中的感受呢？別人的快樂或痛苦怎麼會使我受感染而同樣快樂或痛苦呢？休謨的答案是這樣的：當我們看見他人面上的表情或聽到他的聲音時，根據過去的經驗，我們知道這個人是在快樂或痛苦中，這是由果推因的結果。表情或聲音是果，快樂或痛苦是因❸。也即是說，我們不是直接感受他人的快樂或痛苦，而是感覺到他人的表情或聲音，再推出他人在快樂或痛苦中。這種由果推因推出的是觀念，不是印象，因此既不是感覺也不是感受。但如果這個人和我有某種關係，如血緣或相似性，我推論而得的此人在快樂或痛苦中的觀念

---

❸　見前書 Book III, Part III, Section I.

就會很強烈而轉而為印象——即快樂或痛苦的感受，我自己也就在快樂或痛苦之中。

這種因果關係的推論也可以由因推果。親友在準備接受可怕的或有危險的外科手術，我看著醫生護士在準備手術的工具，我由這些現象可以推論出親友的惶急害怕的心情。有關這心情的強烈的觀念一轉而為親身的感受，我就自己也在惶急緊張之中❹。

依上面所說，我們可以知道，同情心不是一種特定的情緒或感受，而只是對別人的感受有所感受的傾向。換句話說，同情心沒有特定的內容，像喜怒哀樂各有特定內容一樣。它是以他人的情緒或感受內容為其內容。如果同情心有特定內容，則人就不能以別人的感受為其感受，就不能與他人相感通。

在休謨的道德哲學裡，同情心與道德有著極為微妙的關係。它不是道德的根據。道德的根據是道德感而不是同情心。也即是說以一行為為道德或不道德的是道德感而不是同情心。但同情心卻是使得道德感以許多行為為道德的因素。如果沒有同情心，道德感就不會以慷慨、慈善、公正為德性，就不會讚許這樣的行為。這樣說來，

---

❹　這些對同情心的分析或解釋見之於《人性論》，但在《道德原則探究》中則失去蹤影。休謨維持不變的主張是，他人快樂可以使我感染到快樂，這是事實。何以有此事實，他後來以為無需作答。見 *An Enquiry Concerning the Principles of Morals*, Part II, Section V.

同情心能不能說是道德感的背後的根據？答案是不能，因為有一些德性，像上面說的，勤勞、節儉，又還有一些德性，像莊重、幽默，都與同情心無關，但卻是道德感稱許的對象。

六

上面提到一些德性的名稱。德性是什麼呢？休謨說德性是行為所展示出來的某種品格。因此當我們說某種行為是道德的時，其實是說產生那行為的品格或動機是道德的。行為本身，離開品格或動機，無所謂道德不道德。這個意思很容易了解。人可以玩鎗走火殺人；醫生可以由於診斷錯誤醫死人。倒過來也是一樣，人可以無意中救了人，也可以由於知識判斷的錯誤，布了局想害人但卻結果使那個人獲取大利。如果我們完全不理會品格或動機，只看行為後果，那麼本來想幫助人救人的人成了大壞蛋，本來想害人的人反而成了大好人。

因此，我們通過道德感作道德判斷時，雖然好像是以行為作對象，但其實是以產生那行為的品格為對象。當我們說損人利己的行為不道德時，其實是指它背後的品格不道德。

這樣，當我們說德性時，雖然德性通過行為表現出來，像仁慈、公正這些德性都通過仁慈與公正的行為表現出來，但仁慈與公正等

德性，嚴格說來不屬於行動本身，而屬於人的品格。

在這裡，休謨注意到，德性有兩種，一種是自然的，另一種是人為的。像仁慈、慷慨、溫和等是自然德性，而公正則是人為德性。這兩種德性的分別在於：自然德性的好處在於每一個表現這種德性的行為，每一個仁慈、慷慨的行為都使人喜悅，因此都是好的。但人為的德性則不然，許多時候，公正的行為，並不使人喜悅愉快。它們並不帶來公眾利益，甚至有時還帶給人害處。舉個例子吧，一個窮人向一位有錢人借了一筆錢，借據上說明什麼時候還清債項。由於天災人禍，這位窮人到時還不了錢。仲裁人或法官如果依公正立場迫那窮人還債，可能產生許多不幸的後果；若放棄公正立場，免了那窮人的債項，對那有錢人也不構成什麼損失。在這種情況下，公正顯然比不公正壞。

那麼公正為什麼是德性呢？休謨說公正的好處不在於各公正的行為之中，而在於公正這一類的行為之中，也即是說，是在於公正這種制度。這即是說，即使有些公正行為不帶來好處，反而帶來壞的後果，但從長遠來看，嚴守公正原則比沒有公正原則，對人來說，利多於害。休謨注意到❺，在公正原則下，窮人常常吃有錢人的虧；許多人的辛勞果實，讓一些奢侈淫佚的人白白糟蹋。但即使這樣，公正這種原則與制度仍然對人有利，因此公正仍然是德性。

---

❺　見 *A Treatise of Human Nature*, Book III, Part III, Section I.

　　因此，公正這種德性之所以是人為的而非自然的，主要理由在於公正原則不是根據人性，自然地受道德感所讚許而產生的，它是人設計出來的。人為什麼要設計公正原則呢？在回答這個問題時，休謨先假想了三種不需要公正也不可能出現公正的狀況。第一種情況是，自然資源極其豐富，人不須勞動就可獲得美食，物質上的欲望可以無窮無盡地得到滿足，人不須為生活憂慮與競爭；玩音樂、吟詩、冥想成為人唯一花心思的事；談天、歡笑、交朋友成為人唯一的娛樂。

　　在這種情況下，私有財產制不可能出現，事物沒有你的與我的之分。這樣，沒有人會要求公正。因為當每個人的欲望都獲得滿足，永遠不會衝突的情況下，人的行為就無所謂公正不公正。公正這個字眼失去了意義。

　　第二種情況是，自然資源像我們現在的情況一樣，但每個人都自然地愛護關心別人如同自己。人與人之間沒有妒忌、仇恨、爭鬥。私有財產制度不會出現，人也不會要求公正，因為人不會有意地不公正。

　　第三種情況是另一個極端。自然資源異常缺乏，人無論怎樣團結奮鬥，大多數人仍然會死亡，其他少數人則在悲慘的狀態中捱日子。在這種情況下，自保自存成為每個人的唯一願望和目標，公正沒有了意義。

　　休謨的意思很簡單。根據他對人性的觀察和了解，人有同情心。這使得人除了關懷自己外也關懷他人。但無論如何，人總關心自己多於他人。一般來說，人的同情心不會使人犧牲自己以成全他人，或者使人愛護關懷他人如自己一樣；同時，我們的自然環境並不美好得每個人不用勞力就可滿足其欲望，也不是貧乏到互相團結合作挽救不了滅亡或悲慘的命運。只有在這樣的人性和自然環境下，公正才有意義。

　　這表示公正不是人自然的追求對象。公正只是人在我們目前特殊的狀況與環境下設計出來自利利他的工具。換作任何上述三種情況中的一個情況，這個工具就失去其工具價值而沒有了意義。

　　我們目前的情況為什麼需要公正原則？為什麼公正原則單單在我們的情況下有意義？休謨的解釋是，因為我們需要社會。既然我們的自然環境不是美好得不需要他人的合作就可以富裕地生活，又不是惡劣得人群的合作對生活的改進無濟於事，而是在社會的分工合作下，人可以發揮每個人之所長，可以增長工作效能，可以使每個人生活得更富裕更美好更有安全感，因此人必須合群，結合在一個社會中生活。

　　但正如上面所說，人的天性是關懷自己的利益多於他人的利益，關懷自己的親人多於他人的親人，而這種天性對社會的凝固團結顯然有所妨礙。人雖然有同情心，但也不足以調和二者之衝突。也即

是說，人的自然傾向，不足以使人團結合作。

如果自然傾向不能直接鞏固社會，而社會對人的安全又如此重要，人就必須在自然傾向以外，通過理性，設計出一個補救的辦法，使人的自然傾向不致妨害社會的安全，這即是公正原則。

休謨的公正原則有點像霍布士的和平：

第一，它不是自然天性的產物，而是理性設計出來的工具，最後是為了每個人自己的利益。因為在公正原則下，社會才不會解體，而為了個人利益，社會不能解體。

第二，公正不是一個人或少數人可以建立的原則，這和霍布士的和平一樣，是一種協約。大家同意互不干擾侵害彼此的生命財產。

休謨和霍布士不同的地方是，他不以為這協約建基於彼此的承諾。公正不能建基於承諾；相反，承諾之為一責任，是建基於公正原則。沒有公正原則，承諾沒有任何束縛力。

公正原則建基於人對自利的關懷。關懷是激情，而不只是觀念，因此公正不是純理智而缺乏激情的玩意，它有激情在背後支持。但公正也不是純激情或自然傾向的流露，公正規條的設立有賴於理性。正如上面所說，理性根據我們的特殊自然環境和自然傾向，設計出公正規條，將每個人的自由限制在某一個限度，以達致自利利人的目的。

公正通過彼此的默契而出現，那不是明文的契約或承諾，明文

的契約在公正原則建立之前沒有意義。休謨形容公正這種默契有似於兩個人在划船，或是在人群中出現自然語言。大家為了彼此的方便與利益自然地有了默契，無需任何承諾與契約。

上面解釋分析了公正原則如何建立的問題。現在的問題是，如果公正最後只是自利的工具，它如何成為一種德性或道德責任？當人有把握達致自利的目的，明明知道不公正也不會妨害其利益，公正在這時已喪失其工具作用與價值，他何以仍有遵守公正原則的責任？他的公正品格何以仍然是一種德性？

休謨很了解這是一個問題。他承認，儘管人在開始結合為一社群，建立公正規則的時候，意識到社會的存在與公正原則對於個人利益的重要性，但當社會的人口逐漸增加，同時又擴大為一個國家的時候，公正與個人利益的關係就不那麼為人所注意，而且一些不公正的行為事實上也不見得就會導致整個社會的混亂或崩潰。因此，如果從個人的安全或利益著眼，公正的束縛性在這時就打了一個大折扣。

但雖然如此，雖然在這個時候不公正的行為常常不會直接影響個人利益，但基於我們對於受害者的同情心，我們仍然不喜歡或讚許這種行為，而這正是我們以公正為德性，以不公正為惡的理由。換句話說，公正的起源雖然是出於自利的動機，但公正之成為德性，成為道德感讚許的對象卻是根源於人的同情心。

七

　　休謨是一個全心全力要將所謂科學方法應用於人性研究的哲學家。雖然他只是通過人的日常生活與行為的觀察，作出一些假設性的結論，這些結論是否經得起反覆的驗證，像科學的結論那樣，尚是未可知之數。但由他處理道德哲學的問題，尋找道德的根據，以至於德性的分類與內容，以及公正何以是德性等多種問題，我們都看出他是前後一貫的經驗主義者，都是以客觀的事實作為立論的根據。這種方法與精神事實上也即是科學方法或科學精神的主要部分。就這個意義說，休謨的哲學探討過程與內容，和他所謂科學方法應用於哲學問題的初衷，可以說是一致的。

　　這裡我們要討論的是他的倫理學本身的問題。

　　我們要問的第一個問題是：休謨根據人的心理事實、心理現象來探究道德的根據，是否合法？

　　我們記得休謨以為道德的根據是道德感。他下這個結論主要是因為他觀察到，人對一個人或行為發出道德判斷時，不是發現那個人或行為有什麼善或惡、道德或不道德的質素，而是自己對那個人或行為有喜悅或厭惡、讚許或不讚許的情操或感受。因此休謨斷定說，道德判斷只是這種情操或感受的表達。這樣，道德判斷以至於

一切道德概念，其意義皆決定於這特殊的道德情操或道德感。

在倫理學上，有一個問題是，應然能不能從實然推演而來？也即是說，道德能不能由事實推演出來？這個問題本來也是休謨開始提出，到了現代成為倫理學上一個熱門的爭論話題❻。這個問題或者可以用一個例子來作最簡單的說明。譬如，每個人都說過謊，都常常動淫念，我們能不能根據這普遍的事實推論說，人應該說謊，應該動淫念？

再舉另一個例子：假如社會上一般人都相信，人不為己，天誅地滅，我們是否因此就應該凡事都只為個人利益著想？假如社會上的人士都相信，女子應該三從四德，我們是否可以因此肯定，女子應該三從四德？

上面第一個例子之所以是問題，是因為現實上的行為常常可以犯錯，常常不是我們應該有的行為，因此，我們不能說因為我們常常說謊，因此就應該說謊；常常動淫念，因此就應該動淫念。否則，如果現實上的行為都是人應該有的行為，這就等於說所有的人，無論何時何地，都已做了他應該做的事，都不會做他不應該做的事，每個人就都是最完美的聖人或甚至上帝。在這時，人就不需要再說道德，因為沒有也不可能有不道德；不需追求善，因為不可能有惡。

第二個例子之所以是問題，是因為人的信念，根據過去的經驗，

---

❻　參看 W. D. Hudson, *The Is-ought Question* (London: Macmillan, 1969).

也常常可以犯錯。人在知識判斷上的信念，譬如天圓地方、地球中心說等等固然可以犯錯，在道德上的信念，由於常常夾雜了許多非理性或反理性的風俗習慣和特殊社會結構中的觀念，它的真確性也頗值得懷疑。譬如婦人在丈夫死後應該守寡或甚而殉葬這信念，就只是男權社會中男性權力的反映。

　　上面的例子解釋了何以許多倫理學家以為應然不能由實然推演而來，道德不可以建立於事實上。這個問題在倫理學領域內仍然還是爭辯的題目。但在這裡我們可以問，休謨是否不自覺地將道德建基於事實上？他是否由實然推演出應然？由於休謨是首先提出由實然不可推演出應然的人❼，這個問題對他來說顯得特別重要，即他是否不自覺地犯了他以為不合法的原則？

　　這個問題之所以提出是因為，第一，有人以為休謨犯了這個謬誤❽。第二，在澄清這問題的過程中可以幫助我們更加明白了解休謨的道德哲學。

　　我們在上面敘述分析休謨的倫理學的時候，一開始就指出，休謨雖然以為倫理學的最後目的在於指引人的行為，即告訴我們應該做什麼，不應該做什麼，但實際上，他並沒有做這個工作；他沒有給人行為上的指引，也沒有告訴人應該和不應該做的行為。他的倫

---

❼　*A Treatise of Human Nature*, Book III, Part I, Section I 尾。

❽　見❻。

理學由頭到尾做的都是客觀事實的敘述工作。他由人有道德判斷這個事實開始，追問人為什麼會有道德判斷這種表現，然後他找到一些心理現象，如喜悅與厭惡、讚許與貶抑，作為道德判斷之起源。他的分析與解釋是否令人滿意，是另一個問題，我們要注意的是，他雖然在探討道德判斷的根基以及德性的根源等問題，但他是以它們作為客觀事實來探究，他最後以人的道德感這「事實」來解釋人何以有道德判斷這「事實」，都是停留在事實的描寫與解釋範圍。他沒有說因為「事實」上道德根源於道德感，所以我們「應該」聽命於道德感。如果他這樣說，那麼他就是由實然推出應然。但他沒有說過這樣的話。他從沒有「指示」我們「應該」做什麼，他只是告訴我們事實上我們在說應該不應該這些道德判斷的時候，是在表達我們的道德感受或道德情操。這是一種事實上的報導，這報導可以通過經驗觀察來驗證是真是假，但他沒有從實然推出應然。他沒有說因為「事實」怎樣，所以我們「應該」怎樣。

　　對於休謨的倫理學，我們想提出來反省或討論的是另一些問題。

　　休謨認為道德的根基是道德感，是面對某種行為時喜悅，面對另一種行為時厭惡的感受或情操。休謨雖然以為道德感的喜惡是特別的、超利害的喜惡，但基本上說，一切的感受情操在休謨看來，都屬於激情，屬自然的傾向。道德感也不例外，它和其他情緒感受欲望同屬一層次而沒有任何優越性。

　　這是一種自然主義的看法。休謨雖然和霍布士不同，以為道德的根基不在於人的自然欲望而在於特殊的道德感，但他仍然以為道德感和其他欲望情緒同屬一層次，都是一種自然傾向。

　　現在的問題是，如果一切道德判斷、道德標準皆出於道德感，而道德感又只是自然感情中之一種，那麼當這種自然感情或自然傾向和其他感情傾向相衝突時，何以必須順從道德感而不可以順從其他自然感情或傾向？生我所欲也，義我所欲也，二者不可得兼時，我何以須捨生取義？何以不能捨義取生？如果守約是道德感之所喜、悔約是道德感之所惡，但悔約可得大利，我何以不能悔約？

　　這個問題還可以進一步分析。休謨很清楚，道德感雖然是一種感受或情操，有推動行為的力量，但比起其他欲望來說，它的力量顯然小得多，否則人就自然地成為道德君子，而無須作長久艱難的修養工夫；人也無須設計公正的規則，作互不侵犯的契約。但道德感的力量既然小於其他激情和其他自然傾向，而它的地位又不比其他自然傾向優越，人何以須苦苦作道德修養，以使自己在道德感與欲望相衝突時，順從道德感而不順從欲望？人何以要如此偏愛於弱小的道德感，而對強大有力的欲望橫加抑制？人何以要如此反自然天性？

　　這裡不是說人不需要或不應該抑制欲望以遵從道德規則，而是說如果我們要抑制強有力的欲望以順從弱小的道德規則，這本身就

是一種反自然傾向的意向，這個意向的根據或理由一定不是自然傾向，而是自然傾向以外的某些原則。因此如果休謨要貫徹其自然主義的思想，就不能要人抑制欲望以順從道德律，這樣道德就不再存在；他的倫理學也不再存在。如果休謨仍然認為人有必要抑制欲望以順從道德律，就必須在自然傾向以外找尋理由，這樣他就不再是自然主義者。

　　我們也許可以這樣替休謨的立場辯護：抑制欲望以遵從道德規則是道德感的要求，因此即使欲望如何強大有力，道德感如何弱小，我們仍然覺得我們要抑制欲望以遵從道德規則。

　　但這樣的答覆解決不了問題。道德感只是一種感受，一種激情，作為激情來說，它和欲望一樣，沒有理由可說。譬如我想生存下去是一種欲望，如果我們問：「我為什麼有這欲望？其理由何在？」休謨會說它沒有理由。欲望就是欲望。同樣，道德感為什麼讚許仁愛的行為？嚴格來說也沒有理由，仁愛固然帶來效益後果，但上面說過道德感有時也讚許沒有效益後果的行為。道德感為什麼有時讚許帶來效益後果的行為，有時讚許不帶來這後果的行為？沒有理由可說，道德感就是道德感，它就是這樣發生作用。此所以休謨說道德感是道德的最後根據，如果它後面還有理由或根據，它就不是最後的根據。

　　如果道德感只是如此發生作用，它沒有理由，那麼道德感要人

抑制欲望，遵守道德規則也只是它的作用，何以如此也沒有理由。但同樣，我有生存下去的欲望，這欲望也排斥一切干擾這欲望的事物，當道德規則、道德感干擾這欲望時，它就排斥道德規則、道德感，它何以要生存，何以為了生存而排斥道德規則、道德感，也沒有理由。

這意思很明白清楚。當道德感與欲望相衝突的時候，道德感固然在抑制欲望，欲望也在排斥道德感，二者背後都無須什麼理由。它們本身就是最後的理由。現在如果二者地位相等，甚至欲望的力量還比道德感強大，人何以要順從弱小的道德來抑制欲望，而不順從欲望來排斥道德感，就是一個不能解決的問題。如果我們仍然主張當欲望與道德感互相衝突的時候，要順從道德感而不順從欲望，就必須另有理由，自然傾向以外的理由。

和這問題間接有關的是另一個問題，何以理性不能作道德根基的問題。理性之所以不能作道德根基，依休謨所說，是因為道德可影響行動，而理性不能影響行動。不能影響行動者不可能是能影響行動者的根基。

理性何以不能影響行動？休謨說因為理性的功能只在於發現真與假。但只有由觀念建構起來的命題才有所謂真假，而行動與激情都不是觀念或命題，它們是事實，而事實就是事實，無所謂真或假。既然行動無所謂真假，就不是理性的對象，因此無所謂合乎理性或

不合乎理性，也不能由理性產生或阻止。

　　命題不能產生行動，也不能阻止行動，大概是沒有問題的。正如休謨所說，命題只給我們有關事實或觀念間的關係的知識。如果沒有激情作原動力，知識不可能使我們行動，也不可能使我們不行動。如果一個人對黃金沒有興趣，某某地方有金礦的知識絲毫不能使他跑過去看一眼；如果一個人沒有求生的欲望，某某地方有危險的消息也不能阻止他到那個地方去。

　　但命題不能產生行動不等於理性不能產生行動。自然，依休謨對理性的定義，理性的功能只在於發現真假，只有命題才有真假值，因此只有命題才是理性研究的對象。但這是不是涵蘊著理性不能產生行動或阻止行動呢？恐怕不然❾。

　　上面說，命題是理性的對象，同時命題不能產生行動。但理性的對象不能產生行動不等於理性不能產生行動。休謨說，理性的功能表現於真假的發現上。但發現真假本身即是一種行動。

　　不但如此，發現某命題是真的涵蘊著「相信」那命題是真的，發現某命題是假的涵蘊著「不相信」那命題是真的。相信與不相信是一種態度，一種感受，也即是一種激情❿。依休謨所說，激情可

---

❾　參看 Barry Stroud, *Hume* (London: Routledge & Kegan Paul, 1977), pp. 160–162.

❿　*A Treatise of Human Nature*, Book I, Part III, Section VII.

以產生行動，那麼，理性作為一種激情，或至少涵蘊著激情，何以不能產生行動？

▶ **參考書目**

1. Hume, David, *A Treatise of Human Nature*, London: Everyman's Library, 1949.
2. Hume, David, *An Enquiry Concerning the Principles of Morals*, New York: The Bobbs-Merrill Co., Inc., 1957.
3. Smith, Norman Kemp, *The Philosophy of David Hume*, London: Macmillan, 1949.
4. Broiles, R. D., *The Moral Philosophy of David Hume*, The Hague: Martinus Nijhoff, 1964.
5. Stroud, Barry, *Hume*, London: Routledge & Kegan Paul, 1977.

第 七 章

杜　威 (John Dewey)

一

在前面幾章，我們所介紹討論的大都是自然主義與經驗主義的倫理學。經驗主義是指在方法論上，主張用經驗的實證方法來建立理論的思想。自然主義則是以道德的動機與目的，最終是為了滿足人的自然欲望或自然傾向的思想。

經驗主義與自然主義都是極為接近常識，容易為一般人了解與接受的思想，這是為什麼我們先介紹討論這些思想的主要原因。但根據上面的討論和分析，我們也可以見到，這些理論雖然容易了解，在感覺上容易為人所接受，但分析下來卻也暗藏了不少的問題和困難。我們現在要介紹杜威 (John Dewey)，一個中國人比較熟悉的美國哲學家。原因是杜威曾自稱他的哲學是經驗的自然主義或自然主義的經驗主義❶，聽起來和前面幾章所介紹的是同一種思路的哲學。但實際上他的哲學又受了德國理想主義的影響，因此在面貌內容上與上面幾章所介紹的有很大的不同。事實上他對自然主義和經驗主義這兩個名詞，亦有他獨特的解釋。他所謂自然主義，是指我們的思想和行動都是我們人類這種生命有機體和環境互相交感的表現或

---

❶　見 John Dewey, *Experience and Nature* (New York: Dover Publications, Inc., 1958), p. 1a.

結果。因此人不是超越於自然世界的另一種存在。人的思想、觀念與行動也不屬於另一種超越世界。人是在自然世界中，屬於這個自然世界。這個意思聽起來與過去傳統的自然主義沒有什麼大差別。但不同的是，他並不以為人和其他自然物完全一樣。人的思想和行動，雖然和人的欲望、本能有一定的關係，但並不是完全植根於這些自然欲望和本能之上。人雖然由其他生物進化而成，與其他生物有連續性、相似性，但當生物進化發展為人後，人就有其獨特性，有其自己的行動方式和解決問題的方式，與環境的交感有其更複雜的模式。因此我們不可以完全用其他生物或動物的行動模式來了解人，不可以用自然的本能衝動和欲望來解釋人的行動，包括道德行動、求知的活動和藝術的活動等等。

　　杜威的經驗主義所指的經驗，也不是像傳統經驗主義那樣，只是指感覺經驗。對於杜威來說經驗是人與環境的全部交感活動。因此，感覺經驗固然是經驗，道德活動、藝術活動、求知的活動、追求欲望滿足的各種活動，甚至是宗教活動，都是人與環境互相交感而產生的活動，都是人的經驗。他所謂經驗主義的意思則是指一切思想、知識、觀念和理論都由經驗而起，都以過去經驗為基礎，同時又指導引生未來的經驗，為未來的經驗而服務。

　　杜威於 1859 年出生，於 1952 年去世，享年九十三歲。他的著作很多，涉及的範圍也很廣，從形上學、知識論、邏輯、心理學、

倫理學、藝術哲學、宗教哲學、政治哲學以至文化教育哲學，都有專書，而且基本觀念一以貫之。有人說他是最後一位有大系統的哲學家，雖然可能有點誇張，但比起現代許多哲學家，只能專注研討某一個範圍的哲學問題來說，他的氣魄和胸襟，確然恢宏得多。

杜威不只是理論型的哲學家，他對實際的價值問題，社會問題，特別是教育問題，有真正深切的關懷。他辦過實驗學校，將他的教育理論實踐於實際的教育過程中，反應及效果都很好。現代的美國教育制度和方法，受杜威教育哲學的影響很大。

杜威在中國五四運動之後，曾經胡適之的介引，到過北京大學講學，因此是中國人比較認識的西方哲學家之一。但由於他的哲學理論規模宏大，他的文字又艱澀難懂，因此真正了解他的中國學者並不多。

二

杜威的哲學有一個與傳統西方哲學極為不同的地方，即他的人文中心的思想特別強。他以為一切文化項目，包括知識、道德與藝術，都只為解決人生問題，為豐富人的生活而服務，即使哲學也不例外。事實上，杜威哲學的一個重心即是對以往哲學觀念的批判。在過去，西方傳統哲學的目標是在發現真理，了解真實的世界。因

此，西方的哲學家，主要的目標是企圖建立一個反映真實世界的理
論系統。這樣，哲學史上一個使人迷惑的問題就出現。每一個哲學
家都宣稱他的哲學及哲學方法最能顯示客觀的真理，但每一個哲學
系統彼此之間又互相衝突而不能並存，這種令人沮喪的情況使人懷
疑，哲學究竟能不能達致顯示真理這個目標？如果不能，哲學這門
學科還有沒有它的意義或價值？

　　杜威認為，我們之所以因為不能建立普遍永恆的哲學系統而失
望，是因為我們先有一個錯誤的觀念，以為世界上有所謂絕對的、
不變的、永恆的真理在等待我們去發現。我們一向錯誤地以為，哲
學家的工作，只是在於被動地反映這個客觀外在和不變的真理。這
是一種以自然為中心的哲學傳統。這個傳統之所以錯誤，是因為我
們永遠不可能離開人自己來了解真理。當我們去了解所謂真理時，
我們必然要通過人的問題、人的經驗、人的觀念以及人的解決問題
的方式來了解。因此，杜威認為，真理不是外在於人的自然界中的
真理。真理永遠是人的真理，是通過人的疑難、惶惑，通過人的驗
證程序，使其疑難得到解決的真理❷。真理也不是一成不變的。當
一個理論可以解釋一切現象，解決人的所有疑難時，這個理論就是
真理。但一旦有新的現象出現，新的疑難得不到解決，這個理論就

---

❷　John Dewey, *Logic* (New York: Holt, Rinehart and Winston, 1950), pp. 105–
　　119.

不再是真理。人就必須提出新的假設、新的觀念。通過驗證程序，新的現象可以在這新的假設中獲得解釋，人的疑難重新得到解決，這個新的假設、新的觀念便成為新的真理。

正由於真理不斷地改變，哲學家的任務便是在面對新的時代、新的環境、新的問題、新的疑難，重新估價、反省、批判過去的人所接受了的理論、教條、判準，重新建立新的理論、新的判準。杜威因此說哲學的工作是批判和重建。當人不能面對新的環境、新的時代、新的疑難，重新建立新的假設、新的理論或判準的時候，哲學就死亡。但這也等於說，人的文化就死亡。

這是一種以人為中心的哲學觀，也是以人為中心的真理觀。這和上面所說的西方傳統，以自然世界為中心的哲學觀或真理觀截然不同。以自然世界為中心的真理只是反映自然世界，因此只可能有一個絕對的真理。但由於人永遠不可能超越自己的經驗和理性來了解自然世界，而人通過自己的經驗和理性所了解的自然世界是不是自然世界本身，永遠不可知，這也即表示以自然世界為中心的外在於人的真理永遠不可能為人所知。同時，這種完全撤除人的色彩的真理與人有何關係？人何以必須追求這種完全與人的生命無關的真理？人可不可能追求與人自己毫無關係的真理？都是一個問題。

對於杜威，真理不是外在於人，人也不只是真理的外在的旁觀者。真理在人的疑難中，在人解決疑難的行動中出現。因此真理永

遠是屬於人的真理。人在自然世界中，在群體社會裡，有各種不同類型的疑難與問題。這些疑難與問題不屬於外在的自然世界和社會，也不屬於人自己。疑難與問題是人在面對自然環境和社會環境的刺激中而產生。它們不是純客觀外在，也不是純主觀內在的東西，它是人與環境交感的產物，既有主觀的成分，也有客觀的成分。

由於有疑難、有問題，人因此有迷惑，會徬徨。迷惑與徬徨是由於人不知道如何了解外在的環境，不知道如何應付這些環境的刺激，不知道如何適應環境，使自己能夠在這環境中生存，同時生存得很好。

當人通過探討，通過觀察、反省與推論，找到一個解決疑難的方法或理論，而且經過實際的經驗，證明這方法與理論確能解除先前的疑難，使人更能了解環境、適應環境和應付環境時，這個方法或理論即是所謂真理。

因此真理不是高高在上、在人的經驗之外，屬於上帝或所謂超越世界的真理。不論是知識、道德、藝術，如果有所謂真理的話，都是人為了解決人的疑難、困惑，解除人的徬徨而產生的東西。由於人永遠有新的疑難、新的困惑，因此人也就永遠在尋找新的真理，以解除這些疑難和困惑。此所以人永遠不可能找到絕對、永恆、一成不變的真理，同時真理是永遠隨不同時代、不同的問題而變化的原因。

　　如果這種看法正確的話，那麼歷史上不斷有新的學說、新的理論出現，舊的學說、理論不斷受到衝擊和批評，就不但不是使人沮喪的壞事，反而是值得慶賀的好事。它表示人類有新的活力，在新的時代環境中有敏銳的觸覺，感受到新的問題、新的挑戰，同時能夠運用人的創造力，參考過去的經驗和資料，解決這些新的問題，建立新的理論、新的學說。人與自然環境、社會環境相接觸，由於自己在變，環境也在變，人總會不斷有新的經驗，也必然會有新的疑難、新的問題。人如果不能對這些變化、經驗和問題有敏銳的觸覺，不能運用自己的創造力，而只死守過去的理論、學說和教條，作為了解和面對環境的唯一真理，必然會使人愈來愈不能適應環境，愈來愈不能面對、解決新的問題，結果是人愈來愈衰老僵化而終於死亡。

　　上面這個思想是杜威哲學的基本精神所在。他的一切有關知識、道德、教育、政治和形上學理論，都建基於這個思想前提之上。

三

　　兩百年來西方哲學有一個將知識與價值分家的趨勢，認為知識只是反映事實，價值則是追求理想，兩者屬於完全不同的領域，因此不但有不同的內容，即使在方法上也各異其趣。杜威一直認為這

種兩分法是產生我們這個時代的危機的根源。由於杜威認為一切文化項目和文化活動，都是人為了解決疑難，使自己繼續生存和好好地生存的媒介，因此一切文化活動，都有共同之處。將知識與價值完全分隔，結果是使人忘記了知識與價值都是人的工具，知識與價值觀念因此變得僵化、教條化，與人的活潑潑的生命脫節，也因此人的創造力變得衰弱，人的文化生機萎靡不振。杜威認為我們這個時代的哲學的主要工作即是要將這個歪曲的觀念糾正過來，將科學、倫理學和社會哲學重新合一❸，使人類走回康莊的、正確的大路。

　　自然，杜威所謂「合一」的意思，不是要將過去的自然科學方法原封不動地應用在倫理學的研究上。杜威顯然也了解，倫理學所研究的不只是經驗事實的問題，善惡對錯的準則不可能通過觀察事實的方式而建立，因此倫理學與經驗科學在什麼意義下相通，什麼意義下有其獨特的性質，這個問題要等到我們敘述分析了他的倫理學，才能有一個比較清楚的答案。

　　依杜威，一個行動如果有道德的意義，必然是行動者的品格的表現。一個行動如果不能表現出行動者的品格，即是無意中的偶然的行動，那就無所謂道德或不道德。一個人無意中踩了人一腳，使他掉下火車死了，或者無意中撞倒一個人，使他逃過空中掉下來的

---

❸　John Dewey, *Reconstruction in Philosophy* (New York: Henry Holt and Company, 1920), pp. 75–76.

大石頭，都只是一種意外，是偶然發生的事件。只能說幸與不幸，不能說道德或不道德。因為那不是行動者品格的表現，不是行動者所控制或支配的行動，與行動者沒有關係。

這即是說，一個行動若有道德意義，必然是行動者自覺地為了某目的而做出的行動。目的是品格的表現，不同的品格有不同的目的，由不同的目的可以看出不同的品格。有道德意義的行動既然是有目的的行動，就必然是個人品格的表現。

什麼是品格 (character)？品格是先天抑後天的產物？杜威說，品格是一串習慣 (habit)。每個人對於外來環境的刺激有他一套習慣的反應方式或處理方式。這些習慣決定了他待人接物的態度和行動，決定了他所選擇的行動的目的，也即構成他的個人的品格。品格剛強的意思是說一個人的習慣和諧統一而不衝突，因此一件事發生時，他的反應或處理方式斬釘截鐵，乾淨俐落；性格軟弱是說一個人的習慣互相衝突而不和諧一致，因此一件事發生時，他會三心兩意、猶豫不決，拿不定主意。

我們許多時候將品格或性格的強弱用意志來解釋。意志強的人性格就強，意志弱的人性格就弱。但杜威說，意志也不是先天的心理機能。一個嬰兒沒有意志，意志其實也只是行動的習慣❹。一個

---

❹　John Dewey, *Human Nature and Conduct* (New York: Henry Holt and Company, 1922), p. 27.

有追求金錢的習慣的人，我們說他有追求金錢的意志；有著道德習慣的人，我們說他有道德意志。

　　習慣是後天的習慣。如果品格或性格只是一套習慣，則品格就不是先天或與生俱來，而是後天經驗中培養發展而成。用杜威的話說，那是人的生命有機體與外在環境互相感通或互動的結果。這樣，君子小人，道德或不道德，或甚至剛強或軟弱的性格，都是後天經驗的產物，是人在環境中培養發展而成，與先天遺傳無關。

　　不但如此，杜威進一步說，習慣是行動的習慣，由行動累積而成，而不只是一堆觀念或思想。因此單單有正確觀念、正確思想的人不一定有正確的習慣，也即不一定有良好的品格，不一定是道德君子，不一定不會做壞事。人除了有正確的觀念或思想外，還必須有養成正確的行動的習慣，才能保證他有良好的品格，他才是一個道德君子，不大可能會做壞事。一個酗酒的酒徒，儘管知道喝酒傷身，不應該再喝酒，但在他的喝酒習慣沒有改掉之前，他就仍然是一個酒鬼。這個意思在道德經驗上很容易得到印證。一個習慣於做壞事的人，一旦要洗心革面，常常有心有餘而力不足之感。其實不是力不足，而是積習太深，一朝一夕自然改不過來。同樣，一個從未害過人、殺過人的人一旦要起心害人、殺人也有舉步維艱之感。

　　這個意思許多人都可以同意。但杜威甚至認為，有正確的行動才有正確的思想，只有有良好習慣的人才能真正知道什麼是好，只

有能夠有正確姿勢的人才真正知道何為正確的姿勢❺。在這裡，杜威是在強調行動的重要性，也即強調經驗的重要性。一切思想、計畫、目標都建基在他的經驗上面。離開人的行動與經驗，人不可能有什麼思想、目標或觀念。因此人不可能有永恆的、絕對的、超越經驗的價值標準，因為一切價值標準和觀念都來自經驗。

因此，道德不但不是先天的本性，也不是超越於經驗的純理性的產物。道德觀念、道德標準與道德的品格都是人在與環境互動的經驗中，或者說是行動中培養出來的產物。

個人的行動習慣與社會的風俗習慣有極為密切的關係。就一方面說，我們之所以有群體的風俗習慣，是因為同一個社會的人面對著相似的環境、相似的情況、相似的刺激與相似的問題，因而有相似的反應；但就另一方面說，一個人的行動習慣的形成，又是因為他生活在某一個社會裡，他的行動方式受到這個社會的風俗習慣影響或形成個人的行動習慣，起碼對於一個成長中的小孩是如此。同時，個人的新的行動習慣又衝擊社會，可能引發新的群體的風俗習慣。

由於風俗習慣與個人的行動習慣有著這樣的動態的關係，因此風俗習慣中的道德標準或道德觀念，常常成為個人行事、為人的標準，常常塑造出個人的行動習慣或品格，一個民族之所以有民族性

❺　同上，p. 32.

格，其原因在此。

　　根據上面所說，無論集體的風俗習慣也好，個人的生活習慣也好，都是人在環境中為了面對或解決問題，為了滿足需要而產生的行動模式。但社會的情況在變，個人的情況也在變，農業社會轉變為工商業社會，手工業轉變為機器工業；小孩子變為少年、青年，然後又變為中年人、老年人。不同的情況會產生不同的問題或不同的疑難。過去可以應付適應環境，滿足需要的行動方式，現在可能不再能適應環境和滿足需要。這即是說，過去正確的行動習慣，現在可能就不正確。杜威在這裡要表示的是沒有一成不變的、放諸四海而皆準的道德標準，每一套標準都只是根據過去的經驗，為了解決某一類情況所產生的問題而指示的行動模式。如果情況不同，問題不同，行動模式自然也不應該相同。因此，一個墨守成規，不能與時俱進的人最多是一個迂腐的書生，但卻不是活潑潑的、有創造力的道德君子。

　　但如果一個人的品格表現於他的習慣上面，而他的習慣又受社會的風俗習慣所影響，那麼當社會的風俗習慣已經老化僵化，他自己的行動習慣也只是機械式的反應時，他有無可能衝破這些習慣的束縛，重新面對新環境新問題？如果沒有這可能，那麼人便逐漸為過去的習慣所縛死；個人也好，整個社會也好，便逐漸衰老僵化而失去創造力，人便不再能面對新環境、新問題而提出新的行動方案，

人就走向死亡的道路。

　　杜威根據過去人類的經驗，指出人的心理結構中，有一種能夠使人衝破過去僵硬教條的能力，這種能力杜威稱為衝動(impulse)❻。

　　衝動與習慣不同的地方，在於習慣是後天發展而成的，而衝動則是人與生俱來的原始的活動。它是一切活動，包括飲食男女、經濟、道德、藝術等等活動的根源。沒有衝動，人就不可能作任何活動。在這個意義下，衝動先於習慣，亦即先於我們的品格，而且是習慣或品格的先決條件。

　　衝動沒有目的，沒有法則，沒有方向，也沒有秩序，它只是一股盲目的衝動。因此它不可能分類為不同的本能❼。衝動接觸到外物，譬如食物後，產生了滿足，然後人為了再得到這種滿足，因而以食物為其目的。但有了目的後就不再是衝動，而是欲望。不同的欲望有不同的目的。因此欲望可以根據其不同的目的而分類。但衝動沒有一定的目的，因此不能分類。這即是說，衝動是先天的，欲望則是後天經驗的產物。衝動不能培養，欲望則可以培養。不同的人可以有不同的欲望，有好的欲望的人是好人，有壞的欲望的人是壞人。欲望既然是後天培養而成，因此欲望也是一種習慣，此所以

---

❻　同上，第二部第一章。

❼　同上，p. 131.

欲望與品格有一定的密切的關係。

　　由於衝動只是一股盲目的、沒有方向、沒有目標的活動，單憑這些活動，人不能適應環境、利用環境以生存，因此這些活動必須納入軌道，使其有方向、有目標。而當衝動有方向、有目標、有一定的模式後，衝動就成為了習慣。因此衝動與習慣有著一種動態的關係。衝動需後天的習慣以確定方向，而後天的僵化了的習慣又需衝動來打破其惰性，改變修正其方向❽。沒有習慣，人的行動就只是一大堆衝動，人就沒有統一的目標和方向，人也沒有一貫的統一的人格。但沒有衝動，人就缺乏創造力，就只能依過去的習慣機械式地活動，人就愈來愈頑固，不能面對新的環境、新的問題而作出適當的回應。

　　但衝動如果是盲目的，它在衝破舊的習慣後，如何可能幫助人面對新環境解決新問題？杜威的答覆是，衝動只是幫助人衝破習慣的束縛，使人有創新的活動，但要認識了解新的處境，解決新的問題，建立新的習慣，我們還需要另一個心理質素，那即是睿智 (intelligence)。

　　當環境或情況轉變，舊的習慣不能使人適應新的環境、新的情況，面對新的問題；或者當我們的舊習慣互相衝突，譬如誠實的習慣與愛人的習慣衝突時，我們有三條路可走。一是死守舊習慣，譬

---

❽　同上，p. 126.

如誠實的習慣，結果可能使人終生遺憾。過去許多頑固迂腐的父親，雖然心地動機不壞，但由於不能認清當前的問題所在，只知死守教條，結果產生家庭倫常的悲劇，其原因在此。

另一個可能是訴之於原始的衝動，譬如一個在講究禮節的家庭中長大的年輕人，出來社會做事，忽然面對著一群粗俗不文的同事，他的禮貌不但不能取得同事的欣賞，反而惹來譏笑諷刺或排斥，這時他很可能拋棄過去一切的禮貌，任憑衝動來對待他人。許多彬彬君子忽然會變得放浪形骸，任性妄為，正是因為他發現他的舊習慣、舊方法不能幫助他適應新環境，而他又不知道如何面對新環境的緣故。

上面兩種可能不但在個人身上出現，在一個社會一個民族中也常常發生。一個社會或民族有它的傳統文化習慣，這些文化習慣在過去的歷史中也許扮演過重要的角色，幫助這個民族解決了許多問題。但如果新的情境出現，舊的文化習慣不能解決這個新的情境中的問題，反而產生許多問題時，如果這個民族只會死守舊文化而不能有所創新，這個民族就會失去它昔日的光采，它會衰落，甚至在這個世界中消滅。相反，這個民族如果只會衝動地怪責舊文化的無能，不分美醜，一概拋棄，這個民族仍然不可能因而找到自己的方向，或新的出路。

自然，人有第三條路可走。這即是人通過衝動，由舊的習慣中

解放出來，然後再由睿智發現新的目標、新的方向，將衝動納入這個新的方向、新的秩序中。這意思即是說，睿智要尋找面對新的處境，處理新問題的模式，使人的原始衝動通過這新的模式而建立新的秩序。如果這個新的模式很成功，可以幫助人解決新問題，適應新環境，人就建立了新的行動習慣，人的品格就表現出新的面貌。

根據上面的描述，我們大概可以明白，杜威所說的睿智，其實即是傳統西方哲學中所說的理性。但杜威不願意用「理性」這個字，因為在一些傳統西方哲學的系統裡，理性有超越於經驗世界、自然世界之上，同時又是經驗世界、自然世界的根基的意思，而依杜威，理性或睿智只是一種功能上的字眼。我們在經驗世界中可以發現理性或睿智的功能，同時即通過這些功能來了解理性或睿智。而功能是經驗世界上的功能，因此理性或睿智都是經驗世界的一部分，沒有什麼超越經驗的理性或睿智。事實上，睿智是人這個生命有機體與外在環境互動中產生的一種作用，也即是經驗中產生的一種作用，離開經驗，無所謂睿智，也無所謂理性。

睿智如何工作呢？當我們面對著新的處境時，一些問題出現，過去的習慣不能有助於解決這些問題，我們的睿智要根據過去的經驗，收集一切有關材料，提出解決問題的方案，亦即提出新的觀念、新的假設或新的目標，同時確定達致這新目標、新需要的條件或媒介，和這新目標達成後的各種後果。然後在這新的觀念、新的方案的

指導下行動，看看這方案是否真正可行，是否可以解決我們的問題。

　　這個意思涵蘊著一個反傳統西方哲學的思想。過去的西方哲學，由柏拉圖、亞里斯多德開始，就認為人生有一固定的、終極的目標，一切行動都以這目標作為最後的目的。一個行動的意義，就看它對於達成這目標有沒有幫助。一個行動的是非對錯、道德不道德，也決定於它是趨向於這目標，抑違背了這目標。但杜威很顯然認為，人生沒有什麼既定的、永恆的、終極的目標。目標是在一個特定的情況中，為了對現實情況的不滿，或對應於現實的某種問題疑難而提出的理想。離開特定的情況與問題，離開人與環境的關係，人無所謂目標與理想。因此，人生的目標不是一出生就已經在那裡等待著我們去奮鬥、去追求的東西。目標是人與環境互動中為了解決某種問題與疑難的產品。由於每一個人的情況不同，問題也不同，因此目標也不可能完全一樣。這即是說，沒有普遍的人生的目標。同時，即使同一個人，在不同的階段，也會有不同的問題，因此也會有不同的目標。這是因為人自己在變，環境也在變。適合孩童的目標不一定適合成年人；同樣，適合農業社會的人的目標不必適合工商業社會的人；適合戰爭時期的目標不必適合和平時期。這即是說，沒有固定的、永恆的目標，目標隨不同的階段、不同的情況而轉變。

　　因此，我們不能說某一個目標達成後，我們的人生任務就已經達成，從此可以飽食終日，無所事事。剛才說，人在變，環境也在

變，人與環境的關係也因此在變。這即是說，人總在新的情況中，因此也總會有新的需要，新的問題，必須相應地提出新的目標，新的方案，新的行動。這樣，人生是一個無窮無止的奮鬥歷程，也是無限的創造歷程。人的一生如果只有一個目標，那麼當這個目標達成後，他此後的生命就不再有新的意義，軀體雖在，但生命卻已不能再有所創造而死亡。

根據上面所說，我們應該了解到杜威所說的目標不是抽象的、與行動沒有直接關連的理想。完美的人格或聖人都不是目標。杜威以為目標必然是行動的目標，它直接指引行動，給予行動意義。這樣的目標是可以預見的行動的後果。我們可以預見，通過一系列行動，會出現什麼樣的後果，我們以這預見的後果作為行動的指引，產生一系列的行動，這樣的後果才是目標。因此杜威說目標一定是預見中的目標 (end-in-view)❾。

預見中的目標不在行動之外，而在行動之中。我在寫一篇文章時，完成這篇文章的目標不是在我的寫作的行動之外。我寫每一個字，每一句話，每一個段落，都預見著其目標。這目標在我每一個寫作的行動中。因此，不是當整篇文章寫成，目標才顯現。若是這樣，在文章未完成前的每一行動都沒有意義，這樣，我的寫作的行動就無法進行。正因為我每一個寫作行動都含有其目標，此目標即

❾　同上，第六章。

在每一寫作的行動中，我才覺得行動的意義，才能繼續進行寫作。

　　因此，目標離不開行動，行動也離不開目標。此所以杜威否定人有行動之外，任何人任何情況都適用的目標。目標必然是具體地，相應於特定情況、特定行動的目標，這樣的目標才能指引行動，才賦予行動的意義⓾。

　　預見中的目標與媒介分不開。一個可以預見的行動目標不只是夢想：夢想是我不知道用什麼方法、什麼途徑、什麼媒介以達成的東西。而目標則相反，我知道通過什麼方法途徑或媒介可以達成，這樣的目標即是預見中的目標。

　　媒介常常意味著人要付出的代價。為了達成某一個目標，我必須採取某種途徑，當我採取這途徑時，我常常要付出一定的代價。杜威之不斷強調目標與媒介的關係，正因為他看到，為了達成某種目標，我們總是要付出一定的代價。一個目標值不值得我們追求，常常不是決定於它本身，而是決定於為了這目標，我們要付出多大的代價。而這個問題常常不是能用一般教條慣例可以解決，而必須在該特定情況中看實際的後果而定。此所以杜威不承認有放諸四海而皆準的行為規律或道德規律。一切規律都只是一種由習慣而來的觀念，這些觀念告訴我們過去人類用什麼方法、什麼行動，可以產生最好的後果。但假如我面對著一個獨一無二，前所未有的情況，

⓾　*Reconstruction in Philosophy*, Ch. 7.

這些規律或觀念對我就不再適用。

　　杜威也不承認有至高無上的善，即為了它，可以無條件地犧牲一切其他價值的價值。這等於說，他不認為人可以為目的而不擇手段⑪。一切價值都不是絕對的，都須相對於為它所付出的代價來看它的價值。他借用了查理士・林伯 (Charles Lamb) 的一篇小故事來說明這意思：原始人一直沒有嘗過燒豬的滋味，然後有一天，由於意外，關著豬的屋子忽然起了火。火熄了後，養豬的人在餘燼中碰到烤熟了的豬，當他將燙痛了的手指放在嘴裡止痛時，這才嘗到前所未有的美味。為了想再一次親嘗燒豬的美味，他重新搭房子，將一些豬困在裡面，然後點燃火把，放火燒屋⑫。

　　這個故事聽起來很荒謬。而它的荒謬處正在於將目標與媒介分開，即不考慮其代價，孤立地看目標的價值。

四

　　依上所述，人沒有固定的、永世不變的目標，也沒有終極的至

---

⑪　John Dewey, *Theory of Valuation* (Chicago and London: University of Chicago Press, 1939), p. 42.

⑫　John Dewey, *The Quest for Certainty* (New York: G. P. Putnam's Sons, 1929), pp. 260–263.

高無上的善，也沒有放諸四海而皆準的道德規律。一方面是因為人
的情況不斷在變，一方面也因為善與善、價值與價值、規律與規律
之間，常常互相衝突。而在我們的經驗裡，沒有一個至高無上的善
或目標或規律，可以實際解決這些衝突。我們之所以常常感到徬徨
無助，正是因為沒有一個規律或善有絕對的權威，凌駕於所有規律
或善之上。在這樣的情況之下，我們需要我們的睿智重新工作，根
據當時的情況，確定要追求的目標與其媒介，包括它的代價，以指
引我們行動。

　　有一個問題是和這個意思相關連的：我們如何知道怎麼樣選取
目標？我們如何判別目標的正確與否？根據什麼標準，我們說這個
目標是可以追求或應該追求，另一個目標則不可以或不應該追求？

　　要答覆這個問題，先得看杜威怎麼樣了解價值。根據杜威的分
析，人與生俱來有衝動，衝動發而為許多盲目的活動，這些活動有
時會帶來一些不期而遇的滿足或享受。這種情況在原始人或小孩子
身上尤其容易發生。但這些滿足或享受不即是價值，它們只是價值
的材料。杜威在這裡明顯地表示出與享樂主義或效益主義不同的立
場，雖然他也承認，快樂或滿足或享受與價值之間有極為密切的
關係。

　　杜威用了兩種詞語來表示快樂與價值之間的不同，一是享受，
另一是可享受。當我們說一物為我們享受是在敘述一事實，但當我

們說一物可享受則不是在敘述事實，而是在評價該物⑬。前者是敘述性的判斷，後者是評價性的判斷，所享受的不一定是可享受的。

　　現在的問題是，所享受的如何才能成為可享受的？事實如何才能成為價值？

　　這個問題其實即「實然」與「應然」之間有何關係的問題。這是現代倫理學中一個很重要的問題：「應然」命題可否直接從「實然」命題推演出來？我們可不可以根據事實推演出「應然」的或價值的判斷？

　　當這個問題還未成為現代倫理學家的熱門話題時，杜威已經意識到這個問題的重要性。他的答案是事實與價值之間有很密切的關係，但事實命題不能直接推演出價值命題，事實必須經過一套程序才能成為價值。現在的問題是，這是一套怎麼樣的程序？

　　上面說人許多時候會有偶然的、不期而遇的享受或快樂，這些享受與快樂是人經驗到的事實。但這些事實還不是價值。當人經驗過這些享受與快樂後，想要再重複類似的享受經驗，這時人的原始衝動不能再漫無頭緒地胡亂行動，它必須確定行動的目標，譬如說吃燒豬肉。有了目標後的衝動稱為欲望，但這目標是如何確定的呢？衝動並不能給人目標，衝動要有目標，睿智必須工作，根據過去的

---

⑬　John Dewey, *Reconstruction in Philosophy* (Boston: Beacon Press, 1957), p. 175.

經驗或記憶，假設在怎麼樣的目標下，會呈現那種美好的享受和快樂，同時要確定，通過這種目標來產生快樂，需要付出怎麼樣的代價。當人認為所有的後果或代價可以接受時，於是用行動來達致該目標，以產生過去的那種快樂。假如那種快樂或享受真的再一次出現，那就證明假設是正確的，這時的快樂或享受就不只是一種偶然產生的事實，它是通過反省、計畫、考慮過它的條件與後果，然後產生出來的。這樣的快樂就是可享受的、可追求的，它才是價值。

當情況不變，人的經驗不變，人的目標方向也不變，人的行為就逐漸形成一定的模式，這即是習慣。

但當情況改變了，過去的目標已經完成，不再可能出現；或者縱使達致了這目標，仍然不會產生快樂；又或者目標與目標，價值與價值之間互相衝突，為了要達致產生某一個價值，要犧牲其他許多價值，也即是說，為了它要付出很大的代價。在這個時候，過去的經驗或習慣不再能指示人的行動，人的衝動失去了方向和目標，人又陷入徬徨與困惑之中。

這樣，睿智必須重新工作，選取新的目標，亦即新的價值方向，確定這個目標與其他價值的關係，考慮為了它所要付出的代價等等。

新的價值、新的目標和過去的目標自然不同，但有一定的關連。新的目標是建基於過去已經完成了的目標上面的。一個科學家在擬定新的知識上的目標時，這目標不是憑空擬定的，而是以他以往的

知識為其媒介。因此過去的目標是現在目標的媒介，現在的目標又是未來目標的媒介。過去、現在與未來，通過目標與媒介的關係連結成一個連續性的、不可分割的整體。

現在回到上面的問題：怎麼樣的目標才是正確的，值得我們追求的，是可欲的呢？杜威的答覆是：當我們考慮了這個目標與其媒介的關係，知道這目標達成後會產生的後果，亦即知道為了這目標所要付出的代價，我們仍然認為這目標會給我們滿足，這樣的目標就是正確的，有價值的，是可欲的，值得我們追求的。

這樣，「一物為我們所享受」與「一物是可享受的」，這兩句話的不同在於第一句話沒有表示出此物與其條件及其後果的關係，而第二句話則表示出它們之間的關係。而這些關係是由睿智通過探究的過程來確定的。也即是說，價值判斷要通過探究的過程建立，而探究的對象不只是個別事物的存在，而且是事物與事物之間的關係。這和科學的命題的建立是一樣的。

上面說，假如我們考慮了目標與其媒介及後果的關係後，這個目標仍然可以給我們滿足，這個目標就可以說是正確的，是善的，這樣的說法和享樂主義有什麼不同？

第一，杜威所說的滿足不是人生的目標。滿足有兩種：第一種是偶然產生的。當人的衝動發而為行動，有些行動偶然會帶來滿足或快樂。譬如我偶然看到美麗的風景，聽到美妙的音樂，嘗到美味，

都會產生滿足或快樂。這些滿足或快樂是不期而遇的，不是人預定的行動的目標。另一種滿足是當人面對各種利益或價值的衝突，最後擬定了一個目標，這是考慮了其條件、後果或代價而釐定的目標，這種目標也給我們滿足，但不是衝動獲得滿足的那種滿足。由衝動而起的滿足只是局部的滿足，這些局部的滿足許多時候會互相衝突。譬如睡懶覺的滿足與看日出的滿足互相衝突，但目標給我的滿足則是消融了這些衝突之後的滿足，因此是整體性的滿足，譬如我考慮了看日出這個目標所要付出的代價是不能睡懶覺。我甘願付出這個代價，以看日出為我的目標，這樣看日出會給我一種滿足，那是消融了看日出與睡懶覺的衝突之後的滿足，那是沒有後悔的滿足，是整體的滿足。

杜威認為，當我們擬定一個目標，它可以給我們整體的滿足時，這個目標就是好的、正確的、有價值的。但整體的滿足仍然不是目標，它是人追求或達成目標的後果。要記得杜威所說的目標是某特定的情況中行動的具體目標，它直接指引著行動。我們的目標可能是看日出，可能是聽巴哈的音樂，可能是醫好自己的心臟病。每一個不同的目標都有其特定的媒介，特定的後果，特定的代價。此所以杜威總是說目標是預見中的目標，預見中的目標離不開特定的條件與後果。而滿足則是我們用行動實現此目標或達成此目標的後果。它不能直接指引行動，因為它太抽象，我們不能具體地確定它在特

定情況中的條件與其特定的後果，事實上，杜威認為，滿足是當我們擬定了目標，解決了價值與價值的衝突，消除了疑難時的一種心理狀況。它只是後果，而不是目標。

　　第二，滿足或快樂也不外在於行動。享樂主義者常犯的錯誤是，他們以為行動與快樂是兩件事，行動是手段，快樂是目的。行動完成了，快樂才出現。但若是這樣，每一個快樂便都是極其短暫的。人生的目標若是快樂，人何以能為了短暫的快樂，歷盡艱難困苦，這是一個問題；人生的目的如果是快樂，那麼忍受那麼長期的痛苦，只是得到那麼短暫的快樂，是不是值得，又是另一個問題。

　　杜威以為，行動與目標分不開。當我們作每一個行動的時候，我們都預見著目標，因此目標即在行動之中，給予每一個行動以意義。同時，由於目標與快樂或滿足分不開，當我們預見著目標的時候，就有著滿足或快樂，因此如果目標即在行動之中，就涵蘊著快樂也即在行動之中。這樣，儘管我為某一個目標奮鬥，歷盡艱辛，但在艱辛之中仍然有著滿足，有著快樂。

　　第三，杜威認為沒有欲望，就沒有滿足或快樂；沒有睿智，也沒有整體的滿足 (integrated satisfaction)。欲望與睿智是根，滿足或快樂是果。我們應該致力灌溉施肥的是根，而不是果。同樣，我們應該致力培養的是睿智和欲望，而不是滿足或快樂。

　　第四，欲望與欲望之間常常互相衝突，這表示各種欲望的滿足

之間也常常互相衝突。因此單是說人生的目標是滿足或快樂是不夠的，在指導人的行為上是沒有幫助的。人必須在各個欲望的衝突中找到調和之道，使人不只得到局部的官能上的滿足，而且獲得全人格整體的滿足。這種整體的滿足有待於睿智的工作，行動的實踐，和習慣的堅守。因此在杜威的哲學中，他所強調的不是滿足本身，而是衝動、睿智和行動的合作。

第五，全人格的整體的滿足或快樂不是靜態的心理狀態，而是在行動中和創造中出現的。因此人不能坐在那裡保持快樂的心理狀態。當一個目標完成了後，人若不能重新組織過去的經驗，擬定新的目標，為實現新目標而奮鬥，原先的那種滿足或快樂很快就消失。當人以完成了的目標為媒介或踏腳石，為新的目標奮鬥時，就有了新的期望，新的快樂或滿足。杜威說新的滿足與過去的滿足是不完全一樣的。那是通過新的目標、新的奮鬥而來的滿足，同時又是以過去完成了的目標和滿足為基礎而建立的滿足。這種新的滿足與過去的滿足有連續性，但本身又有創新性，正如新的目標與過去的目標有連續性，但本身又有創新性一樣。因此杜威所說的滿足不但是全人格的、統一的、整體的滿足，而且是生長中的滿足。而生長中的滿足之所以可能，完全是因為人的目標在生長，人的規則在進步，道德生活不斷在創新的緣故❶ 。由於杜威強調沒有靜態的目標、靜

---

❶　　同上，p. 177 & p. 184.

態的規則、靜態的快樂，因此他特別重視「生長」這個觀念，他甚至說「生長」是唯一的目標❶。

　　如果道德生活不斷在創新，不斷在生長，道德人格也在生長中。昨天的道德君子如果今天開始驕傲、懈怠、輕忽，他就再不是道德君子，而是小人；相反，昨天的小人如果今天痛改前非，為新的理想奮鬥，他就再不是小人，而是道德君子。好人與小人不是從他們所已產生或達致的後果來看，而是從他們的行動方向看❶。這是因為人生不是靜態的休止符，而是無窮無盡的奮鬥歷程，道德即在無休止的自我創新或生長的過程中呈現。

　　如果自我的生長是人的唯一目標，杜威的倫理學可不可以說是唯我主義？答案是否定的。杜威認識到，人不是孤立的存在物，而是社會性的動物。他的行動、習慣、語言、思想、適應環境的方式和能力，都是他和他的社群在互相影響中產生出來的。一個人即使滿腦子充滿反社會、反傳統的思想，即使對社會的習俗成規不斷反抗，這些思想與行動仍然是他和他的社會之間的產物。沒有他這特定的社會，他不可能有這些行動和思想，也不可能有他這種反叛的性格。

　　由於這個緣故，個人與社會不可分。離開社會，無所謂個人，

---

⑮　同上，p. 176.

⑯　John Dewey, *Theory of the Moral Life* (New York: Holt, Rinehart and Winston, 1960), pp. 11–12.

起碼沒有我現在這個個人；同樣，離開個人，也無所謂社會。因此，我的社會與我這個人息息相關。我的一切行動不斷在影響著社會，社會的盛衰興亡也影響著我。如果我要關懷我自己，要使自己不斷生長，使自己在追尋各種目標中獲得整體的和諧生長性的滿足，而不只是局部的官能上的滿足，我便也要關懷我周遭的社會。我如果損人利己，棄社會秩序而不顧，我不但在損害他人，損害整個社會，我也在損害自己。我在損人利己中可能獲得某種利益，獲得某種滿足，但也損害了自己整體的滿足，犧牲了自己全人格的無憾的發展。

　　事實上，杜威發現，許多道德問題是在人與其他人的關係上產生出來的。一些行動一般來說沒有道德意義，但當涉及他人時就有了道德的意義。譬如開窗或關窗，這一類的行動一般來說，無所謂道德不道德，但當開窗會危及他人的健康，會使他受涼感冒或甚至肺炎時，這個行動就有了道德的意義，就可能不道德。這是因為一般開窗關窗的情況沒有道德意義，但當開窗的行動影響及他人的健康時，這情況就成為有道德意義的情況。

　　因此不是我們所有的行為都是有道德意義的行為。我們每天起床、穿衣、走路、吃飯、讀書，這些行為都是我們自願的，沒有人強迫我們做的行為，但這些行為發生的情況不是道德情況，因此它們都無所謂道德不道德。只當這些行為發生的情況是道德情況時，這些行為才可以說道德不道德。

　　怎樣的情況才是道德的情況呢？第一，當我們決定作一行為，這行為涉及自己的品格時；第二，當這行為影響到他人時。上面說過杜威認為我們的品格即我們的行為習慣，因此當我們決定作一行為，改變我們的良好行為習慣或改變我們的壞習慣時；或者，它會引生出好的行為方式或壞的行為方式時，這情況即是道德情況，這行為即有道德意義，即可以說道德或不道德。

　　同樣，當我們的行為影響到他人，影響到家庭，或經濟、教育、政治制度，譬如破壞或改良它們的規則時，它們也有道德意義。

　　杜威認為，我們不容易知道一行為是否有道德的意義⑰。許多時候，一些沒有道德意義的行為被泛道德主義者誇大為有道德意義。過去一些男女戀愛的行為被看為不道德是其中一例；相反，一些影響及社會或行動者的品格的行為又被忽略，以為沒有道德的意義。但不管怎樣，杜威以為，一個真正的道德君子必然是關心自己的品格，即自己的行為習慣，同時關心他人，關心家庭、社會、國家，以至全人類，和整個歷史文明的人。

五

　　杜威的倫理學有幾個特點：他重視人的品格，重視動機，但也

⑰　*Reconstruction in Philosophy*, p. 177 & p. 184.

重視行為的後果；他重視睿智，即重視理性，但也重視衝動與欲望；他重視行動與實踐，但也重視理想與觀念；他強調習慣與規則的重要性，但他也強調創新對人的意義；他承認道德規則道德原則有其價值，但他又否定有放諸四海、普遍絕對的行為規範；他是情況主義者 (situationalist)：以為每一個情況都有其獨特性，道德規則是否值得我們遵守，有待於它能否解決這個情況的問題；但他又不是相對主義者 (relativist)，因為他不承認道德規則是相對於不同的社會不同的人而主觀地不同。即使不同的人，如果在相類似的情況，仍然有客觀的解決問題的方式，亦即有客觀的善惡是非。善惡是非不是由個人主觀的好惡而定，而是由睿智通過客觀的探究來決定。

　　就杜威看來，傳統各家各派的倫理學學說都有所偏：有些偏於理性，有些偏於欲望；有些偏於動機，有些偏於後果；有些人主張有絕對的道德原則，有些人以為道德原則相對於不同的社會而不同。杜威是集各家之所偏，而融合成一個新的學說。自然，這個新的學說不只是博採眾說而成，它有其重點。這個重點即是，沒有既定的外在的道德原則、道德標準。道德原則或道德標準是在人的情況中，為了解決問題而通過智慧創造出來的；不是有一些外在的道德原則、道德標準在主宰我們，要強迫我們屈從遵守，而是我們為了自己的幸福，主動地創造一些律則來解決我們所感覺到的問題。原則規則不是主體，它們只是我們的工具，我們自己才是主體。

　　這個倫理學說自有許多發人深省的地方，但似乎也有其理論上的困難。杜威認為一切目標都在具體的、特殊的情況中確定。一個目標完成後，人又有其他的問題，因而又須有新的目標。如此無窮無盡，創生不已，至死方休。這個意思很有見地，很能說出道德的恆常創發性。但由於這個緣故，而否定人有終極的、放諸四海而皆準的人生目標，就似乎只見樹木不見林。在人生路途上，每一個人、每一個階段、每一個情況都有其特殊的、不同的目標，這是不錯的，但當我們問，哪些目標是正確的，值得我們追求的時候，必然須預設一普遍性的標準。也即是說，所有正確的目標雖然各自不同，但必然有其相同的地方，即使其成為正確目標的地方。杜威其實也了解這一點，因此他提出兩個標準：一是整體性的滿足 (integrated satisfaction)。當一個目標不只給我局部的滿足，而能給我全人格的滿足，這目標就是好的，值得我追求的。另一個是生長 (growth)。當一個目標不只使我重複以前的滿足，而是使我感到人格在生長，在發展，在創新；一方面它給我的滿足與過去的目標的滿足有連續性，另一方面這滿足又有創新性時，這目標就是好的，值得追求的。這兩個標準自然不是互相分割的標準，因為整體性包含了生長性，生長性也包含了整體性。

　　在杜威的倫理學中，這兩個標準是很重要的。如果沒有這兩個標準，我們就無法分辨哪些目標是好的，值得我們追求的。在一個

道德情況中，我們之所以常常感到徬徨，無法作抉擇，正是因為有兩個以上的價值或欲望或目標互相衝突。在這個時候，如果我們沒有任何標準，我們就根本無法確定哪一個目標或哪一個欲求更有價值，更應該作為我們追求的對象。

但如果每一個目標，其價值的高下，值不值得追求，都由「整體性的滿足」和「生長」來決定，那麼，人生就不只有許多特殊的目標，而且也有普遍的、恆常的、終極的目標，這就是「整體性的滿足」和「生長」。事實上，杜威自己也承認了這一點，上面就提到，他曾強調「生長」是人生唯一的目標⓲。

因此，目標有兩個層次，引發行動的目標是第一個層次，那是特殊的，因應於不同情況而不同的；但所有正確的目標，值得追求的目標都有其共同性，這共同的性質即是「整體的滿足」和「生長」，這也即是說「整體的滿足」和「生長」是唯一值得我們追求或應該追求的目標，這目標不直接引發行動，但它們決定哪一個特殊目標值得或應該為我們追求與否，那是另一個更高的層次。杜威為了強調特殊的目標而抹殺了終極的目標，是將兩個層次混淆的結果。但他終於又要承認「整體性的滿足」以及「生長」為分別目標好壞的標準，便成為自相矛盾。

這個理論上的瑕疵並不難去除。只要杜威承認有兩個層次的目

⓲　見⓯。

標，除了在具體情況中所擬定的特殊目標外，還有更高層次的、普遍的目標，這個瑕疵自然消失。

但杜威的倫理學還有一個問題恐怕就不那麼容易獲得解決。依杜威，行為的對錯、是非、道德不道德，決定於它的目標是否是好的、可欲的、值得追求的。而行為的目標是好是壞，則決定於這目標能否帶來「整體性的滿足」以及使人「成長」。但怎麼知道一個目標能否帶來整體性的滿足和使人成長呢？杜威說這要通過睿智的探究過程，像科學家解決知識上的難題一樣，收集材料、提出假設，然後用行動求證。換句話說，杜威認為，道德不道德，最後決定於認知過程，這是杜威倫理學的精華所在。他認為道德與科學的目的都是為解決人的問題，而它們解決問題的方法也不應有什麼不同。他自覺地想將行為原則變得像自然律則那樣，可以客觀地探究驗證，有客觀程序步驟可以遵循，因而其有效性也有客觀的根據。

問題是，科學家只問真假，不問善惡。一個科學的假設是真是假不能預知，最後必訴諸實驗。科學家解決一個問題，常常會提出無數後來證明是錯的假設，但最後只要找到一個證明是真的假設，這位科學家就是成功的科學家。換句話說，在科學的世界裡，可以承受無數次的錯誤。如果道德的真理像科學的真理一樣，那就表示人可能要嘗試追求無數次錯誤的目標，作了無數次的惡行以後，才能找到一個好的正確的目標，才能有真正的道德行為。這樣，人生

在世，錯誤的目標必多於正確的目標，惡行必多於善行。非整體性的滿足必多於整體性的滿足，墮落枯萎必多於成長，這樣的人生怎麼可能是幸福的人生？

上面的說法還假定了人可以一錯再錯，像科學家一樣，可以不斷提出新的假設，直至在實驗中找到成功的假設為止。但在行為或道德世界裡，實際情況並不給我們那麼多犯錯的機會。一失足常常成千古恨，沒有機會再回頭做新人了。一個人在國家危難中給人發現做了叛國賊，常常就不再有機會為國盡忠；一個負心的丈夫迫得妻子自殺，就沒有機會再對其妻子盡丈夫的責任。行為世界比科學實驗室殘酷得多，是不容許人一錯再錯，慢慢實驗的。

不但如此，科學家在決定接受一個假設之前可以耐心等候，直至有充分的證據出現為止。但在道德情況裡，人常常必須在一瞬間作出決定，沒有猶豫的時間。史可法接到多爾袞的勸降書時不能慢慢研究投降或不投降的好處，他必須立即決定。許多重要的決定無不如此，都是時機一縱即逝，不容等待的。道德或不道德，殺身成仁或捨仁取生，常常即在一念之間。

上面的分析都表示將道德類比為科學知識，有其不可解決的困難。主要的問題在於知識常常非人可以控制，常常有人所不能主宰的錯誤；而道德則必須為人自主。將道德類比為科學知識，結果是使得人是否道德也不能自作主宰。

▶ 參考書目

1. Dewey, John, *Reconstruction in Philosophy*, New York: Henry Holt and Company, 1920.

2. Dewey, John, *Human Nature and Conduct*, New York: Henry Holt and Company, 1922.

3. Dewey, John, *The Quest for Certainty*, New York: G. P. Putnam's Sons, 1929.

4. Dewey, John, *Theory of Valuation*, in *International Encyclopedia of Unified Science*, Vol. II, No. 4, Chicago: University of Chicago Press, 1939.

5. Dewey, John, *Theory of the Moral Life*, New York: Holt, Rinehart and Winston, 1960.

第 八 章

康　德 (Immanuel Kant)

一

　　前面介紹了西方倫理學的一些學派。這些學派雖然各有特色，也各有不同的貢獻，但我們回想一下就發現，這些不同學派都有一些相同的地方。第一，在方法論上，它們大都是經驗主義者。即以觀察人的行為和人的道德規範為起點，來歸納出道德原則。第二，這些學派大都是自然主義者。即把人看成自然人，人的行動，包括道德行為在內，其根基在人的自然欲望。第三，這些學派大都是目的論者。以為每一個行為，包括道德行為在內，皆有其目的。因此，一個人作道德行為，或是為了快樂，或是為了幸福，或是為了滿足其欲望等等。也即是說，它們都不認為人是為道德而道德。它們認為就人性來說，為道德而道德是不可能的，不可思議的，因為這等於說人可以自覺地不為任何目的而做一件事。

　　經驗主義、自然主義與目的論，都是容易了解、容易使人接受的學說，因為它們接近常識，或者說，與常識不相衝突。現在我們要介紹一位哲學家的學說，既非經驗主義，也不是自然主義，也不是目的論。在西方倫理學的傳統中，這學說不是主流，而是異軍突起，獨樹一幟的學說。但這個學說自有其精采處。一些過去倫理學不能解決的問題，可能在其中獲得解決，或者說在其中得到一些啟

示。自然，也正由於它別走蹊徑，與常識的思路有些距離，因此不容易一下子了解或接受。要了解這個學說，是需要一些耐心、一些專注力和分析力的訓練的 。 這個學說的建立者就是康德 (Immanuel Kant)。

康德生於西元 1724 年，卒於 1804 年，是十八世紀時的德國大哲，許多人認為是近代西方最偉大的哲學家。他早年服膺理性主義，但後來讀了英國經驗主義的大衛・休謨的著作後，承認受到很大的震撼。他形容說，他從獨斷的噩夢中醒了過來。

但康德並未因此成為經驗主義者。他雖然承認在知識上，人必須通過經驗所給予的材料，才可以對我們的世界有所認知，但他認為單是經驗材料，也不能建立像物理學和數學那樣有普遍性的知識。要建立普遍性的知識，除了經驗材料以外，還需理性所供應的範疇。就這樣，他綜合了理性主義和經驗主義，以為在知識的建構上，理性與經驗都同樣重要，都扮演不可缺少的角色。

至於在道德哲學上，他與經驗主義的距離就更大。他在知識論和形上學的領域裡雖然受休謨影響很大，但在道德哲學上卻完全不能接受休謨等經驗主義的進路。這一點在第二節會詳細討論。在這裡我們只簡單指出，他以為我們找尋建立道德的根基時，絕不可以用經驗主義的觀察歸納的進路。他最後找到的道德根源，也不在於人的經驗對象，而在於理性。

　　康德不但在思想上有深度，在知識上也很博學。他在大學裡教過邏輯、形上學、道德哲學，也教過物理學、數學、地理、人類學、教育學和礦物學。事實上，他早年對自然科學曾發生很大興趣，做過深入的研究。在里斯本地震後，他寫了有關地震理論的文章；他也寫過關於風的文章；又曾寫過文章，討論歐洲的西風之所以潮濕是否因為越過大西洋的緣故。

　　康德的生活以規律著名。他每天早上五時前起床，上午備課及上課，然後寫作。中午時喜歡邀請各類型的朋友一同午餐和聊天。下午他會到外邊散步一小時。由於他每日散步時間很固定，他的鄰人常常以他的出現時刻來校對鐘錶。晚上他用來閱讀和沉思，大約十時左右就寢。只有一次，康德的作息時間被攪亂了好幾天。那是因為他在讀盧騷的《愛彌兒》，深深被這本書的文采和內容吸引住，因而忘記了時間，可見盧騷的思想對他也有一定的影響。他的道德哲學強調每一個人都是目的而不只是工具，這思想可能就是來自盧騷。

　　康德是一個溫和及喜愛結交朋友的人，雖然並不富有，但經常賙濟窮人。他對人誠懇有禮，尊重他人，包括低下層的人士。他在大學讀書時是品學兼優的學生，教學時是很能啟發學生思想的好教授。他的學生、同事以及一般認識他的人都喜歡他。這種性格雖然一部分與天生的氣質有關，但毫無疑問，主要是來自後天人格的修

養。他的哲學、人生的信念及行為是互相一致的。

二

上一節說過，康德與許多倫理學家在開始點就很不同。許多人在建立道德哲學，在找尋道德的根源或原則時，總想通過經驗的方法，總以為離開經驗，我們就無法建立任何可以證立的道德理論。但康德由始至終，就聲明他的道德哲學是一種純哲學，即不是由經驗歸納出來的哲學，是離開經驗成素而建立的哲學❶。這種所謂先驗的道德哲學一直引起很多人的非議與誤解。但康德之所以撤棄經驗方法，而建立先驗的道德哲學，是有他的理由的。

我們日常的道德判斷或道德規則，有一個和知識上的判斷極不相同的地方。有一種知識判斷可以用經驗來證明或否證，譬如「金屬加熱則膨脹」是這一類。另外一些判斷則不需用經驗來證明其真假，像「白色的粉筆是白色的」，它的真假不是決定於經驗，而是決定於矛盾律。

但道德判斷或道德規則則很不同。像「撒謊是不道德的」；或「不可撒謊」、「不應撒謊」這些有關道德的句子。第一，它們都不

---

❶　Immanuel Kant, *Fundamental Principles of the Metaphysic of Ethics*, trans. by Thomas Kingsmill Abbott (London: Longmans, 1962), pp. 2–6.

能用經驗證明其為真或假，因為不管我們見過聽過多少人撒過謊，都不能證明這些話為假；同時不管多少人說過這些話，都不能證明這些話為真。第二，這些道德判斷、道德句子也不是分析命題，因此也不能用矛盾律來分辨它們的真假。

現在的問題是，如果道德判斷或規則，既不能由經驗，也不能用矛盾律來證明或否證它們的真假，我們怎麼樣分辨哪一些道德判斷是對，哪一些道德判斷為錯？當兩個人對同一個行為作出兩種完全不同的道德判斷時，我們怎樣確定哪一個判斷更正確，更值得我們接受？

對於倫理學家或稍微對道德問題有所關心的人來說，上面這些問題都是極為重要的問題。如果我們沒有一個客觀的標準，來分辨道德判斷的正確與否，那就等於說，是非、善惡、道德不道德，根本沒有客觀的意義。你以為善的我可以以為惡，我以為對的你可以認為錯，這樣，道德就只是個人愛好或欲望的代名詞，它沒有本身的獨特的意義、地位與價值。它不可能有指導人生的功用，正如個人主觀的愛好和欲望沒有指導人生的作用一樣；它也不能協調人與人之間的關係與行為，因為它沒有客觀的普遍的準繩。

但在實際生活上，每一個人都會承認，道德並不是一個沒有意義的名詞。人的行為、追求與計畫常常受到道德規則的約束，人與人之間的關係也受到道德規則的規限。但道德若有其意義，則必須

假定它有普遍性和客觀性。這裡說的普遍性不是說我們人類實際上有一些大家都接受或在遵守的道德規則。相對主義者說每一個社會結構文化模式都各自有其不同的道德規則，這固然是事實，但這事實不能否定，當我們說這是一道德規則時，就涵蘊了一個意思：即我們認為這規則是每一個人在相類似的情況下都應該遵守的。任何一個規則如果不含這個意思，我們就不會將它看作道德規則。這即是道德必然涵蘊普遍性和客觀性的意思。這也是康德為什麼在他的道德哲學裡，一開始就說，我們的道德觀念或道德原則，已經涵蘊了普遍性的緣故❷。在康德看來，一方面肯定道德責任，一方面又否定它的普遍性，對於我們的理性，是不可思議的，因為沒有普遍性的規則，我們怎麼可能接受它為我們的道德責任？

但正如上面所說，如果道德判斷既不能用經驗來檢證，又不能用矛盾律來證明，我們怎麼能夠肯定道德判斷的普遍性和客觀性？我們怎麼知道自己的道德判斷不會錯？當兩種道德標準衝突時，我們怎麼知道哪一個標準更好，更應為我們所接受和遵從？

這個問題是貫串著康德整個道德哲學的中心問題。我們可以這樣說，康德的整套道德哲學，就是想要在經驗和矛盾律以外，找到

---

❷ Immanuel Kant, *Critique of Practical Reason*, trans. by Lewis White Beck (New York: Liberal Arts Press, 1956), p. 17; *Fundamental Principles of the Metaphysic of Ethics*, p. 4.

客觀普遍的道德理據，這個理據可以說明道德規則、道德判斷的合法性和可接受性，同時當兩種道德判斷互相衝突時，可以幫助我們分辨它們的高下、正確或不正確。

　　經驗之所以不能用來作道德的根據，我們還可以這樣說明：一般用經驗方法來建立道德原則的人，大概都是觀察過去人類的道德經驗、道德規範或道德觀念，歸納出一些原則，然後即以這原則作為道德的最後最高原則；另外一些經驗主義者，則是先提出一個假設，解釋道德原則之所以產生的原因，然後提出多種經驗上的證據，來支持這個假設。

　　但在康德看來，像這樣用經驗歸納出來，或用經驗作支持的道德原則，充其量只是過去人類實際上曾經接受過的原則，或一直到現在人類仍然在遵守的原則，但不是人類有責任接受的道德原則。譬如：邊沁說，我們應該遵守效益原則，因為效益原則事實上是我們所有人在判斷一個行為對或錯時的最後標準。但我們可以問：我們為什麼有責任接受一個過去的人都接受的標準？過去的人的標準何以對我們有這種強迫性和約束性？用康德的話說，它何以有必然性，有義務性❸？

　　這個問題其實即實然不等於應然的問題。我們一般人實際上接受了什麼原則屬實然範圍，可以用經驗來檢證其真假；但我們應該

---

❸　*Fundamental Principles of the Metaphysic of Ethics*, p. 4.

接受什麼原則屬應然範圍，永遠不能用經驗事實來證明它的正確與否。事實怎樣是一件事，應該怎樣則是另一件事。

上面說了那麼多話，解釋了康德何以認為道德哲學不能用經驗方法來建立的理由。但許多人可能會問：第一，如果道德哲學不用經驗來建立，道德和人的經驗生活還有沒有關係？它能不能在人的經驗生活中，指導人的行為？第二，離開經驗，道德哲學建立在什麼基礎上面？

對於第一個問題，康德很明確地表示，關於道德的問題，有兩種學問，一種是研究道德的理據的學問，另一種是道德的原則如何與經驗結合的學問。前者是康德所謂純道德哲學，後者是屬經驗知識，康德稱之為實踐人類學，相當於今天的心理學❹。

因此，康德不是將道德原則與人的經驗分割開，他也不是忽視道德教育與道德經驗的重要性。他只是認為，如果我們要找尋含必然性和普遍性的道德原則或道德理據，必不能用經驗的方法，因為經驗的方法與進路所找到的道德原則，不含普遍性和必然性，它永不能解釋人何以有遵守這原則的義務❺。但當我們另覓蹊徑，找到道德原則後，這原則自然必須能實現於日常生活中，以成就道德人格和道德的生命。但道德如何與人性結合、實現在日常生活，這個

---

❹　同上，p. 2.

❺　同上，p. 4.

問題雖然重要，但不是純道德哲學的研究範圍。純道德哲學的工作是在於探討道德的根基，而不是這根基如何在經驗生活中實現。

　　至於第二個問題，即道德建立在什麼基礎上這問題，也不是一個真問題。因為康德雖然不是以經驗歸納的進路來建立道德原則，但正如拜克 (Lewis White Beck) 所說❻，康德在《道德形上學的基本原則》一書中仍然是以道德經驗作為他的起點。他和經驗主義者不同的地方在於，他不是以這些經驗作材料來歸納它們的原則，而是以這些經驗為基礎，向後找尋這些經驗之所以可能的先驗條件或先驗根據。歸納經驗資料所成就的是經驗知識；而康德這種由經驗向後追溯其先驗條件的方法，所成就的是哲學。在《實踐理性批判》中，康德用的方法雖然不同，但在內容與精神上是一以貫之的。由於《道德形上學的基本原則》這本書的進路較易了解，這裡闡釋康德道德哲學基本上使用的是這種進路，在某些問題上再以《實踐理性批判》作補充。

三

　　康德認為，有一個事實是每一個人的理性都會肯定的。這事實即世界上只有一種東西是無條件或無限制的善，這即善良的意志。

❻　*Critique of Practical Reason*, p. 7.

　　善良的意志之所以是唯一無限制、無條件的善，是因為：第一，一切其他我們認為好或善的事物，都只在善良意志之使用下才是好的。外在的權力、財富、榮譽，如果沒有善良意志使用它們，可以引發驕傲，使人妄自尊大；內在的聰明、機智等心靈上的才能，以及膽量、果決、堅忍等氣稟上的品質，在邪惡的意志使用下，可以成為極端的惡的工具。甚至溫和的性情、自我的節制和冷靜的思慮，雖然好像是人格內在價值的一部分，但如果沒有善良的意志，仍然可成為極端的惡。

　　第二，善良的意志之所以為善，不是因為它所達成的好的後果，也不是因為它可以完成預期的計畫或目的，而是因為它本身即善。即使由於不幸，一個善良的意志無論如何努力，也毫無成就，不帶來任何好的後果，但這個人的善良意志仍然像珠寶一樣，閃閃生光；它產生的後果，不管是好是壞，對於它的價值，既不能增加一分，也不會減少一分。

　　根據上面兩個理由，康德說，我們每一個人的理性都會承認，善良意志是唯一無條件、無限制的善。

　　現在的問題是，怎樣的意志是善良的意志？或者說，構成善良意志的條件是什麼？

　　康德的答覆是：善良的意志即是為責任而行的意志。這句話的意思不很清楚，因此我們根據康德的意思作以下的說明：

第一，有些行為是為了滿足個人的欲望，同時與責任相衝突的。譬如為了物質的享受而殺死無辜的人，這樣的行為顯然不是出於善良的意志。

第二，有些行為，其動機是為了滿足個人的欲望，但與責任不但不相衝突而且一致。譬如一個商人童叟無欺，誠實可靠，不是因為他認為他有誠實待人的責任，而是因為這樣可以賺取更大、更長遠的利潤。這樣的行為不是壞的行為，不是出於壞的意志，因為它與責任不衝突，但仍然不是善良的行為，不是出於善的意志，因為它不是為責任而行的行為。

第三，還有一些行為，不是為了滿足欲望，而是其本身即人之所欲；而這些行為又和責任相一致而不衝突。譬如每個人都有本能地求生的欲望或傾向，而維護生命也是每個人的責任。這樣，當一個人在生命有危險時，極力保全其生命，這種行為，如果其動機只是來自其本能欲望，而不是因為他認為他有責任生存，這種行為與第二類的行為一樣，不是壞的行為，不是出於壞的意志，但仍然不是善良的行為，不是出於善良的意志，因為它仍然不是為責任而行的行為。

但假如一個人在生命中嘗盡憂傷與痛苦，對生命已失去了興趣與欲望，但為了人有生存下去的責任，而繼續忍受痛苦，想法子生存，這樣的行為就是為責任而作的行為，其意志才是善良的意志。

　　同樣，一個生而有同情心的人，在同情他人和幫助他人中獲得快樂。如果這種幫助他人的行為，其動機不是出於他的責任，而只是出於其天生的自然傾向，這樣的行為雖然可喜可愛，甚至值得稱讚鼓勵，但其意志仍然不算是善良的意志。

　　但假如一個人生而孤僻，對他人沒有同情的傾向；又或者當一個人內心充滿了憂傷與痛苦，因此對他人的災難已經麻木到引發不出同情之心，在這個時候，他仍然為了做人的責任，而盡力幫助他人解除苦難，這樣的意志才真是善良的意志。

　　我們現在應該明白康德的意思了。意志是否善良與後果好不好無關，也和天生的自然氣質無關，主要的關鍵在於其行為的動機是否出於其責任。康德對善良的意志界定得這樣嚴格，嚴格到似乎不近人情的地步，但他是有其理由的。他的意思是自然傾向或氣質是天生的，有人生來天性純厚，有人個性孤僻。如果意志的善良與否決定於這些氣質與傾向，那麼，第一，一個人的善良與否就由天生的氣質傾向所決定，而非由自己決定。天生下我純厚而富同情心，我就善良；天生下我孤僻冷漠，我就不善良。這樣善良與否完全由命運支配，非一個人可以自主，有什麼值得尊敬和責備？

　　第二，善良的意志即我們通常所謂道德意志。如果氣質與欲望是善良意志的根據，那麼也即是道德意志的根據。但氣質與欲望人人不同，沒有普遍性。這樣，人是否可能善良或道德，也就沒有普

遍性。有些人可以有道德的品格，另一些人就不可能有道德的品格。但凡是道德的都是我們應該做的，而我們應該做的必然是我們有能力做的。人沒有能力做的就無所謂應該不應該，也無所謂道德不道德。這樣，以氣質或欲望作為善良意志或道德意志的根據，結果一定會使得許多人沒有能力做他應該做的事，這樣使得「應該」和「道德」都失去了它的意義。

現在，依康德，善良的意志是為責任而行的意志，但「為責任而行」又是什麼意思？

上面已經說過，為責任而行不是為了滿足自己什麼欲望，達致什麼目的，也不是為了順從主觀的願望或個人的自然傾向，因此，康德說，為責任而行的意思只有一個，即為了律則而行，也即是由於尊敬律則而行，因為責任涵蘊著律則的意思。

康德這裡所說的律則不是某個地方的法律或某種律則。我們主動地遵從某地方的法律或律則總有其特殊目的，或是為了滿足欲望，或是消除恐懼，或是為了整個社會能夠繼續存在，但為責任而行既然不可以為了什麼特殊目的，這裡所謂律則就不是某地方的法律或某種律則，而只是律則本身。律則本身不含任何特殊內容，它是一切律則之所以為律則的共同性質。所有不同的律則，抽掉了它們的特殊內容，所剩下的共同性質是普遍性，因此康德的意思是，只當我以普遍性來決定我的意志時，我的意志才是善良的意志，也才是

道德的意志；也只有這樣的意志，才稱得上是無條件的善，是絕對的善。因為它的根據不是個人主觀的氣質或欲望，而是律則本身，普遍性本身，這是凡理性的存在皆可了解和肯定的，也是凡理性的存在皆可以遵從的。

康德以為，上面這些分析是合乎我們一般人的理性的。因為當我們想像兩種行為，一種行為是為了達致某後果，滿足某種欲望或天生的傾向，另一種則完全不計較今生或來世的利益，只是為了律則而作，我們所尊敬的必是後者，而不是前者❼。譬如一個人在海中游泳時抽筋，氣力不繼，快要溺死時，岸上兩個人都跳下水去救人。一個人是為了這樣做可以滿足自己的英雄感，可以使自己快樂，另一個人則是由於這是律則，是自己做人的責任，我們會較為尊敬後者。

四

上面一直在解釋何為善良的意志。按照康德的說法，所謂「意志」，即自覺地依照某原則來行事為人的機能。一般的動植物都被動地、不自覺地依照自然的律則來活動。只有人，由於是理性的存在，可以主動地、自覺地依據某種原則來行動。因此動植物沒有意志，

---

❼　*Fundamental Principles of the Metaphysic of Ethics*, pp. 32–33.

只有人才有意志。自覺地依據原則來行動是理性的行動，因此康德說意志即理性，理性表現在建構知識時稱為「思辨理性」，但表現在指揮行動時稱為「實踐理性」，因此康德說意志即實踐理性❽。

　　意志如果完全受上面所說的律則或普遍性所決定，它就是善良的意志。但人的意志也常常受主觀的自然傾向所影響，因而依據之而行動的主觀原則常常不合乎客觀的律則。譬如，人在作一些自私的行動時會說「人不為己，天誅地滅」，這即是不合乎上述律則的主觀原則，因為它不含普遍性。它是受主觀的欲望衝動所影響而產生的原則，這樣的意志就不是善良的意志。

　　律則與主觀欲望衝動情緒無關，它是理性的原則，是對所有理性存在皆有效的原則，因此是客觀的原則。

　　由於意志可接受客觀原則的決定，也可以受個人欲望的影響而不接受客觀原則的決定，因此對於我們有自然傾向和欲望的意志來說，理性的客觀原則不是自然地就可實現於我們的行動中，而是含有強迫的意味。也即是說，當我們要抗拒自然傾向而去服從客觀原則時，是帶著強迫性的。因此客觀原則對於我們的行動來說，不是自然的傾向，而是一種命令。這種命令用公式表達出來時，就稱為令式 (imperative)。

　　正因為客觀原則對於我們是一種令式，因此我們通常用「應該」

---

❽　同上，p. 35.

這字來表示其強迫性。康德為了說明理性的客觀原則和我們人類的意志含有這種特殊的命令關係，他用上帝的意志來作對比。上帝是純理性的存在，因此祂的意志不受情緒、欲望等主觀因素所影響，這樣客觀原則對於其行動來說，就是自然的表現，而不帶強迫性，因而它不是命令。

現在，康德說，理性給予我們意志的令式有兩種。第一種令式是為了達致某種目的而發出的，這稱為假言令式 (hypothetical imperative)，第二種令式則不是為了達致任何目的，它所命令的行動本身即是善，這種令式稱為定言令式 (categorical imperative)。假言令式是有條件的命令，即為了達致某目的，你才應該這樣做，如果不是為了這目的，則這命令就沒有了意義。定言令式則是無條件的，與目的無關的，不管你有什麼目的，你都應該這樣做。因此，假言令式通常這樣表示：「如果你要達到某目的，則你應該這樣做。」定言令式則通常這樣表示：「你應該這樣做。」

假言令式又有兩種，一種是它所要達致的目的只是可能的，不是每一個人都追求的，這種假言令式是或然性的假言令式。譬如：「如果你想身體健康，你應該戒菸。」這是或然性的假言令式。因為身體健康這個目的，不是每一個人都事實上追求的。如果這個人不想身體健康，那麼應該戒菸這個命令對他就沒有意義。

另一種假言令式是它所要達致的目的是每一個人都想要的，這

種假言令式是實然性的假言令式。譬如：「如果你想幸福，你就應該有道德的品格。」這是實然性的假言令式，因為幸福是每個人依其人性都實際上想要的。但這個令式仍然是有條件的，是為了達致幸福這目的而產生的。

　　說到這裡，我們應該明白，西方傳統倫理學中的主流思想，都是將這種實然性的假言令式，看作是道德的根基所在。因為依照他們的看法，道德行動本身不是目的，而只是達致幸福的工具或手段，如果它們不能帶來幸福，道德行動就失去了意義。

　　但康德以為，假言令式是不能作為道德的根基的，因為所有假言令式都含主觀成分，因此沒有普遍性、客觀性與必然性。而上面已經說過，道德必須含普遍性與客觀性。我們的理性不可能接受有些人必須遵守，另一些人在同樣的情況下又不須遵守的道德規則。當我說「你應該公正對人」時，必涵蘊「我也應公正對人」。所以當一個人對別人說「你應公正對人」，而同時又說「我可以不公正對人」時，我們的理性會說，這個人自相矛盾或不一致。這即是說這個人的道德規則或道德信念沒有普遍性、客觀性，沒有普遍性、客觀性的規則我們不會認為有必然遵守的責任，它沒有必然性。

　　或然性的假言令式沒有普遍性和必然性是很容易了解的，因為這種令式是為了達致沒有普遍性的目的而產生的。它們的目的既然沒有普遍性和必然性，為了達致這目的的命令自然也沒有普遍性和

必然性。

　　但實然性的假言令式，既然其目的是幸福，而幸福是每一個人實際上追求的，為什麼這種假言令式仍然沒有普遍性和必然性呢？康德回答說，這是因為幸福這個概念是不確定的。每一個人根據不同的經驗，對幸福都有不同的了解❾，因此，為了達致幸福這個目的，應該怎樣做，也有不同的看法。因此，如果道德是建基於這種實然性的假言令式之上，那麼，道德就沒有普遍性和必然性。由於這個緣故，康德說，實然性的假言令式，嚴格地說，仍然不是理性的命令，而只是理性的勸告❿。理性的命令是每一個理性的存在必須服從或有責任服從的，而勸告則只是一種經驗上的參考資料，沒有非服從不可的責任。

　　根據上面的分析，康德顯然認為過去的西方倫理學，一般來說，都走錯了路，因為他們都是以實然性的假言令式，作為道德的基礎，而這樣做的結果，是使得道德失去了道德之所以為道德的普遍性與必然性，使得人沒有作道德行為的責任。

　　因此，道德的唯一可能的根基，是定言令式。因為定言令式是由純粹理性而出的命令，它不含任何主觀成分或經驗成分，因此有絕對的普遍性與必然性，是對一切理性存在皆普遍有效的命令。只

---

❾　*Critique of Practical Reason*, pp. 24–25.

❿　*Fundamental Principles of the Metaphysic of Ethics*, p. 42.

有這樣的命令，才使得道德有穩固可靠的基礎。

　　定言令式既然是純從理性出的命令，不含任何個人的主觀要求，也不含經驗成分，那麼它命令我們做什麼事？它的內容是什麼？

　　這是一個很重要的問題，一般地說，我們命令人或命令自己做一件事，總有其目的，也總有一具體的內容。目的表示我們的欲望，而命令的內容則根據過去的經驗，怎樣的行動可以達致其目的而定。譬如，我的目的是年老時可以過優裕的生活，而根據經驗，要達致這目的必須在年輕時勤奮節儉，因此我命令自己勤奮節儉。但依康德，這樣的令式是假言令式❶，它包含了主觀的欲望和經驗內容，沒有普遍性和必然性。那麼定言令式究竟是怎樣的令式？

　　依上面的分析，很明顯地，定言令式不可能有任何主觀的目的，因為主觀的目的來自主觀的欲望；同時也不能有任何經驗內容，因為根據經驗而作出的命令總為了達致某主觀的目的，因而沒有普遍性。那麼定言令式命令我們什麼呢？

　　康德說，定言令式是純理性的命令，純理性的命令只要求我們所依據之而行動的原則要能成為普遍的律則。行動原則，康德稱之為格準 (maxim)，即上一節所謂的主觀原則，即行動的主體所依之以行動的原則，譬如「為了我的利益，我可以不擇手段損害他人」，這原則對別人可以不是一個原則，因此是主觀原則❷。定言令式命

❶　*Critique of Practical Reason*, p. 18.

令我們依據之而行動的主觀原則必須能成為普遍律則，即是命令我們的行動原則必須含普遍性，可以為天下所效法。換句話說，當我依據某一原則來行動的時候，這個原則必須是所有其他理性的存在皆可以依據之來行動的原則。因此定言令式可以用這樣的公式來表示：

> 你應當只依那種格準，即你能同時意願它成為普遍律則這樣的格準而行動。⑬

我們如果稍微留意一下，就會發現，這個定言令式，其實即是上面第二節中所說善良意志所要服膺的命令。也即是上面所說的善良意志之條件。上面說善良意志是為責任而行的意志，是為了尊重律則而行的意志，也即是遵從定言令式的意志。

從這個定言令式的公式，我們可以看到，這個定言令式作為純理性的命令，沒有任何具體的行動內容或經驗內容，它不告訴我們應做這件事或那件事，或不應做這件事或那件事。它只告訴我們行為的形式條件，這個條件即它的行為原則必須含普遍性。它為什麼不可以含具體內容呢？因為任何含有具體內容，譬如「不可殺人」、

⑫　*Fundamental Principles of the Metaphysic of Ethics*, p. 45.

⑬　同上，p. 46.

「不可偷盜」這樣的命令，都是根據過去經驗，發現某一類的行為會產生某類後果而產生的。但由經驗歸納出來的律則常常有例外，因此沒有普遍性與必然性。譬如，為了保衛國家而殺人就不一定不對，為了國家利益而偷敵人情報也不一定錯。定言令式，既然純從理性來，對所有理性的存在皆普遍地、必然地有效，因此不能含具體內容。

五

康德的定言令式引起了不少誤會。一些人以為，如果定言令式是純理性的命令，那麼這個令式就是排斥個人的欲望、情緒和心理傾向的命令，同時由於它不含任何具體內容，那麼這樣空洞、抽象的命令如何可能使人產生行動？

康德其實很了解，每一個行動都有其目的，同時當我們自覺地為達致這目的而作出行動時，我們必然有一原則，這即是上面所說的行動原則，康德稱之為格準或主觀原則。譬如一個人為了保衛自己的國家，不惜犧牲生命，他的行動原則就是：為了保衛國家，我可以犧牲生命。現在康德的定言令式是問這樣的行動原則，我是不是願意它成為普遍法則？如果是，那麼這個行動原則就是符合定言令式的原則，這個意志就是善良的意志；如果不是，那麼這行動原

則就是不符合定言令式，這意志就不是善良的意志。

　　因此，定言令式雖然是理性的命令，沒有任何具體內容，但它並不排斥欲望、感情或心理意願。因為如果行動總有其目的，目的常常預設了人的欲望或意願。它也不排斥主觀的、有具體內容的行動原則，它只要求這主觀原則能普遍化而能夠成為對一切人都有效的原則。

　　這裡有一個問題，我們在第二節分析什麼是善良的意志時，曾經說善良的意志是純為了責任而行動的意志，是純為了尊重律則而行動的意志，不能為了任何個人欲望的滿足而行動，何以在這裡又說定言令式不排斥欲望，也不排斥主觀的原則？這是否自相矛盾？

　　康德其實並不自相矛盾。他的意思可分為兩個層面來了解。每一個行動都有其特殊的主觀目的，也有其主觀的格準或行動原則。這是第一個層面，是經驗的層面，屬於心理事實的層面。但每一個人，作為理性的存在，又可以超越經驗或心理的層面而發出定言令式，這是第二個層面。當一個人經過反省，發現他的主觀目的和格準不能普遍化成為一切理性存在的原則時，他就放棄這主觀的格準和目的；只當其目的與格準，他意願其成為普遍法則時他才依之以行動。這樣，決定這個人的意志的就不是個人的主觀欲望，而是定言令式。因此，縱使這個人的行動有其特殊目的和格準，這目的和格準表示出他的主觀欲望或意願，他的意志仍然是為責任、為尊敬

律則而行動的意志，這意志仍然是善良的意志。

相反，當這個人的格準不能成為普遍律則，他仍然以之為其行動的原則，依之以行動時，那麼決定這個人的意志的便是個人主觀的欲望，而不是定言令式，他的意志就不是善良的。

又當這個人追求一目的，確定了一主觀的行動原則，譬如「為了長遠利益，我要對人誠實」，不是由於這原則可以普遍化，而只是為了滿足其欲望，則雖然這原則與定言令式不衝突，他的意志仍然不是善良的，雖然也不是邪惡的。

另外一個問題是，定言令式說，你應當只依那種格準，即你同時意願它成為普遍法則的格準，來行動。這裡的「意願」這個字也很容易引起誤會。譬如一個人為了解決困境而欺騙人，他同時意願這個格準成為普遍法則：「任何人為了解決困境，都可以欺騙人。」這樣他的行動是否符合了定言令式？他的意志是否為善良的意志？

對於這樣的問題，康德的答覆是否定的。因為定言令式中所說的意願 (will)，並不是純主觀的個人意願，而是理性的客觀的意願。理性的客觀意願有一個標準，即它必須有一貫性 (consistency)，亦即不能自相矛盾。凡是沒有一貫性或自相矛盾的格準，我們的理性都不可能意願之為普遍律則，亦即不合乎定言令式。

一貫性或不自相矛盾有兩個意思。一是說當一格準成為普遍律則後是否自相矛盾。另一個意思是說，當我們意願一格準成為普遍

律則時，是否與我們另一個時候的意願自相矛盾。這兩個意思我們可用康德的兩個例子來說明。

　　一、一個人需要向人借錢以應急，他知道在一定時間內無力償還，但他又知道如果他不答應在一定時間內償還，他將不可能借到需要的錢。現在他的問題是：他可不可以欺騙他人，承諾在某時期內如數歸還，以借到款項？如果他這樣做，他的格準是：「為了解除我的困境，我可以向人作假承諾，以借得我需要的款項。」這個格準可不可以意願之成為普遍律則呢？康德說不能，因為如果這格準成為普遍律則，則每一個人在困境中便可以作假承諾，那就沒有人會再相信他人的承諾，這樣作假承諾就達不到借錢的目的。這樣這個普遍律則就成為自我摧毀的法則，亦即自相衝突或自相矛盾的律則。因此康德說這格準不可能被意願之成為普遍律則，也即不合乎定言令式。

　　必須注意的是，康德在這裡不是說如果我欺騙了他人，別人就不會再相信我，以後我若想要再向他人借錢就不再可能。如果康德是這樣的意思，那麼他就是以行為的後果來衡量行為的是非對錯，以未來的利害來界定道德，他充其量是一位效益主義者。

　　他也不是說，我如果欺騙他人，所有人就都會彼此欺騙，人與人之間就會互不信任。如果他是這個意思，他仍然是一個後果論者，一個效益主義者。

　　康德自然不是後果論者，也不是效益主義者。他在這裡不是作經驗上的假設，以為我欺騙了人會產生什麼後果。他不是說如果我欺騙了人，則欺騙會事實上成為所有人的行為律則。他只是說我們的定言令式命令我們的格準必須可以成為普遍律則，而欺騙這格準不可以成為普遍律則，因此違背了定言令式。

　　二、一個億萬富翁，錢多得十輩子都用不完。但看到他人在經濟上有極端困難時仍然不願加以援手。他的格準是：「各人自掃門前雪，休管他人瓦上霜。」這個格準如果成為普遍律則，每一個人都依這律則行事為人，這律則本身並不會像第一個例子那樣自相矛盾，同時人類也可以繼續生存下去。但康德說一個人總有需要他人的愛和同情的時候。這樣意願上述格準為普遍律則的自私意志便與求取他人同情的意志自相矛盾。可見上述格準不可以成為普遍法則。

　　上面舉了兩個例子，表明定言令式中所謂的「意願」並不是主觀的意願，它有客觀的標準，因此不是任意的，也因此定言令式才可以作為道德的唯一根基。

　　到了這裡，我們可以暫時先作一個小結。康德許多用詞雖然稍微抽象，不容易一下子掌握，但如果我們根據我們的道德經驗好好反省體會的話，康德的意思是不難了解的。他以為道德只能植根於純理性的定言令式，不能植根於為滿足自然欲望或氣質的假言令式上，因為只有純從理性而發的要求才普遍地對每一個人有意義，也

才有真正的道德意義。自然氣質與欲望因人而異，產生不出有普遍性、客觀性的道德。

自然，每一個人都毫無例外地追求幸福，但什麼是幸福，每個人依不同的經驗會有不同的看法。如果道德是為了幸福，那麼不同的人對幸福既有不同的了解，對什麼是道德也就可以有不同的看法。道德就沒有了客觀性、普遍性。即使我們假定每個人追求的是同樣的幸福，但道德是否是達致幸福的唯一途徑，也是一個經驗上待證的問題，而且是值得懷疑的問題。在經驗上，我們常常發現，善人常常不得善報，惡人也常常不得惡報。多少志士仁人含不白之冤，鬱鬱以終，多少窮凶極惡的壞人享盡榮華富貴、兒孫滿堂之樂。因此，如果作道德行為是為了幸福，那麼許多人就可以振振有詞地拒絕道德。

即使退一萬步說，我們肯定道德真的可以達致幸福，同時一個人不道德就一定不幸福，我們也不能由此推論出人有作道德行為的義務，或說人應該道德。充其量我們只能說道德對我們有利，為了我們的幸福或利益，作道德行為對我們較好。但如果這樣，正如康德所說，道德原則就只是一種勸告。就像我們生病時，醫生勸我們吃某種苦藥一樣：「你如果想恢復健康，你最好是吃這藥。」如果我們不肯吃藥，醫生會說我們愚蠢，但不會說我們沒有盡義務。

但不道德是否只是愚蠢，一個不忠、不孝、不信、不義的人，

我們是否只認為這個人愚蠢無知，就像一個有病而不肯吃藥的人我們會認為愚蠢無知一樣？我們的道德經驗顯然不以為如此。在我們的道德語言裡，不道德與愚蠢是不同意思的，引起的反應也是不同的。一個人由於無知愚蠢而做錯事，我們會覺得遺憾或同情；但一個人做了不道德的事，我們會認為他應該承擔他的過錯。

六

到目前為止，康德完成了一項工作，他證明了道德的基礎只有一個，即理性的定言令式。除此之外，沒有任何東西可以作為道德的根基。但問題是，我們的理性是否真的給我們這樣的令式？或者，用另一種說法，這樣的令式是否真的能對我們的意志產生作用，影響我們的行動？這個問題其實即是休謨所說的，理性能否產生行動或阻止行動的問題。如果正如休謨所說，理性根本不能產生行動或阻止行動，也即是說，理性根本不能直接給我們行動的命令，那麼就沒有真正的定言令式。康德所說的定言令式就只是文字上的公式，它對我們的意志其實沒有強制力，也即不是有實質意義的命令，我們對它沒有遵守的義務。

因此，康德在完成第一項工作之後，還要再進行第二項工作：證明理性確實給了我們行動上的命令，或者說，上面所說的定言令

式，不只是文字上的公式，它與我們的意志確有必然的強制性，我們對它確有遵守的義務。這也等於證明理性的功能不只是認知的，同時也是實踐的，對我們的行動是有其作用的。

這種工作不能通過經驗來證明。因為在經驗上，定言令式對一些人有影響，有強制力，但對另一些人就可能沒有影響，沒有強制力。經驗證明不了定言令式與我們的意志之間有必然的連繫，證明不了我們每一個人對定言令式都有不可逃避的義務。

在《道德形上學的基本原則》一書裡，康德很曲折地試圖證明定言令式確實對於我們的意志有強制的作用。康德以為，當意志決定依據一原則來行動的時候，必然有一目的為其根據。譬如當我依據「人不為己，天誅地滅」這原則來行動時，我的目的是為了獲致最大的個人利益。一般地說，我們行動的目的來自個人主觀的欲望。由於欲望是主觀的、個人的，因此這目的也是個人的、主觀的，是相對的而非普遍的、必然的。這樣的目的自然不能作普遍、必然的原則的根據。因此我們一般來自主觀欲望的目的，只能是假言令式的根據，而不可能是定言令式的根據。這即是說，當我自覺地為滿足某主觀欲望而努力時，可以產生的是假言令式，而不是定言令式。譬如，如果我的目的是為了求取最大財富，而我又發覺如要謀取最大財富，我必須不擇手段，這樣就產生了一假言令式：「如果我要發財，我必須不擇手段。」這假言令式對我的意志有約制的作用，原

因是我有發財的目的。發財的目的使得這假言令式對我的意志有約制力。

因此，任何假言令式對我如果要真成為一命令，對我的意志產生命令的作用，我必須先有一目的作為其根據。同樣，康德以為，如果定言令式對我真正成為一命令，對我的意志產生約制的作用，那麼它也必須先有一目的作為其根據。

但正如上面所說，我們一般的目的均是主觀的、個人的，沒有普遍性、客觀性、必然性，因此不可能作為定言令式的根據，那麼定言令式豈不是空的，對我們的意志沒有真正的作用？

康德說，人是一種理性的存在。如果人有一種目的不是來自欲望，而是來自理性本身，那麼這個目的就不是主觀的、個人的，而是普遍的、客觀的、必然的，是一切理性的存在皆必然具有的。這樣，為了這普遍、必然的目的，行動所依據的原則就必須是普遍的、必然的，換句話說，這原則必然是定言令式，因為唯有定言令式是真正普遍、必然的原則。

因此，如果定言令式對我們真正是一個命令，對我們的意志有命令的作用，它必須預設人作為理性的存在，有一目的是來自理性而非來自欲望。

現在的問題是，人除了由欲望而來的主觀的目的外，有沒有來自理性的客觀的目的？我們有沒有一種目的是普遍地為一切理性的

存在所共有的？如果我們沒有這種目的，只有來自欲望的目的，那麼我們就只有假言令式，而沒有定言令式。或者說，定言令式就只是一個文字上的東西，對於我們的意志與行動沒有實質的意義。依上面的分析，定言令式是道德的唯一可能的根據，如果沒有定言令式，那麼道德就沒有了意義，我們就不能說我們有道德的義務或責任。

現在，康德說，理性的存在本身即是客觀的目的。因為對於理性來說，每一個理性的存在皆是目的，皆有絕對的價值。一般來自欲望的目的，譬如金錢、房屋、權力、地位等等，只有相對的價值，是相對於人的欲望而有其價值，我們對它們的欲望愈強，它們的價值就愈高。不同的人有不同的欲望，而且每一個人對同一件事物的欲望強弱也不盡相同，因此它們的價值是不定的，是相對於不同的人不同的情況而不同的。但理性的存在則不然，它不是滿足欲望的工具，它不是為了欲望的滿足而有其價值，它的價值是由理性自身所肯定的，因此是絕對的價值。同時，一切事物最後總是為了能為理性的存在服務而有其工具價值⑭，因此理性的存在是一切事物之所以有其價值的根源。它是價值的主體，因此它有絕對的價值。它不是工具，它本身即是目的。因此，人是一目的與其他事物是一目的是不一樣的。其他事物不是理性的存在，不能自覺地肯定自身的

---

⑭ 同上，p. 55.

價值，自覺地肯定自己為一目的。它們是相對於人而為一目的，而有其價值。譬如墨水筆不能自覺地肯定自己的價值，肯定自己為一目的。它只是在人的價值自覺下，相對於人而為一目的，而有其價值，這種價值是相對的價值，是工具價值。

但人或理性的存在，通過其理性的自覺，即可以一方面肯定其他事物的工具價值，一方面自覺到自身是一切價值的主體，從而肯定自身的絕對價值，肯定自身是一目的。這目的不是一般的目的，而是一切其他目的後面的目的，是絕對的目的。它的價值不是工具價值，是一切價值後面的價值主體，它的價值是絕對的價值。

由於理性的存在即是目的，是一切其他目的後面的目的，是普遍的、客觀的、必然的目的，因此可以作為定言令式的根據。換句話說，我們的意志之所以必須遵從定言令式，對定言令式有絕對的責任，是因為每一個理性的存在皆不只是工具而是一目的，不只有相對的價值，而且有絕對的價值。

為什麼當理性存在是一目的，有絕對的價值，定言令式就有了實質的意義，我們就有了遵從定言令式的責任呢？以理性存在為目的，和遵從定言令式之間，二者有何關係？

如果我們好好回想一下定言令式的內容，這個問題自然就有了答案。定言令式說，我所依據以行動的格準必須是我意願它成為普遍律則的格準，所謂「成為普遍律則」，即對所有其他理性的存在皆

有效的意思。因此定言令式是要我們的行動格準對一切理性的存在
皆有效，皆可成為它們的格準。定言令式是要我們的行動不只照顧
到自己，還要照顧到一切理性的存在。它要我們將一切理性的存在，
一切人皆一視同仁。為什麼我們要將一切理性的存在一視同仁，平
等地對待呢？理由正是因為一切理性的存在本身皆不只是工具，同
時是目的，不只有相對的價值，同時有絕對的價值。

　　根據上面的意思，定言令式預設了另一個公式：

　　　你應當這樣行動，即在每一情況中，將人之為人之本性⑮，
　　不管是你自己人格中或是任何其他人格中的人的本性，當作
　　一目的，而不只當作一工具來看待。

　　這個定言令式的公式與上面第一個公式互相涵蘊。因此在康德
看來它們不是兩個獨立的定言令式，而是同一個定言令式的兩種表
達方式。

　　這個公式中的「人之為人之本性」，英文的翻譯是 humanity，
意思是指「理性」，因為人之所以為人，之所以異於其他自然物，在
於他是理性的存在。同時，我們必須注意，這個公式不是說不可以
將人的本性當工具來看待，而是說「不只當作一工具來看待」。在我

⑮　同上，p. 56.

們分工合作的社會中，我們很難避免將人當作一工具來看待。裁縫、木匠、醫生、護士，而至每一個行業中的專業人士，對於其他人或整個社會來說，都是達致某目的之工具。譬如我要用醫生來醫好我的病，用裁縫來做衣服等等。康德在這裡的意思是說，儘管每一個人對其他人都有其工具作用，有其工具價值，但每一個人，作為理性的存在，作為價值的主體，他同時不只是工具，而是一目的。即使他對其他人失去了工具作用，沒有了工具價值，他作為一理性的存在，仍然有其絕對價值，他的存在本身仍然有其意義。因此，當我使用某人，以之為工具，來達致我的目的時，我同時還要尊重他，以之為目的。

　　將人當作一目的，而不只是一工具來看待，這句話在我們的生活上是有其實質的意義的。這意思是說，我們不能因為一個人沒有利用價值而否定他的存在價值，也不能因為一個人對他人有用才承認他的存在價值。我們也不能將一個人看為權威、團體、社會或國家的附屬品，抹殺這個人的意志或獨立人格。現代人喜歡講民主與人權，但很少人能夠說出民主與人權的理據在什麼地方。康德在這裡說我們的理性要求我們將每一個人看作目的，而不只是工具，雖然說的是道德上的原則，但同時也提供了民主與人權的理據。我們之所以要民主，要保護尊重每一個人的自由與人權，因為每一個人都是理性的存在，都有絕對的價值，他不只是工具，同時其存在即

是目的。

　　上面說，理性為了滿足欲望的目的而發出的令式都是假言令式，即有條件的令式。定言令式不是為了滿足欲望而發的令式，它是理性直下發出的命令，是無條件的令式。我們不能因為定言令式以理性存在作為目的而將定言令式看作有條件的假言令式，因為定言令式與理性存在這目的不是手段與目的之關係。我們從定言令式的第二個公式已經可以看出，定言令式的內容即是以理性存在為目的。定言令式不是為了達致理性存在這目的而下一命令，它的命令本身就是以理性存在為目的，這和假言令式不同。假言令式是為了達致一目的而下一命令，命令與目的是手段與目的之關係，譬如「如你想健康，你必須做運動」，目的是健康，命令的內容是做運動，二者是不等同的關係。定言令式則不然，它的內容正是以理性存在為目的，內容與目的二者是等同的。此所以嚴格來說，定言令式本身即一目的，除自身以外，它別無外在的目的，也正因為這個緣故，定言令式才是無條件的令式。

　　上面說定言令式是純理性命令，即理性不是為了理性以外的目的（譬如滿足欲望），而是由理性自身直下的命令。但上面又說過，意志即表現於行動方面的理性，即實踐理性。因此如果定言令式是純理性的命令，那就等於說定言令式是純意志自身的命令，是意志發給自己的命令。

　　這個意思康德作了進一步的分析。如果意志在決定作一行動時不是出於自己對自己的命令，譬如「為了健康，我必須運動」，這命令不是出於理性自己的命令，即不是出於意志自己的命令，這種命令必然需要某種利益去吸引或迫使意志去服從這命令。當人為了利益的考慮而命令自己作某種行動時，這命令就不是意志自身的命令，就是外在於意志的命令，這即是假言令式。因此假言令式雖然也是理性所發，但由於不是理性直下而發，而是為了滿足某利益或欲望而發，因此對理性或意志來說是外在的命令。

　　定言令式不是為了利益的考慮而發的命令，因此不是外在於意志的命令，而是意志對自身所主動頒發的命令。定言令式是一切道德的基礎，是道德的最高原則。如果定言令式是意志主動頒布給自己的命令，就等於說，在道德領域裡，人的意志不是像自然界的自然物或自然人那樣，被動地服從自然律，而是主動地頒發律則。人在道德領域裡，不只是守法者，而且也是立法者。

　　這個意思康德稱為自律原則 (principle of autonomy)。康德以為，道德必須建立在意志的自律原則上面，因為道德的最高原則必然是定言令式，而定言令式必然是意志自己頒布的命令。如果我們將道德建基於外在於意志的律則，譬如自然律則，包括物理、生理、心理的律則，或是政治領袖所頒發的律則，或是社會上的道德規範，這樣的道德原則都是他律原則 (principle of heteronomy)⑯。

在他律原則之下，意志是被動地遵守外在於自己的律則，就像自然物被動地遵守自然律一樣。前面剛剛說過，意志之所以被動地遵守外在於自己的律則，必然是為了利益的吸引，因此當意志遵守外在律則時所下的命令必然是假言令式，是有條件的命令。所有假言令式都沒有真正的普遍性、必然性，因此將道德建基在他律原則上面，這樣的道德沒有普遍性、必然性，解釋不了人何以應該道德，何以有作道德行為、不作道德行為的責任。

意志自律原則可以用公式表達如下：

> 你做每一件事時，你的意志都必須可以通過其格準，以自己為頒布普遍律則者。⑰

這個公式康德說是定言令式的第三個公式。這個公式與上面所說的兩個公式互相涵蘊，不能分割，因此是同一個定言令式。

這個公式表達了一個信息。由於定言令式是道德的基礎，而定言令式是意志自己頒發給自己的命令，因此在道德行動中，人不是被動地遵守外在律則的自然物，而是頒發律則的立法者。他是道德的主體與根源。人自然也是一自然物，肚子餓了要吃飯，口渴了要

---

⑯　同上，p. 74.

⑰　同上，p. 61.

喝水，疲倦了要休息，這些現象表示出一種生理上的自然律，人的欲望滿足時會快樂，欲望不得滿足會抑鬱，這表示出心理上的自然律，這些自然律不是意志頒發給自己，而是外在於意志的律則。在這些自然律的支配之下，人只是一種自然物，在這些自然律支配之下的活動，只是被動的受主宰的活動，就如一塊石頭，被動地依物理學規律來運作活動一樣。

作為一種自然物，由於其活動完全是被動的、受支配的，人無所謂尊嚴，沒有絕對的價值。每一件自然物都可以用其他類似的自然物所代替，都沒有絕對的價值，而只有工具的價值，即相對的價值。

但人不只是自然物，同時也是道德的存在。作為道德的存在，人不是被動地、機械地、受主宰地服從外在的律則，而是主動地、自由地、自發地，頒發給自己一內在的律則。當人依從這內在的律則活動時，人就不是被動受主宰的自然物，而是自動、自發、自律、自由、自主的人，一個能主宰自己的方向的價值主體，他不只有相對的工具價值，而且有絕對的價值，他不能被其他人所代替，他有絕對的尊嚴。

這是康德道德哲學的精義所在，這種道德哲學是義務論的道德哲學。西方的道德哲學傳統，是目的論的傳統，而不是義務論的傳統。目的論是說，一切道德行為，都是為了達致某種非道德的目的，譬如幸福，或快樂，或欲望的滿足等等。也即是說，道德本身不是

目的，而是工具或手段。如果道德不帶來任何好處，不能達致任何非道德的目的，那麼道德對人生就沒有任何意義，沒有任何價值，我們就沒有任何理由再作道德行為或不作不道德行為。

但在康德看來，如果道德只是工具，那麼它就沒有普遍性、必然性，它就可以為其他事物所代替。同時，從事道德活動與從事非道德活動，譬如追求物質的享受，就基本上沒有什麼分別，都只是為了使自己有所得。它不能使人與自然物分別開來，不能肯定人本身的價值，不能成就人內在的尊嚴。

康德的義務論，自始至終以為人的道德行為不只是一種工具，以使自己獲得任何好處。道德行為本身即是價值，這是因為道德行為是理性自身的行為，這種行為與其他在自然律支配之下產生的行為完全不同，它是自主、自律、自發的行為，因此雖然不能幫助人獲致任何相對的好處，但人通過這種行為卻成就了有內在尊嚴、內在價值的自我。

自然，這種由道德行為所成就的，有內在尊嚴、內在價值的自我，不是一個與其他人分割的、孤立的、封閉的自我，更不是驕矜自大的我。封閉、孤立、驕矜自大的我，只在於追求欲望的滿足，順從自然的性向下才會產生。道德意志是善良的意志，這種意志沒有個人的特殊目的，不順從滿足任何主觀的欲望或性好，它只服膺定言令式，即將自己與一切的理性存在都平等看待，不只以之為工

具，同時尊重之為有絕對價值的目的。這樣的道德意志，自然不可能互相分割、驕矜自大，而必然和諧一致，互相通達而無窒礙、無隔閡。

因此，道德不只成就一個莊嚴的、有內在意義、內在價值的自我，而且還建立一個互相尊重、和諧一致的王國。這個王國康德稱為「目的王國」⑱。目的王國與自然世界不同，在自然世界裡，每一個人和每一個自然物一樣，都被動地為自然律所支配，都相對於他人的欲望而被看作工具，都可以為其他人或其他事物所取代，沒有真正的尊嚴。同時，人與人之間在欲望的驅使下可以互相衝突。但在道德的王國裡，每一個人都依理性所頒布的普遍律則行事為人，每一個人都將自己和所有其他人看為自作主宰的、有絕對價值、不可代替的目的，這是一個和諧一致而互相尊重的王國。

七

上面說人是一理性的存在，而每一理性的存在皆是一目的，皆有絕對的價值，因此可以作為定言令式的根據。也即是說，當我們以每一理性存在為目的，為有絕對價值的存在，而不只以之為工具時，我們就必然應服從定言令式，我們對於定言令式就有了遵守的

⑱　同上，p. 61.

責任。

　　這樣，康德似乎完成了第二項工作，即證明理性確實給我們定言令式。定言令式對我們的意志確然有強制性，我們對定言令式確實有遵守的責任。

　　但康德說不然。這個工作還未完成，因為上面所做的只是概念的分析工作。從第一個定言令式的公式可以分析及推論出第二個公式，再推論出第三個公式。相反亦然，我們可從第二或第三個公式推論出其他兩個公式。因此，上面一節所證明的只是三者之間有邏輯關係，如此而已，究竟定言令式是不是真的一命令？每一理性存在的意志是否皆必然地受這命令的制約？還須另作證明。

　　在《實踐理性批判》一書裡，康德證明理性確實給我們定言令式的方法很簡單，他說我們對定言令式有一種意識。這種意識是理性的事實⑲。怎麼證明我們有這一種意識呢？他說，我們每一個人，當我們不利慾薰心，不為個人的主觀情緒欲望所控制，而能夠理性地作判斷時，我們總會承認，我們的行為必須含普遍性，必須能為天下人所效法。我們意識到這是我們的責任，這個理性的事實證明我們的理性確實對我們的意志給了上述的定言令式。

　　這種理性的事實，康德舉了一些例證：他說，即使一個窮凶極惡的壞人，當他看到一個正直良善，緊守道德原則，不為私欲所動

---

⑲　*Critique of Practical Reason*, pp. 31–32.

搖的光輝人格時，他也會起企慕之心⑳。這個壞人也許並不能從此
成為善人，但見到一個真正的大公無私的道德人格，會起尊敬之心
或自慚形穢之心，已足夠表示他意識到無可逃避的道德原則或道德
責任。

另外，在上面分別何為善良意志時我們也指出，兩個人同時做
了一件好事，譬如同時冒險跳下急流中救人，一個人是為了這是做
人的責任，另一個人則為了滿足虛榮心，我們顯然會對前者起更大
的尊敬之心。這也表示我們對於無私的道德原則有一種意識。

自然，我們可以問，我們對道德原則或道德責任有一意識是不
是能證明我們的理性確實給了我們一道德原則？我們的意識可不可
能只是一種假象？客觀地說，可不可能根本沒有這樣的道德原則或
定言令式，我們只是主觀地以為有這道德原則、定言令式而已？

這是一個很不容易回答的問題，在《道德形上學的基本原則》
中，康德說要證明理性確然給了意志一定言令式或道德原則，需要
一媒介，而這媒介是自由。這是因為只有當人有自由意志時，人才
可以獨立於自然律之外，不受自然律的決定而自己決定自己。但問
題是我們根本不能證明人有自由。在《實踐理性批判》中，康德倒
過來說，我們是先意識到道德原則，然後由道德原則間接地引申出
「自由」的概念㉑。這樣，要證明人有自由意志，需要先證明道德

---

⑳　*Fundamental Principles of the Metaphysic of Ethics*, p. 89.

原則的實在性。自然，康德這個看來是循環論證的意思並不真的是循環論證。理論上說，道德原則的實在性需要以自由為基礎。人若沒有自由，人完全受自然律則所決定，自然就沒有定言令式。但就人的意識來說，人先意識到道德原則，然後才由此意識到自由。

因此，雖然理論上說，自由是道德原則的基礎，但我們不能先證明自由，然後由自由來證明道德原則。因為人是否有獨立於自然律而自己決定自己的自由是不能證明的。我們反而要從道德原則來證明人的自由。這樣，就又回到原來的問題：我們雖然可以意識到道德原則，意識到人的道德責任，但怎麼能由這主觀的意識來確定道德原則的實在性？我們怎麼能由此確定人真的有道德責任或遵從定言令式的責任？

康德的答覆是這樣的[22]：我意識到道德責任和我有道德責任，這兩者是不可分的。這是因為道德責任本是我自己理性的命令。我意識到道德責任即表示我的理性在給自己命令，如果理性沒有這樣的命令，我不可能對道德原則或道德責任有意識。

這論證可能有點牽強，但下面的說法或者有更大的說服力：康德說，就行動來說，一個人意識到他有道德責任，和他真的有道德

---

[21]　*Critique of Practical Reason*, p. 29.

[22]　參閱 L. W. Beck, *A Commentary on Kant's Critique of Practical Reason* (Chicago: University of Chicago Press, 1960), Ch. 10.

責任，二者的意義是相等的，因為它們對於其行動的決定力完全相同。因此只要我們對道德原則、道德責任有意識，就已表示道德原則與我們的意志有一定的關係，道德原則對於我們的意志有約制力。

八

如果我們的意志可以頒布定言令式給自己，同時依這自己所定的律則行事為人，那就等於說我們的意志可以不受自然世界的自然律則所主宰或決定。我們的意志可以自己決定自己，這樣的意志就是自由的意志。

許多人對康德這樣講自由意志很不習慣，也因此很不以為然。因為我們一般人說自由意志時，通常是指有選擇的自由，人可以做某件事，也可以不做某件事；可以為善，也可以為惡，決定權在他自己的意志，不在於其他人，甚至不在於他的教育背景或生理因素。一個人在生理規律下肚子餓了總要吃飯，但他可以為了某做人原則而選擇不吃飯。我們說這個人有自由意志，因為他的行為不受生理因素所決定，而受他的意志所決定㉓。

人有沒有自由意志，是西方哲學家一直在辯論但沒有一致結論

㉓　溫和的決定論，對自由意志稍有不同的看法，但不在我們討論範圍，這裡不加解釋。

的問題，但不管是贊成人有自由意志或不贊成人有自由意志的人，大致都是以自由為選擇的自由 (freedom to choose)。如果人有能力選擇他的行為，我們就說人有自由意志，如果人沒有選擇行為的可能，他的行為完全是被決定的，或者被外在社會因素所決定，或者被他的教育背景或自己的遺傳因素、生理因素所決定，那麼人就沒有自由意志。

康德對自由意志的說法顯然很不相同。他說人的意志可以由自己所頒布的道德律則所決定，而不由自然律則所決定，這即是自由意志。一些人不喜歡康德這種說法的原因是，既然人的意志由道德律則所決定，那麼人就沒有了選擇的自由，沒有可以為善，也可以為惡這種自由。那麼人哪裡來自由意志？

這是一種很浮淺的誤解。康德並不是否定人有選擇的自由，他的意思是選擇的自由不能憑空地說，它必須建立在一個堅實的理論基礎上面。一般自然物都在自然律支配之下運行活動，在這個意義下我們說一切自然物，包括動物，都沒有自由意志。因此，如果人有自由意志，那麼人就必須能夠獨立於自然律之外而活動。但獨立於自然律之外活動不表示毫無原則地、任意地、胡亂地活動。任意的、胡亂的活動可能是本能的活動，而本能的活動是自然律則所支配的活動，因此不是自由意志的活動。任意的、胡亂的活動也可能是無意識、無目的的活動，但無意識、無目的的活動不算是人自己

的行為，因此也不能代表自由意志的活動。

如果自由意志可以獨立於自然律之外，可以不受自然律所支配而活動，而它的活動又不是任意、胡亂的活動，是依據某原則而作的活動，那麼它所依據的原則既不是自然律，那就一定是來自意志自身的律則。此所以康德認為自由意志必然是能夠自己頒布律則，自己決定自己的意志。

如果意志頒布律則給自己，是不是沒有了選擇的自由呢？要答覆這個問題，必須了解康德所說的自由可以分為兩個層面。第一個層面的自由即是上面所說自律的意思。實踐理性或純意志能夠自己頒布律則給自己。這個層面的自由是選擇的自由的根基。意志如果不能自律，不能自己給自己律則，那麼人的一切行動都受自然律決定，人就與其他自然物一樣，自然就沒有選擇的自由。

第二個層面是決定作某種行動的自由。我們的意志在決定作出某行動的時候，必然有一特定的目的，也因而有一特定的行動格準或行動原則。這特定的目的來自我們的欲望，沒有欲望，我們就沒有特定的行動目的和格準。這即是說，我們作行動時的意志是夾雜了欲望的意志，不是純意志㉔。這種夾雜了欲望的行動意志在作行動的決定時，面對著純意志所頒布的律則和自然律，有選擇的自由。

㉔　康德後來用 willkür 這字來表示這夾雜了欲望的行動意志，用 wille 這字來表示純意志。

如果它選擇純意志的律則（定言令式）來決定它的行動格準，這個行動意志就是善良的意志，就是為責任而行的意志，或為尊重律則而行的意志。如果它選擇自然律，譬如欲望的滿足來決定它的行動格準，那麼就有兩個可能：一個可能是這格準雖只是為了滿足欲望，但不違背定言令式，那麼這個行動意志雖不是善良的，不是道德的，但也不是邪惡的，不是不道德的。另一個可能是這格準是違背定言令式，即不可能普遍化的，那麼這行動意志便是邪惡的，不道德的。但不管行動意志怎樣選擇，它都是自由的。這裡自由的意思即是選擇的自由。而行動意志之所以有選擇自由的可能，是因為它不必然要受自然律的決定，因為純意志另有其律則。它也不必然要受純意志律則的決定，因為純意志的律則不是實然的律則，而是應然的律則，它只告訴人應該怎樣做，不告訴人實際上會做什麼。行動意志可以選擇做它應做的，或不做它應做的，它有其選擇的自由㉕。

上面的分析表示出康德一個很重要的意思：即是自律的道德原則與自由意志是互相涵蘊而不可分割的。我們不能撇開自律的道德原則而講自由意志，也不能撇開自由意志而講道德原則。後面一句話大概是每個人都同意的。沒有自由意志，自然就沒有道德可言。但前面一句話卻是康德所傳達的特殊信息，也是康德哲學的精義所

㉕ 行動意志與純意志不是兩個獨立的機能，它們是同一個機能。行動意志只是夾雜了欲望，或受欲望感染了的純意志。

在。只有在面對自律的道德原則，面對著自己的責任時，人才有自由可言。沒有自律的道德原則，人的一切行動都由自然律所決定，人就只是一件自然物，像一隻貓、一隻狗一樣，終日在欲望本能驅使下過活，哪裡有什麼自由？

現在的問題是，如果自由意志與道德原則有不可分割的關係，那麼人是否真的有自由意志？我們如何證明人有自由意志？

康德說，自由意志是不可以用知識來證明的。自由意志不是知識的對象，我們不能用知識的方法途徑來證明人有自由意志，我們充其量只能說，「自由」不是一個自相矛盾的觀念，自由是可能的；但在我們這個世界裡，有沒有自由，有沒有獨立於自然律之外的事物，是不可能證明的。

但不能用知識的途徑來證明有自由意志，並不等於人沒有自由意志。上面說我們能夠直接意識道德律則（定言令式），這意識是一理性的事實㉖。而道德律則涵「自由」這個觀念㉗。所以通過道德律則，我們可以肯定自由意志。

康德用了一個例子來說明這個意思。假如一個人受到當權者的威脅，要他作假口供來陷害一個正直可敬的人，這個人也許會貪生怕死，因而出賣陷害了這位正直可敬的人。但他顯然會承認，他可

㉖　*Critique of Practical Reason*, p. 31.

㉗　同上，p. 29.

以選擇犧牲自己而不作假口供，他有這個自由，因為他意識到他不應作假口供陷害好人。他不只意識到他求生的欲望，他同時也意識到一道德原則。如果他沒有道德原則的意識，如果他只有求生的欲望意識，他就不可能以為他可以不作假口供來陷害好人。這表示人常常在作行動的決定時意識到自己的自由㉘。而這自由之可能是因為他意識到道德原則。他不只意識到他實際上的欲望，同時他也意識到他應然的責任。

　　這樣的對自由的肯定不是知識上的肯定，而是行為實踐上的肯定。就知識上說，我們不能因為人意識到自己可以作某事、可以不作某事，而證明人真正有自由意志；但在行為實踐上說，我們通過道德原則或責任的意識，必以自己為自由的。我們是預設著自己是自由的來過生活和行動，因此雖然就知識上說我們不能肯定人有自由意志，但在行為上說；我們肯定自己為自由。自由因此不是知識的對象，它是行為的設準 (postulate)㉙。

九

　　為了使康德的道德哲學易於了解明白，上面的敘述和解釋儘量

㉘　同上，p. 30.

㉙　同上，p. 137.

使用了一般日常的語言文字，許多康德專門的概念用詞都沒有在行文中出現。儘管如此，剛開始接觸這哲學的人仍然可能會覺得抽象艱深，不易了解消化，原因是康德哲學的理論性特強，必須對這個理論的各個細節和這些細節之間的關係有細緻的掌握才能真正明白它的哲學內容。

總括地說，康德所說的道德，不是幫助人滿足更多欲望、獲得更大利益的工具，而是通過這種道德，人可以成就他自己內在的價值與尊嚴。在道德之中，人從自然物升級為與上帝（如果有上帝的話）同一個層次的自由自主的理性存在。因此，當我們在衡量康德的道德哲學的意義與價值的時候，我們必須先問，我們除了追求欲望的滿足以外，還有沒有其他的嚮往與追求？我們是不是也追求生命的意義與內在的價值？我們除了像牛羊犬豬一樣，要求快樂舒適和多種享受之外，是不是認為人還有獨特的尊嚴、獨特的價值？這獨特的尊嚴與價值建基在什麼地方？如果我們認為人只是像其他動物一樣，除了欲望的滿足以外，別無所求，那麼康德的道德哲學就顯然毫無意義，對我們沒有任何價值。但如果我們承認人除了享受以外，還別有所求，另有生命的意義，那麼康德的道德哲學，可能就替我們指示了一條道路，至於這條道路是否可行，它是否真的可以成就人的內在價值與尊嚴，那就要訴諸每個人自己實踐上的體會了。

　　康德的道德哲學常常給人批評的是他的定言令式。定言令式是純實踐理性亦即純意志給自己的命令，它是道德的最高原則，是一切道德行為、一切道德規則的最後標準。但定言令式似乎只告訴人怎樣的行為不道德，不能告訴人怎樣的行為是道德。當我們作一行為，如果它的格準是我們不願成為普遍法則的，這樣的行為就是不道德的，譬如偷竊、說謊等等。但怎樣的行為是道德的呢？根據定言令式，當我們作一行為，它的格準是我願意它成為普遍律則的，這樣的行為就是道德的。但批評者說，這樣，我日常生活中無數的行動，像吃飯、穿衣、洗臉、刷牙、走路、談話，便都是道德的。所有的人，包括罪大惡極、姦淫擄掠、殘殺無辜的人，大多數的行為都是道德的，所有的人除了少數時間外，都成為了道德君子。

　　這個批評顯然誤會了康德的意思。記得我們在分析什麼是善良的意志時曾說，善良意志是為責任而行的意志，是為尊重律則而行的意志。因此當一個人作一行為時，他儘管有他的欲望，因而有一定的目的，但這欲望、這目的是受制於律則之下，也即是說，對律則的尊重是他的基本動機。這樣的意志才是合乎定言令式的意志，也才是善良的意志。

　　我們一般人吃飯、穿衣、走路，基本的動機和目的是為了滿足欲望，不是為了尊重律則，所以雖然不違背定言令式，不是不道德，但卻也不算是符合定言令式，不算是道德。

　　對定言令式的另一個批評是說，定言令式太空泛，幫助不了我們作決定。存在主義哲學家沙特有一個很具體的現實例子：在第二次世界大戰，當法國淪陷給德國後，一位青年人跑來問他，他應該參加地下軍與德軍對抗，還是留在家裡侍候年老多病、沒人照顧的老母親？沙特說康德的定言令式對這問題完全不能給予任何幫助。

　　定言令式對兩種正確的行為互相衝突之下如何作決定的難題，確實無能為力。這是因為當兩種正確的行為互相衝突時，任何一個選擇都可以符合定言令式，即都可以出自善良的意志。定言令式只是道德的原則或標準，它告訴你怎樣的行為是道德或不道德，但當兩種行為互相衝突，而選擇其中任何一個行為都可以是道德的時候，我們應該怎樣選擇或怎樣決定就不是定言令式可以解決的問題了。

　　如果這是一種缺陷的話，那麼不只康德的道德哲學有這種缺陷，許多道德哲學恐怕都有這種缺陷。道德哲學家所能告訴人的是何為道德，怎樣的選擇是道德的選擇。但在道德以外，怎樣的選擇或決定更正確，這個問題就已不是道德的問題，它的標準也不再是道德的標準。人在這時所考慮的大概只是利害的問題，「兩利相權取其重，兩害相權取其輕」，大概是道德之外唯一的標準。但如果在某種情況下，兩邊的利害相等，任何一個選擇都給人同樣的滿足，也給人同樣的遺憾時，這就超出了人的考慮能力範圍以外。因為當兩種行為互相衝突，而兩者不但道德價值相等，而且利害的價值也相等

時，人的考慮就完全失去作用。人在這時大概會有無可奈何之感，會興人力有時而窮之感，也會體驗到人的有限性。這即是宗教的由來，但這就更超出道德哲學的範圍了。

自然，最遭人批評和懷疑的是理性是否給我們定言令式的問題。就思想背景來說，現代人的主要思潮是工具理性 (instrumental rationality) 的思潮，即以理性為工具，以滿足欲望和情緒為目的的思潮。這個思潮在哲學上由霍布士和休謨發其端，加上現代鼓勵人增長財產、增長消費和滿足欲望的經濟思想，再加上現代人極力要擺脫一切既定價值標準的限制的傾向，成為了現代精神的一個重要標誌。而康德則以理性可以擺脫欲望的支配，直接給予人普遍的價值標準，給予人行動的方向和目的，這種思想與上述現代人的思潮自然南轅北轍，無法溝通。

在方法上，現代哲學受科學的影響，重視經驗的實證。而康德則聲明定言令式不可能用經驗的歸納來證明，這對於以經驗的實證為主要方法的現代人，自然也很難接受。

定言令式不是用經驗觀察所歸納得來的律則。康德說定言令式是先驗的原則，所謂先驗原則即不是可用經驗證明其真假的原則，它是理性本身的原則，因此是對每一個理性的存在，不論是什麼家庭背景，什麼教育背景皆有效的原則。經驗主義者會說，第一，這原則是不是對每一個人都有效，是一個待證的問題。第二，即使我

們見到許多人都接受這原則，但怎麼證明這原則不是後天學習得來，而是先驗的、理性本身的，也是一個問題。這兩個問題不能解決，定言令式這個理論自然站不住腳，起碼是可以懷疑的了。

從經驗主義的立場和方法來說，這兩個問題確是不可能解答的。第一，哪一種原則是對每一個人都有效的原則，是歸納法不可能解答的問題，因為我們不可能歸納到每一個人，包括未來的人的意識。第二，經驗主義用發生論的方法，自然發現一切原則都隨人的經驗而出現。因此所有原則都是經驗的原則，不可能有先驗的原則。

康德並不否認從發生過程來說，原則是跟隨經驗而出現。但他並不以為這可以證明沒有先驗原則。我們要了解三角形內角之和等於一百八十度，常常要用量尺來量度，也即是要用經驗的幫助，但這並不等於說「三角形內角之和等於一百八十度」這個命題是經驗命題。對於因果律，我們也要靠經驗的實例來幫助了解，但休謨已經表示因果律不能用經驗來證明。康德進一步就說因果律不是經驗命題，但卻是一切經驗知識之所以可能的先驗條件，是先驗原則。

同樣，要了解道德原則需要道德經驗的幫助，但這也不表示道德原則是經驗命題。根據前面幾節的分析，康德以為他已證明定言令式是一切道德經驗之所以可能的先驗條件。現代英國後設倫理學家赫爾 (R. M. Hare) 曾經用語言分析的方法[30]，發現道德語言的一

---

[30]　參看赫爾的《道德語言》一書，pp. 153–154。

種特性是它含普遍性。譬如「你應該愛人如己」這句話涵蘊每一個人在相類似情況下都應該愛人如己，因此如果我說「你應該愛人如己」，但又說「我可以不愛人如己」時，就會遭致不一致的批評。描述性語言則沒有這種普遍性。譬如我說「你喜歡吃榴槤」，又說「我不喜歡吃榴槤」，沒有人會說這兩句話有什麼不一致的地方。

赫爾以為道德判斷還有一種特性，即它涵蘊命令㉛，因此一個人接受一道德判斷時，涵蘊了他接受了一命令。譬如我同意「人應該愛人如己」，涵蘊了我接受了愛人如己的命令，也即是說道德判斷含有對自己意志的強制性。

康德在這裡會問：如果道德判斷既含普遍性，又含強制性，這兩種事實如何可能？要解釋這兩種事實之可能，不能訴諸經驗事實，因為一切經驗事實都解釋不了何以道德判斷可以有普遍性和強制性，這是因為一切來自經驗的原則都沒有普遍性，也沒有強制性。譬如假定依照歸納統計，所有過去的人都抽鴉片，都以為人應該抽鴉片，這個經驗事實並不涵蘊我會抽鴉片，也不涵蘊我應該抽鴉片。

因此，康德說道德判斷之所以含普遍性和強制性，只能訴諸先驗的定言令式作為其條件，只有這個定言令式可以解釋道德判斷之普遍性和強制性。

康德的道德哲學，主要的用心所在是為道德找尋一堅實的根基，

㉛　同上，Ch. 11.

定言令式是這樣的根基。他認為只有在定言令式的基礎上,我們可以圓滿地解釋人何以應該道德,何以有作道德行為的責任,也只有在定言令式的基礎上,我們可以解釋人何以有道德判斷,何以道德判斷含普遍性和強制性。

道德的根基何在,人何以須盡道德責任?自然是道德哲學中一個極為重要的問題,甚至可以說是最重要的問題。但另一個問題可能也同等重要,即「道德如何可能實現」的問題。用一般人的話,即「我有沒有能力盡道德責任」這個問題。

這問題的重要性應該是很明顯的,因為如果人根本無力盡道德責任,道德不可能實現,那麼道德便只是一個空洞抽象,也許很美麗、但沒有實質意義的名詞。倫理學家都認識到,「應該」必然涵蘊「能夠」(ought implies can)。不能做到的事無所謂應該不應該,也無所謂道德不道德。所以如果道德要有實質的意義,人必須有選擇作道德的能力,也即是上面所說選擇的自由。

過去的自然主義者,包括休謨,對這個問題是很重視的。享樂主義以快樂、霍布士以欲望的滿足為道德的目的,休謨以感受為道德的根基,一個主要原因是因為欲望或感受可以指揮行為,產生行為,以它們為道德的根基可以解釋人何以「能夠」作道德行為。換句話說,自然主義者的用心所在,是在於解釋人如何「能夠」作道德行為。而在這方面,他們的理論確實給了一個圓滿的成功的答案。

　　對於這個問題，康德也不是不明白它的重要性的。他在《實踐理性批判》第三章，就用全章的篇幅來討論這個問題，即他所謂「動力」的問題。他的問題是：理性給我們的道德律則如何成為行為的動力。

　　這個問題對康德之所以是一個問題，是因為在康德的道德哲學裡，只有當道德律則直接決定行為時，這樣的行為才是道德的；當人不是為了道德律則，而是為了欲望、情緒或感受，作出一行為，即使這行為不違背道德律則，這行為仍然不是道德的。

　　我們在討論休謨的道德哲學時，曾經說休謨以為行為的動力不在理性，而在於激情。理性既然不是行為的動力，不可能產生和指揮行為，自然就不可能是道德的根基，因為若然則道德就不可能表現為行為，道德就沒有了意義。現在，康德以為道德行為的動力不可以來自欲望與情緒，必須純然來自理性的道德律則。這樣，康德必須面對休謨的挑戰，解釋純由理性的道德律則，如何可以對我們的心靈產生一動力，促使我們遵從這道德律則。

　　康德顯然同意休謨，以為行為的動力必須是某種情感，但道德行為的動力不可以來自我們自然的與道德律則無關的情感。他說，當人比較其自然的性向和理性的道德律則時，一方面會對其自然的性向生羞惡或謙抑之情，一方面對道德律則會起崇敬之情[32]。這兩

---

[32]　*Critique of Practical Reason*, pp. 77–81.

者合起來稱為道德感 (moral feeling)。這道德感即是道德的動力。這道德感不是獨立於道德律則以外的情緒或感受，它植根於道德律則。在這個意思下，雖然道德的動力是道德感，但道德感根源於道德律則，因此道德律則仍然可以說決定了我們的道德行為。

這是用心良苦的解決方法。一方面，康德必須堅持道德的動力最後必須是理性的道德律則，而不是我們的自然性向，一方面他又要引進情感，作為道德的動力，因為康德正如休謨以及現代的心理學家一樣，很難相信人可以沒有情感的因素來產生道德行為。

但這樣來解決道德的動力問題是否圓滿無缺呢？由於道德感在這個理論中扮演了很重要的角色，我們必須先看看康德的道德感是如何產生的，它的本性是什麼。

康德說道德感不是內在於道德律則之中的。道德感是道德律則影響我們的感性 (sensibility)，從而產生的一種感受。這即是說，道德感的根源雖然是道德律則，但若沒有人的感性，我們也不可能有道德感㉝。所以康德說道德感必預設人的感性，也因此預設人的有限性。一個沒有感性的純理性的上帝，祂是沒有而且不必有道德感的。

這樣，這個理論出現了一個問題，我們的感性是因人而異的。一些人和藹、另一些人孤僻，一些人熱情、另一些人冷傲。這裡沒

㉝　同上，pp. 78-79.

有絕對的普遍性、必然性，道德律則影響於這種感性時是否必然地、普遍地產生道德感，就成了一問題。會不會有人的道德感比較強，另一些人的道德感比較弱，視乎那些人的感性而定，也是一問題。道德感既是道德的動力所在，是道德實踐之所以可能的基礎，如果道德感沒有普遍性、必然性，那麼道德實踐之可能性就沒有了穩固的基礎。可能有人有道德實踐的能力、有人沒有，有人的能力比較強、有人的能力比較弱，這樣，一個人是否道德就不是由他的意志可以自由地決定，而是由他的能力所決定。

康德顯然很清楚這說法的毛病，他因此將道德感與我們一般的感受分開。一般的感受是經驗層面的，是與道德律無關的，但道德感是來自道德律則，與道德律則不可分，他因而說我們可以先驗地看到每一個人，包括無惡不作的壞人，都會有道德感，與道德律的觀念不可分離地連繫在一起❸❹。這即是說，我們有道德律則的觀念，因此必然就有道德感。道德感因此與道德律則的觀念一樣，是先驗的、普遍的、必然的。

但這樣的斷語顯然是不能使人滿意的。正如前面所說，道德感是道德律則影響我們的感性而產生的感受。道德律則雖然是先驗的、普遍必然的，但感性則不然，我們對它沒有先驗、普遍、必然的認識。我們怎麼能先驗地看到道德律則影響於我們的感性時，必然會

---

❸❹　同上，p. 82.

產生道德感，而且是一樣的道德感呢？

　　問題出在什麼地方呢？問題恐怕出在康德割裂了理性與感性，提高了理性，貶抑了感性。這是西方倫理學的傳統思路，從蘇格拉底起就是如此。近代的倫理學雖然倒過來強調感性的重要性，但又貶抑了理性。將道德植根於感性者，抹殺了道德的普遍性、客觀性、必然性和應然性；將道德植根於理性者，則使得道德成為可遠觀不可實踐的光景。

　　這個問題要得到真正徹底的解決只有一個可能：將道德感提昇至理性的地位，這不是西方倫理學的思路，而是中國倫理學的思路。我們下一章將介紹孟子的倫理學，一個原因即是因為孟子是這種思路的奠基者。

▶ 參考書目

1. Kant, Immanuel, *Fundamental Principles of the Metaphysic of Ethics*, trans. by Thomas Kingsmill Abbott, London: Longmans, 1962.
2. Kant, Immanuel, *Critique of Practical Reason*, trans. by Lewis White Beck, New York: Liberal Arts Press, 1956.
3. Kant, Immanuel, *Lectures on Ethics*, trans. by Louis Infield, London: Methuen & Co., Ltd., 1930.
4. Kant, Immanuel, *The Doctrine of Virtue, Part II of the Metaphysic of Morals*, trans. by Mary J. Gregory, Philadelphia: University of Pennsylvania Press, 1971.
5. Paton, H. J., *The Categorical Imperative*, Chicago: University of Chicago Press, 1948.

第九章

孟 子

一

中國儒學的始創人是孔子。孔子的思想博大深遠，原創性極為豐富。但正因為其原創性太豐富，很難為一個系統所拘宥，因此孔子就像西方的蘇格拉底、印度的釋迦牟尼和猶太的耶穌一樣，雖然創發了許多重要的觀念，給人類指示了生命的道路，對後來的文化產生了巨大的影響，但並沒有系統地建立出一套理論。以孔子的觀念為基礎，為儒學建立出一套理論系統，同時影響了中國文化生活二千多年的是孟子。因此，在這一章，我們將透過孟子來了解儒家的倫理學，看看這一個許多年來為中國人所傳誦、所奉為生活的經典指引的學說，它的理論基礎在什麼地方，這個理論又有什麼特色。

孟子名軻。祖先是魯人，後來遷於鄒，因而成為鄒人。孟子生於西元前 385 年，幼時母親管教很嚴，為了孟子有良好的教育環境而搬了三次家。「孟母三遷」自始成為歷史上有名的故事。稍長跟子思的學生讀書，通五經，對《詩》、《書》二經特別有心得，在《孟子》一書中常可見到他引這二經的句子。他四十歲前開始教學，後來做了鄒國的士，那是一個小官。當時鄒國政治上有很多問題，鄒穆公問他怎麼辦，他說應該行仁政。

但鄒國不能採納他的方案，他因而去了齊國。當時孟子已經名

聞於各國的諸侯。齊宣王極禮敬孟子，奉為賓師，但也不能接受孟子的王道理論，這時孟子已五十多歲。

終孟子一生，真正接受孟子的政治方案，實行仁政的，只有滕文公。滕文公在其父親滕定公去世時，就根據孟子之說，守三年之喪，在經濟上又行井田制。當時各地百姓風聞滕國實行仁政，都有景仰歸嚮之心。但滕國是小國，又地處於齊楚兩大國之間，終於不能有大作為。

後來孟子聽說梁惠王厚禮招賢，於是又不遠千里而至梁，見到梁惠王，但梁惠王也不能用他的學說。孟子七十歲時，聽說魯國將用他的得意弟子樂正子為政，高興得睡不著覺，因而又到了魯國。魯平公本來想見孟子，但又為人所讒而打消了此意。孟子於是回鄒國終老，與萬章、公孫丑等學生，講述堯舜禹湯文武之道，同時成書七篇，即我們今天讀到的《孟子》。到八十四歲時去世❶。

二

孟子思想中最流傳於中國民間，為一般所熟知的是他的性善論。但性善是什麼意思？何以要說性善？性善論的理據是什麼？這些問題許多人就不見得答得上來。一般人望文生義，將孟子的性善論與

---

❶　取材自王偉俠編著，《孟子分類纂註》。

荀子的性惡說對立起來，以為孟子主張人性全部是善，荀子則主張人性全部是惡，就更是以訛傳訛，離題萬丈了。如果人性全部是善，那麼每個人自自然然就已是聖人，惡從何來？如果人性全部是惡，沒有善根，則人如何可能分別善惡？又如何可能為善？這些都成為了極為嚴峻而不可解的問題。可見一個哲學理論要能準確地為人所了解，實在不容易，家傳戶曉的孟子尚且為人誤解，其他就不必說了。

《孟子・滕文公上》有一句話總括了孟子的思想：「孟子道性善，言必稱堯舜。」但正如上面所說，所謂性善是什麼意思？孟子是不是認為人性全部是善？

《孟子・離婁下》有一句話：

> 人之異於禽獸者，幾希。庶民去之，君子存之。

這句話明明白白表示，大部分人性都和禽獸沒有分別。孟子所謂的善性，只是從人異於禽獸這方面來說，而這異於禽獸的善性，只是人性中極為微弱的部分而已。正因為它只是很微弱的部分，所以一般順著自然結構而行事為人的人，這極為微弱的善性，便容易為禽獸之性所掩蓋而消失。只有自覺地緊守這微弱的善性的人，才能保存彰顯這種人之所以為人的本性。這種人便是君子。

　　現在的問題是，如果人之異於禽獸的部分是那麼微弱，極易為
與禽獸相同之性所掩蓋，那麼何以孟子要從這幾希之性來說性善，
而不從相同於禽獸的大部分人性來說性惡？

　　對於這個問題，最簡單的答案是說：這是人獸之辨的地方。因
此儘管這與禽獸相異之性是人的結構中的小部分，但卻是人之所以
為人的特性所在，因此孟子即以此幾希之性說人性，同時由於這幾
希之性是善，因此說性善。這說法在《孟子》一書中確有根據。孟
子和告子有一個對答即表示出這個意思：

　　告子曰：「生之謂性。」

　　孟子曰：「生之謂性也，猶白之謂白與？」

　　曰：「然。」

　　「白羽之白也，猶白雪之白；白雪之白，猶白玉之白與？」

　　曰：「然。」

　　「然則犬之性猶牛之性；牛之性猶人之性與？」

（〈告子上〉）

　　這個對答顯示出孟子與告子對「性」一詞有不同的看法。告子
從人生而有的生理及心理結構來了解人性，也即是後來宋明儒的所
謂氣質之性。人的生理結構與心理結構和其他動物沒有很大的差別，

譬如人能知覺運動，其他動物也能知覺運動；人有欲望情緒、喜怒哀樂，其他動物亦然。因此從人生而有的結構之性來看人性，結果是人犬牛不分。此所以孟子說：「然則犬之性猶牛之性；牛之性猶人之性與？」

　　孟子因此不是從人的生理心理結構來看人性。他所謂的人性是人之所以為人的性，是人與禽獸不同之性，相當於亞里斯多德所謂的本質之性。在孟子看來，這本質之性雖然是人的結構中極微弱的部分，但因為是人的特性所在，因此才是真正的人性。至於人與禽獸相同之性，雖然在人的結構中佔了大部分，但因為不是人的特性所在，因此不以之為人性。

　　這種說法很像亞里斯多德的理論，但和亞里斯多德的理論一樣不能使人滿意。由人的特性來定義人性，有助於對「人」這個類概念有所掌握和了解，可以看出人和牛、馬、羊不同之處，換句話說，它可以成就分類性的知識。但從道德哲學或人生哲學的立場看，我們重視的就不是某一個類和其他類不同之處在什麼地方，因為這不同之處不必然是其生命的目的或意義所在，也不必然是應然的所在或道德的基礎所在。人與禽獸相異之處屬「實然」，我應該做什麼屬「應然」。從邏輯上說，我們不能從事實上與禽獸相異之處，就推論說我們應該維持或發揚這相異之處。假如蚊子的特性是會吸人血，我們推論不出說這即是蚊子生命的意義所在，或蚊子應該吸人血。

因此，孟子何以要從異於禽獸幾希之處說人性，必須另有解釋。但在解答這個問題之前，我們必須先看孟子所謂人異於禽獸之性是什麼。因為當我們了解了這異於禽獸之性的內容後，何以孟子要以之為人的本性，而不以其他為人的本性，就比較容易明白。

孟子下面一段話是常常為人所引述的，他在〈公孫丑上〉說：

> 今人乍見孺子將入於井，皆有怵惕惻隱之心；非所以內交於孺子之父母也，非所以要譽於鄉黨朋友也，非惡其聲而然也。由是觀之，無惻隱之心，非人也；無羞惡之心，非人也；無辭讓之心，非人也；無是非之心，非人也。惻隱之心，仁之端也；羞惡之心，義之端也；辭讓之心，禮之端也；是非之心，智之端也。

當人忽然看見小孩即將掉進井裡時，都不期然地自然地有怵惕惻隱之心，這個反應不是為了名利的目的或是為了滿足什麼欲望。惻隱怵惕之心即是人的本性。

在〈滕文公上〉，孟子另外一個例子也是很有名的。

> 蓋上世嘗有不葬其親者。其親死，則舉而委之於壑。他日過之，狐狸食之，蠅蚋姑嘬之。其顙有泚，睨而不視。夫泚也，

非為人泚，中心達於面目。蓋歸，反虆梩而掩之。

看到自己父母的屍體為狐狸野獸撕咬，為蒼蠅蟲蟻嗋食，自然就熱血衝頭，額上滲汗，不忍直視，這也是自然的超個人利害的怵惕之心或羞愧之心。這種心不是為了達致什麼目的之手段，而是人性不能自已的表現。

孟子所謂異於禽獸的幾希之性，即從超個人利害的惻隱、羞惡、辭讓、是非之心表現出來。惻隱、羞惡、辭讓、是非之心皆是與他人相感通的善心，由這自然自發的善心可以看出人有善性，此所以孟子說性善。

這裡有一個問題：人有怵惕惻隱之心或可從上面兩個例子證明，但羞惡、辭讓、是非之心如何證明？孟子為何在說了惻隱之心後，可以毫無根據下一連串帶出羞惡、辭讓、是非之心？如果我們仔細讀《孟子》全本書的意思，我們會發現，分別地說，惻隱、羞惡、辭讓、是非之心是四種心，但合起來說只是一種心，即儒家所說的仁心。惻隱之心是與人感通的心，這種心即是仁心。當人違背惻隱之心而為非作歹時就引申出羞惡之心；當人與他人相感通，以尊敬心平等待人時即在人際關係上不會僭越，這即是辭讓之心或恭敬之心；當人自覺地肯定由惻隱之心而發的行為，否定違背惻隱之心的行為時，這即是是非之心，即分別是非善惡的心。正因為四種心其

實是一種心，是同一種心的不同表現，所以孟子只要證明人有超個人利害的怵惕惻隱之心後，便可連續地肯定人同時有羞惡、辭讓、是非之心。

這四種心分別是仁義禮智四種德性的根源。當人實踐擴充這四種心時，就有仁義禮智四種德性。這四種心既是德性的根源，而這四種心又是人本性的呈現，所以孟子說性善。

剛才說四種心其實是一心。同樣仁義禮智四德性合起來也是一德性，即仁。此所以儒家從孔子開始，「仁」就概括了一切德性。仁人即道德人。

但孟子說的心是什麼意思呢？惻隱是情，羞惡也是情，辭讓之心孟子又稱為恭敬之心❷，而恭敬也是情。是非之心則是反省行為，分辨是非善惡的心。反省分辨都不是情，而是理性的活動。孟子在〈告子上〉有一句話說「心之官則思。思則得之，不思則不得也」。這裡「思」的意思也是反省的意思。因此孟子的心既是情 (feeling)，又是理性。它是理性的情，或有情的理性。

因為是理性的情，因此孟子所說的惻隱之心不是盲目的、為外在刺激所制約、所引發的被動的情緒。它是自覺的、主動的、自發的情。被動的、為外在刺激所制約、引發的情緒是偶然的、沒有普遍性的。道德的基礎如果在這種沒有普遍性的、被動的、盲目的情

---

❷　見〈告子上〉。

緒上，那麼這種道德就是沒有普遍性、必然性，那是康德所謂的他律的道德。但孟子的惻隱之心是理性的情，它是自動、自發、自覺，有普遍性的情，因此由它而起的道德也是自動、自發、自覺，有普遍性的、自律的道德。

另一方面，孟子的心又是有情的理性。不是康德的冷冰冰的，只給人命令律則的理性。它不只要求人遵守普遍律則，它同時惻怛感通萬物。因此它不只是良知，同時是良能。良知意識道德原則，良能則實踐道德原則。良知良能合一，即理性與情合一。前面一章在分析康德的道德哲學時 ， 我們發現康德以道德感 (moral feeling) 為道德動力所在，但道德感與道德理性不合一，道德感是道德理性影響我們的感性而生，這樣道德感是否有普遍性、必然性成了問題。亦即是人有無道德的動力成了問題。現在孟子的心既是理性又是情，理性與情合一，即理性與道德感合一。道德感不是像康德理論中那樣，它不是從生的，它即在理性之內。不是先有良知，後生良能。良知即良能，良能即良知。因此道德意識固是普遍的、必然的，道德感也是普遍的、必然的。

三

現在我們可以回頭看看第一節提出的問題了，人有異於禽獸的

本性，惻隱、羞惡、辭讓、是非之心，即這種本性的呈現。但為什麼這異於禽獸之心才是我們的本性，而相同於禽獸的欲望、情緒，則不是人的本性呢？

在《孟子‧盡心下》，孟子有一段話很重要。他說：

> 口之於味也，目之於色也，耳之於聲也，鼻之於臭也，四肢之於安佚也，性也，有命焉，君子不謂性也。仁之於父子也，義之於君臣也，禮之於賓主也，智之於賢者也，聖人之於天道也，命也，有性焉，君子不謂命也。

在這段話裡，孟子很明顯地表示，在某一意義上，生理欲望，像人喜吃美食、喜看美色等等，都是人的自然結構的一部分，因此都是人性。這即是告子所謂生之謂性的意思。可見孟子並非不了解，也不是完全否定告子生之謂性的說法。

但為什麼孟子終於不從這裡說人性呢？他說因為欲望能否獲得滿足，不是我自己可以主宰的，而有賴於外在條件的出現。人雖然喜吃美食、愛看美色，但能否吃到美食、看到美色，不是自己可以控制，而有賴於「命」。孟子這裡所說的「命」沒有任何神祕的意思。他說：「莫之致而至者，命也。」不是由我主動要求爭取而出現的，就是命。一個人不需任何努力，忽然承受億萬遺產，這是命；

一個人奔波勞碌，努力經營，但終於潦倒一生，也是命。欲望能否滿足，不由我支配，而由外在條件支配，即不是真正的我的本性，因此君子不以之為性。

另一方面，父子之間能否仁愛相處，君臣之間能否合乎義理，賓主之間能否以禮相待，賢者能否真有智慧，聖人能否實現天道，皆不是自己個人可以主宰支配的事，一方面有客觀情況的限制，另一方面也有個人才質的限制。大舜孝而瞽瞍不慈；比干忠而紂不義。君子可欺之以方，即表示賢者不必有智。性與天道，孔子罕言；蘇格拉底說自己只知一事，即自己之無知，均顯示人有無可奈何的限制。就其無可奈何處，不受個人主宰支配來說，都是命。

但父子之間求仁，君臣之間求義，賓主之間求禮，賢者之求智，聖人之求參與實現天道，卻又是每一個人內在的要求。這要求能否實現，能否有實際效果，是一回事，但這要求本身，卻非如此表達不可。而且一表達即盡了仁義禮智。舜與瞽瞍之間未必能夠互相仁愛，但舜的孝親之心一表現出來，就已盡了孝道；比干忠於紂而為紂所殺，就這點來說不能無憾。但比干的行為已盡了人臣忠義之道。蘇格拉底承認自己無知，而以自己為愛智者，但知道自己的無知和限制，即是一大智慧。

因此，孟子仁義禮智之心，就如康德的定言令式一樣，是純內在的要求。它們有普遍性，孟子說人心有所同然❸；有必然性，因

為那是本心的要求。至於仁義禮智之心在現實生活上，在社會上能不能達致好的後果，則有客觀的經驗上的限制，但這些限制絲毫不能損害仁義禮智之心的完整性、圓滿性。所以孔子說「我欲仁，斯仁至矣」。這就如定言令式和善良意志不受後果的損害一樣。一個人的意志能尊重服從定言令式，不管他受到什麼外在環境或內在氣質的限制，不管在現實生活上有無好的後果，這意志就已是善良的意志。孟子仁義禮智之心正是這樣的善良意志，它完全由自己主宰支配，因此是真正屬於我自己的本性。

　　根據上面的分析，我們可以見到，孟子的「性」，其實可以分別為兩個完全不同的概念。一是就人的自然結構說，在這個意思下，人的生理欲望等，與禽獸相同之處皆是性，這即是告子所謂生之謂性的性，也即是後來宋明儒學所說的氣質之性。另一個則是完全可以自己主宰、不受外在環境條件限制的性，這即是宋明理學所說的義理之性。孟子所謂性善的性，顯然不是就自然結構，而是從可以自作主宰的自覺心來說的性。

　　強調自主、自律，是儒家學說中的精華所在。這種思想並不保守，也不落伍。西方的現代思潮中，存在主義特別重視強調自主的重要性。依存在主義，真正的存在或真正的我必是自作主宰的我。不能自主的我，儘管享盡榮華富貴，也仍然不是真正的存在或真正

❸　同上。

的我。這樣的存在和一支粉筆、一根草、一隻狗沒有差別。

《孟子・盡心上》有一段話可以幫助我們更加了解上面的意思：

> 廣土眾民，君子欲之，所樂不存焉。中天下而立，定四海之
> 民，君子樂之，所性不存焉。君子所性，雖大行不加焉，雖
> 窮居不損焉，分定故也。君子所性，仁義禮智根於心。

這段話的意思是名利權力等欲望，人人皆有，君子亦不例外。因此若有機會做一個大國的君主，擁有廣大的土地和眾多的百姓，即使君子也為之動心。但單是擁有名利權力，並不能使君子得到真正的滿足和快樂。只當自己的抱負和理想得以實現，天下人皆安居樂業，和睦相處，這時才有真正的滿足和快樂。

從自然結構來說，人之所欲所樂即是人性。人性表現在人的所欲所樂中。但從另一個角度看，所欲所樂的對象不是自己可以主宰支配的。人人想做皇帝，想富貴，但人是否富貴，能否做皇帝，主要倚賴於外在的不可主宰支配的因素。就這個意思來說，所欲所樂即不是我的本性。

《孟子・盡心上》另外有一個簡單但扼要的結論：

> 求則得之，舍則失之，是求有益於得也，求在我者也。求之

有道，得之有命，是求無益於得也，求在外者也。

　　求在我即由我主宰支配，求在外即受外在環境條件支配，不由我作主。就我們一般經驗來說，凡是我不能主宰的即不屬於我。當我的手麻痺至不能指揮時，我會覺得這隻手不是我的手；當我喝醉了酒，不聽理性指揮，做出一些後來後悔的舉動時，我會說我當時不由自主，不是我的行為。因此我可主宰支配的才真正屬於我。一個行為，由開始至完成，完全由我支配主宰的才是我的本性的表現。此所以孟子說「君子所性，雖大行不加焉，雖窮居不損焉」，意思是說，君子之所以為屬於自己的本性，是不受外在遭遇所影響的。得志於天下不會增加一分，窮困潦倒也不會減少一分，只有這樣的性，才是屬於我的本性，也才是普遍的人人平等的本性，才能作為道德的根基。

　　欲望之所以不是我的本性，第一，它的滿足與否不由我主宰支配。第二，欲望隨著滿足的增加而增加，沒有錢的人希望有十萬塊錢，有了十萬以後希望有百萬元，有了百萬元又希望有千萬元，無窮無止。如果欲望是我的本性，那麼欲望隨外在的遭遇而增加減少，我的本性也隨外在的遭遇而增加減少。我的本性完全受制於外在遭遇，等於說我沒有了屬於我的本性。

　　上面許多話可以總括為兩個意思：第一，孟子所謂性善，不是

指人的全部結構是善，尤其不是說自然結構，如氣質、欲望是善。
第二，孟子之所以要從異於禽獸之處說性，而不從人的同於禽獸之
處說性，不只是由於這是人之所以為人的特性，主要是由於只有這
些特性才是自我可以主宰支配，不受外在環境條件或遭遇所影響的
性。由於它由我自律、自主、自動、自發，它才是我的真我，才是
屬於我的本性。

　　人有自主、自律、普遍、必然的本心本性。這本心本性是仁義
禮智的根據，仁義禮智是本心本性的呈現。這表示依孟子和儒家的
傳統，道德不是為了達致什麼目的、滿足什麼欲望的工具或手段，
道德只是本心本性的直接表現。本心本性是普遍必然、自主自律的，
因此道德也是普遍必然、自主自律的。這樣，人在道德的努力中，
在仁義禮智的實踐中，人才真正發揮了他的本心本性，才真正在主
宰自己。道德行為所成全的不是這個欲望、那個欲望，它所成就的
是真正的自我，因為它實現了、發揮了自我的本性。

　　相反，一個終生只為自然欲望所支配，為滿足它們而奔跑的人，
儘管可能在外在條件的偶然湊合下，享盡榮華富貴，但因為所追求
的這些事物究竟不由自己作主，因此為這些事物所枷鎖的人，便不
是自主自立的人，他沒有真正的自己。

　　明白了這個意思，我們就可以了解，當一些人依流行的見解，
說公孫衍和張儀，「一怒而諸侯懼，安居而天下熄」，誠然是大丈夫

的時候，孟子何以會不同意這看法。他的理由是：「以順為正者，妾婦之道也。」❹ 意思是公孫衍和張儀雖然有很大的權勢，但他們為了外在的權力地位，阿諛苟容，沒有自己的內在原則，亦即沒有了真正的自己，這樣他們只是權勢中人的妾婦，要看別人的臉色做人，這樣的人怎麼可以算大丈夫。跟著孟子就解釋怎樣的人才是大丈夫：

> 居天下之廣居，立天下之正位，行天下之大道。得志，與民由之；不得志，獨行其道。富貴不能淫，貧賤不能移，威武不能屈。此之謂大丈夫。❺

朱子注說，廣居即仁，正位即禮，大道即義。而仁義禮智即本心本性的表現，因為只有在本心本性中，才是普遍的可以安居之處，也才是人可以站立的正位，才是天下人可以遵從的大道。而要做到富貴不能淫，貧賤不能移，威武不能屈，也必須不為外在的權勢地位所制約、所搖動，堅守發揮自己的本心本性，主宰自己的行動。只有這樣的人才是真正的大丈夫。至於一朝得志，傲視公侯，不可一世，一旦失意，則長嗟短嘆，怨天尤人，個人的情操意志完全受外在的環境遭遇所主宰支配，這樣的人自然不能算是大丈夫。

---

❹　〈滕文公下〉。

❺　同上。

四

明白了孟子所謂性善的意思，同時明白了在儒家學說中道德在人生中的意義後，我們可以進一步分析孟子如何看惡以及成德的工夫等問題。

善的根源既然在惻隱之心，即在本心本性中，那麼惡從何出？是不是從同於禽獸中之性出？

孟子與後來儒者都不以為人有先天的惡的性，也不以為人相同於禽獸的生理欲望或心理欲望即是惡。在孟子看來，人的生理傾向或欲望本身雖然不是善，但也不是惡。它們從善惡的觀點看可以說是中性的。齊宣王聽了孟子的王政理論後，說：「寡人有疾，寡人好貨。」「寡人有疾，寡人好色。」❻意思是說，你的王政理論雖然很好，但我實踐不了，因為我欲望太強太多，既好色，又愛財。孟子說：「王如好貨，與百姓同之，於王何有？」「王如好色，與百姓同之，於王何有？」即是說：你如果能夠推自己愛財好色之心，以及於百姓，使人人富足，人人有家室之樂，此即是王政。

可見在孟子看來，欲望與仁義禮智並不一定衝突，亦即是說，欲望並不一定是惡。只當一個人為了個人的欲望，犧牲他人的欲望，

❻　〈梁惠王下〉。

這個時候才產生惡。相反，如果一個人在滿足自己欲望的同時，能夠推己及人，了解他人也有相類似的欲望，使他人的欲望也能得到滿足，這即是仁，即是道德。

因此欲望本身是中性的，無所謂善，也無所謂惡。它可以成為善的材料，也可以成為惡的材料。它是善的材料抑是惡的材料，主要決定於我們的本心本性能否彰顯，能否推己及人，而不是決定於我們的欲望。當我們的本心不能彰顯，讓欲望發展得過了分，這時才有惡。《孟子‧告子上》有一段話：

> 耳目之官不思，而蔽於物；物交物，則引之而已矣。心之官則思，思則得之，不思則不得也。此天之所與我者。先立乎其大者，則其小者不能奪也。

意思是說，人的生理機能，是沒有自覺反省的能力的，因此容易受到外物的牽引制約而不能自主。但心是能自覺、能反省、能自主的。如果人能立此心，發揮此心的功能，人就不會為惡。相反，如果人不能立此心，發揮此心的功能，只是讓生理機能無限制地受外物所引而追逐外物，人也就成了一物而會不由自主地做出不合理的事，這即有惡。

可見欲望本身並不惡，只當人放縱欲望，違背了惻隱之心，這

才是惡；相反，當人的本心能自覺地控制主宰自己的欲望，推己及人，使自己的欲望不妨礙他人的欲望而得合理地表現，則不但不是惡，反而是善。

不但放縱欲望會產生惡，孟子也強調外在環境對人有一定的感染性。孟子在〈告子上〉說：

> 富歲子弟多賴，凶歲子弟多暴，非天下之降才爾殊也，其所以陷溺其心者然也。

人的本心本性雖然「大行不加」，「窮居不損」，圓滿自足，不受外在環境的影響而有所增減，但人的氣質卻易受外在環境的感染而因此有不同的表現。

正因為環境感染人的力量很大，同時人的欲望又影響人的行為至深，因此孟子在他的政治理論中，認為一般的人「無恆產，因無恆心；苟無恆心，放辟邪侈，無不為已」❼。所以一個好的政治領袖必須「制民之產，必使仰足以事父母，俯足以畜妻子，樂歲終身飽，凶年免於死亡，然後驅而之善」。否則「救死而恐不贍，奚暇治禮義哉」？意思是說，要使老百姓合乎禮義，行為遵守道德原則，必須先使他們免於飢寒，基本欲望獲得滿足。否則每個人為了活命，

❼　〈梁惠王上〉。

無事不為，如何可能顧及仁義道德？

　　但單是有恆產並不足以使人禮義道德，孟子說：「飽食、煖衣、逸居而無教，則近於禽獸。」❽ 因此必須輔以良好的教育。

　　如果外在環境這樣重要，這是不是表示人完全受外在環境所決定，不能主宰自己的善惡呢？孟子顯然不是這個意思。外在環境對人的影響很大，這是事實，但決定自己的善惡的最後仍然是自己。因此，孟子雖然說一般人「無恆產，因無恆心」，但同時又說「無恆產而有恆心者，惟士為能」。即是說士是富貴貧賤皆不能動搖他的心志的人。而孟子所謂的士，並不是有什麼特殊天賦特殊稟性的人。從本性結構來說，士和一般人完全一樣。那麼士如何可能無恆產而有恆心呢？有一次有人問孟子：「士何事？」孟子說：「尚志。」那人再問：「何謂尚志？」他說：「仁義而已矣。」❾

　　可見孟子心目中的士既不是一種獨特的職位行業，也不是一種社會階級。士只是在內心上，有自覺的方向和奮鬥的目標的人，即是在意念上，在心志上，在行動上，無時無刻不以仁義為目標的人。

　　因此，外在環境的感染力量固然很大，就政治哲學的立場說，國家的領袖有責任改善百姓的環境，使人容易向善，但一個人最後向不向善，仍然必須依賴自己。這即是孟子所說的「尚志」，自覺地

---

❽　〈滕文公上〉。

❾　〈盡心上〉。

以仁義為目標。尚志是士之所以為士的工夫所在，也是一個人的成德工夫的所在。士本來就是不斷地、自覺地作成德工夫的人。

志是志向，是自覺地確定努力的方向，那是自覺心的方向。為什麼要尚志呢？孟子引孔子的話說：

「操則存，舍則亡，出入無時，莫知其鄉。」惟心之謂與！⑩

我們的本心是一種自覺心，不是個物件，自覺之則存，一不自覺而為私欲所蔽，則亡。孟子所謂「尚志」，正是使本心常常呈現而不致為私欲所蔽的方法。

不但如此，孟子還有一個心理學上的分析。他說「志壹則動氣，氣壹則動志也」，氣即我們所謂脾氣的氣，也是生氣勃勃的氣。氣是力量的來源，有氣就有力，所以我們說氣力。這裡孟子的意思是：心志堅定，則會帶動我們的氣，就有行動的力量。相反，當我們一逞氣，也可影響我們的心志。所以他說：「持其志，無暴其氣。」⑪意即要把守堅定我們的心志，同時不要逞氣。這樣，我們的心志就可作氣的主宰，作行動的主宰，而不是倒過來，由氣支配我們的心志，由氣來作行動的主宰。由心志主宰氣和行動是自覺的、清明的；

---

⑩　〈告子上〉。

⑪　〈公孫丑上〉。

由氣主宰心志和行動則是盲目的、衝動的。這是因為我們的本心是自覺的、清明的，而氣本身則是盲目的、衝動的。

心是道德的根源，也是道德修養工夫的所在。心能自覺，一自覺就呈現自己的本心本性，就能明辨是非善惡；同時一自覺就可自作主宰而不為私欲所蔽。因此孟子說「先立乎其大者」時，所立的是這自覺心，「持其志」是自覺堅持此心的方向，「養心」是保持這自覺的清明的本心，「求其放心」是將為私欲蒙蔽了的、走失了的本心，通過自覺而恢復。

但如何「養心」，如何保持培養自覺的、清明的本心呢？孟子在〈盡心下〉說：

> 養心莫善於寡欲。其為人也寡欲，雖有不存焉者，寡矣；其為人也多欲，雖有存焉者，寡矣。

上面說欲望不必是惡，但欲望太多，不能節制，結果必然氾濫無歸而不受主宰，一天到晚患得患失，自然不可能保持清明的自作主宰的本心。所以要培養保持清明的自覺的本心，必須減少欲望。欲望不多即不易為外物所引誘、所支配，本心即容易自作主宰。

孟子不但說養心，同時說要擴充此心。惻隱、羞惡、辭讓、是非之心不即是仁義禮智，它們只是仁義禮智之端，是仁義禮智的起

點，也可以說是仁義禮智的種子，因此需要培養擴充。他在〈盡心下〉說：

> 人皆有所不忍，達之於其所忍，仁也。人皆有所不為，達之於其所為，義也。人能充無欲害人之心，而仁不可勝用也。人能充無穿窬之心，而義不可勝用也。

　　一個人對自己的親人朋友，易起不忍惻隱之心，但如果不忍惻隱之心只限於表現在親人朋友身上，這不算是仁。要能將這不忍惻隱之心，擴充之而普遍地表現在其他人身上，這才是仁。一個人總有羞恥之心，像做小偷這種事總不會願意做。但單是不肯做小偷，不能算是義，要能將這羞恥之心表現在一切不當做的事上，這才算是義。

　　孟子也說盡心。孟子在〈盡心上〉第一節說：

> 盡其心者，知其性也。知其性，則知天矣。

　　擴充是從當下本心的表現上說。本心總表現在某特定的時間空間、特定的事件和特定的對象上。但本心不可以受特定的時空、事件和對象所限制，因此要說擴充。盡心是從本心的全體來說，本心

常受氣質所限、所蒙蔽而不能完美地全面表現出來，因此要說盡心。盡心即完美地將本心不受扭曲、不受蒙蔽地全體表現出來。

盡心其實包含了擴充。人的本心若只表現於親人朋友上，而不能表現於其他人身上，即未盡其本心。要盡其本心即不能將本心只限於對待親人身上，因此必然涵蘊了擴充。孟子說：「仁者以其所愛，及其所不愛。」這即是擴充，也即是盡心，也即是仁。仁就在擴充此心，在盡其本心中。

總括地說：第一，人如果能自覺其本心本性而加以肯定，以發揮本心本性為人生目標，此即「尚志」。第二，人必須能寡欲，使自己不致為欲望所蒙蔽所主宰。第三，人必須又能擴充此心，盡其本心。這三方面的工夫做得久了，做得純熟了，人就可以完全自主，外在的榮華富貴、艱難困苦就都不能動搖迷惑自己。孔子說「四十而不惑」，孟子說「我四十而不動心」，都是表示他們四十歲時才到達這個境界。可見道德人格道德境界不是一蹴而成，而是需要長期的修養工夫才能達致。

前面我們分析孟子的心性論時，提到孟子將人性分為異於禽獸的本性與同於禽獸的氣質之性。聽起來這二者好像常常衝突而不相容。說到孟子的工夫論時，我們又提到人要「養心」，要「求其放心」，要「尚志」，要「先立乎其大者」。這涵蘊著一個意思是，我們的自覺的本心常常為氣質之性所蒙蔽所掩蓋，因而自覺心要不斷挣

扎奮鬥才能保全自己。這自然是事實，在經驗上我們常常可以驗證
到這些事實。但孟子同時以為，當一個人修養工夫到了某種地步，
不但自覺的本心可以不受氣質之性所支配所蒙蔽，而且氣質之性可
以為本心所同化，這即是後來中國儒家所謂「變化氣質」的意思。
到了這個時候，自覺的本心與氣質之性不但不互相對立衝突交戰，
而且二者融而為一。這時自覺心不只是道德的自覺，而且是一股沛
然龐大的生命力量。自然生命也不再是一堆盲目的互相割裂的衝動，
它有原則、有秩序、有方向。心與氣二者的結晶孟子稱為「浩然之
氣」。在〈公孫丑上〉，有人問何謂浩然之氣，孟子答覆說：

> 其為氣也，至大至剛，以直養而無害，則塞於天地之間。其
> 為氣也，配義與道，無是，餒也。是集義所生者，非義襲而
> 取之也。行有不慊於心，則餒矣。

我們一般人的氣來自自然生命，是盲目的、衝動的，不必有理
義支持的，因此其力量受個人自然生命所限，也容易為外在力量（譬
如強權）所摧折。但浩然之氣則不然，它的力量不只來自自然生命，
而且來自於普遍的理義，當一個人長期遵從理性法則，事事合理，
內省不慚於心的時候，原來的自然生命的氣就化為一有普遍性、合
乎理的力量，因此至大至剛，不受個人自然生命所限，也不易為外

在力量所摧折。孟子在這段話特別提示的是，這浩然之氣不是偶然做了一些合理義的行為就有的結果，這即是「非義襲而取之也」的意思。因為偶然合理並不能變化氣質，不能使自然生命與理合而為一，因此就產生不出至大至剛的浩然之氣。

　　我們很容易看到，孟子上面所說的修養工夫，全屬體驗上的話，沒有什麼論證成分。事實上，道德哲學一涉及工夫層次，恐怕也只能就道德的體驗上指點。由於道德實踐上的體驗與我們一般日常的心理現象可以有很大的不同，因此道德工夫只能就道德的體驗來指點，而不能歸納一般日常的生活經驗來推證。

　　不但在道德修養工夫上須用體驗印證的方法，依孟子，要真正徹底了解惻隱、羞惡、辭讓、是非之心是我們的本心本性，也必須通過道德實踐或體證的工夫。言詞上、概念上、或理論上的了解，如果沒有實踐或體證作基礎，依然是不真切的。上面曾經引過孟子的一句話表明了這意思：

　　　盡其心者，知其性也。知其性，則知天矣。

　　這即是說，當一個人通過實踐，完全發揮呈現其本心的時候，這個人就可以，也才可以徹底明白這即是他的本性。當一個人徹底明白這即是他的本性的時候，他就可以明白了解這個本性的最後根

源，也即是宇宙的根源。

五

　　孟子是二千四百年前的人，如果從思想的細密，推理的嚴謹來說，他自然有許多不如現代人的地方。譬如他與告子關於性善的辯論，許多都只是比喻而不是真正的論證。告子說人性像急水，決向東邊則東流，決向西邊則西流。意思是人性本來不分善惡，人的善惡乃後天環境所造成，非先天的本性。但人性像急水是一種比喻，不是論證。比喻是隨意的，你可以這樣比喻，我可以那樣比喻，沒有一定的準則。孟子對這個說法回答說，人性是善，好像水是向下流一樣；人性無有不善，就好像水沒有不向下流一樣。這個回答也不是論證，而只是用了另一種比喻。為什麼要用這個比喻，而不用告子的比喻呢？孟子也沒有說出什麼道理來。

　　這種例子很多，不需要一一列出。有許多時候，孟子說他的主張時，甚至只是一句結論。這個結論如何產生的，完全沒有交代，即完全沒有提出論據。因此如果從理論的嚴謹性、系統性來說，孟子的哲學是有很大的缺點的。從西方哲學重視論證的角度看，這個哲學是有很多問題的。不但孟子如此，後來的哲學家皆然。許多西方哲學家認為中國沒有哲學，主要是這個原因。

　　但由於這個缺點就否定孟子哲學，甚至否定整個中國傳統哲學的成就與貢獻，顯然是一種狹隘的偏見。這種偏見的產生，是由於認定西方哲學的進路是唯一的哲學進路，中國哲學既然不是採取這進路，它自然就不是哲學，或者是極為低劣粗疏的哲學。

　　這裡涉及中西哲學的方法論問題。西方哲學，由蘇格拉底及柏拉圖起，以為要把握了解恆常普遍的真理，必須通過客觀的概念的知識。這種知識與個人的主觀的感覺感受情緒無關。後者甚至對前者有所妨礙。由於這個緣故，西方文化，包括西方哲學，極端重視所謂客觀的知識。這包括客觀的驗證、嚴謹的邏輯系統等等。

　　中國哲學，無論孔子、孟子的儒家哲學，或老莊的道家哲學，一開始就不以為有所謂離開人的客觀真理，也不以為可以建立純客觀的，與個人的體會感受無關的哲學理論。在他們看來，真理即在每一個人的生命感受中顯現。而不是在死板板的概念系統中。此所以中國哲人從來不像西方哲學家那樣重視概念及由概念組成的理論系統。生命的感受體會生動活潑、無窮無盡，不可能由冷冰冰的、呆板的概念系統所代表。如果我們執著於這些概念系統，不但不能了解把握真理，反而會使我們離開了真理，見不到道。此所以中國哲學喜歡說「體證」、「體悟」、「體會」，說「心傳」，都表示真理或道不是可以離開生命的感受作客觀分析描述，而是必須每個人在生命的投入中自己領會。前面我們在討論孟子哲學時，引了他一句話

「盡其心者，知其性也」，意思是說，什麼是我的本性，我的本性有些什麼內容，這問題不是可以通過外在的觀察、分析而可以得到答案的。必須在徹底實踐呈現我內在的惻隱、羞惡、辭讓、是非之心中才能有真正的了解。也即是說，孟子認為，本性不是一個靜態的外在的死物，像我面前的桌子那樣，可以離開主體的生命的感受，而觀察，而分析，而有所了解。本性是我的內在的本性，它不是一物件，它與我的生命分不開，因此必須在我的生命中，在呈現惻隱、羞惡、辭讓、是非之心中體會了解。

這不是西方哲學的概念的、客觀知識的進路，這是與生命主體分不開的進路。中國哲學家認為，要了解生命的真理，必須作整個生命的投入；靜態的，外在的，旁觀的進路，永遠把握不到生命的真理。

由於這個緣故，當中國哲人教學時，比較不重視理論的嚴謹圓滿，而比較重視因人施教，因不同情況，作不同的啟示，使人有所體悟。語言不代表真理，而只是一種工具，用來觸發人的自覺，使人有所覺醒。

但即使如此，論證的缺乏或不嚴謹，仍然是一個缺點，這是因為要能觸發人的自覺，使人體悟到真理，仍然不能用主觀獨斷式的方法。中國哲學是一種哲學，它要呈示的不是純個人主觀的特殊的感受，而是有普遍性、恆常性的真理，因此即使這種真理與主體生

命分不開，需要人在實踐中體會印證，但要說明它是普遍恆常的真理，而不只是個人一時的幻覺或偏好，還是必須儘可能提出圓滿的客觀的論據。在古代，當我們的中國哲人對著一些弟子，在生活上隨機指點，而弟子們也當機印證時，圓滿的、有系統性的客觀說明或許不那麼重要，但到了今天，當我們不能在生活上隨機地獲得這些哲人的指點，不能在親炙哲人的行為中獲得啟示；同時，當現代大多數人既不能或不願用實踐的方法來體證哲人的思想時，唯一可以幫助了解這些哲人思想的就是他們著作中的論證或解說。在這樣的情況下，這些論證或解說的圓滿性，一致性和客觀性，就成為他們的理論是否可以理解和接受的唯一憑藉。這是為什麼到了現代，中國傳統哲學必須重新建立，用現代人的語言，用嚴謹的系統方法來重新闡釋過去中國哲學的論點的緣故。自然，正如上面所說，中國哲學是生命的哲學，它不能離開生命的感受、體會和參與來了解。在這個意義下，文字的說明有它的限制。我們不能希望純從文字的概念的分析，來完全把握了解這種哲學。文字上的、概念上的分析有助於理智上的了解，而理智上的了解仍然不是整個生命的存在的了解。它只是了解上的第一步。從這第一步進入到生命的存在的了解，必須加入個人的生命上的實踐和印證。「如人飲水，冷暖自知」。要知道面前這杯水的冷暖，單是外在的觀察分析是不夠的，必須自己親嘗這杯水。

▶ **參考書目**

1.朱熹，《四書集註》。
2.王偉俠，《孟子分類纂註》。

哲學很有事：中世紀到文藝復興

Cibala／著

猶太教、基督教、伊斯蘭教打起來了，這跟哲學有關係嗎？現代國家和憲法理念的形成，也離不開哲學？哥白尼的「日心說」、培根的「歸納法」，這些追求科學真理的學問，居然引爆了近代哲學的小宇宙？

最愛說故事的Cibala老師，這次要帶領大家，探訪西方中世紀到文藝復興這一千多年裡，發生了哪些哲學上的大小事！

哲學很有事：近代哲學（上）

Cibala／著

笛卡兒所秉持的懷疑精神究竟是什麼呢？長久以來的出版審查制度又是怎麼一回事呢？創建國家的目的與意義也是哲學探索的一大問題？

最愛說故事的Cibala老師，這次要帶領大家，從「信仰」為主的西方中世紀到文藝復興時期，跨越到以「知識」為主題的十七到十八世紀，這之間發生了哪些哲學上的大小事！

青春超哲學

冀劍制／著

青春期，是兒童長至成人的過渡期，也是一個探索、發現自我的階段。如果在這特殊時期，能獲得多元的思考方向，也將擁有更多自覺能力，逐步確立回應世界、看待自己的方式，自信地邁向未來。

本書運用哲學觀點省思世界上正在發生的時事議題，將看似艱深的理論應用於日常生活中的實例，除了有助理解，更能增添趣味，提高一般大眾深度思考的能力，引領哲學進入我們的生活中。期望有一天，哲學能成為普羅大眾茶餘飯後的閒聊話題。

海德格與胡塞爾現象學
張燦輝／著

本書將層層剖開海德格的哲學觀，直抵現象學核心。海德格被公認為二十世紀最重要的哲學家，想要了解他的哲學，則不能不從他的老師胡塞爾講起。作者剖析海德格與胡塞爾這對師生的關係，對於現象學的發展、變化乃至超越與困境，都有淋漓盡致的分析，為漢語世界讀者，開啟一道通往現象學的大門。

近代哲學趣談
鄔昆如／著

本書為從文藝復興開始，一直到黑格爾的辯證法為止的思想歷程。文藝復興一向被認為是西洋的再生，事實上，中世紀宗教情操中的「仁愛」思想被拋棄後，古代「殖民」和「奴隸」制度再度復活，導致十九世紀後半成為西洋近代思想最黑暗的時代。作者以深入淺出的方式，引導人們認識西方近代哲學，從而領悟到「精神生活的確立與提升為人類文化發展之方向」的意義。

哲學十大問題
鄔昆如／著

本書提出十大問題，首先探問哲學是什麼，接著論及哲學的主體——人，哲學的方法——思想，哲學的對象——存在；然後依次討論真、善、美、聖的層次，及其對應之學科——科學、倫理、藝術、宗教；最後聚焦於人我互助的社會。藉十大問題來介紹哲學、活用哲學，提供讀者安身立命、修己成人的祕方。

我的自由，不自由？

鄭光明／著

道德必定會限制我們的自由嗎？網路霸凌越演越烈，政府能不能以「言論對他人造成精神傷害」為理由，來限制言論自由呢？政府是否有合理理由，限制猥褻言論、禁止色情影片流通呢？智慧財產權是否侵害了言論自由？本書以應用倫理學的有趣議題，直擊言論自由問題的核心。透過書中人物的校園哲學激辯，帶領讀者一起思考自由的限度。

生老病死間的大哉問

黃珮華／著

現代的生命醫學發展快速，幾乎從未出生之時，科技便已全面介入，而這樣的生醫發展，是否與最基本的人性尊嚴、最核心的倫理價值互相矛盾與衝突呢？
本書中討論了基因檢查、墮胎、聰明藥、安樂死、醫師專業等醫學倫理上的爭議，引用當代世界各地的實例，以宏觀的視野來關注生命、醫療、基因工程、哲學、倫理學、社會公義、人類未來發展等議題，是極佳的生醫倫理入門書。

思考的祕密

傅皓政／著

本書專為所有對邏輯有興趣、有疑惑的讀者設計，從小故事著眼，帶領讀者一探邏輯之祕。異於坊間邏輯教科書，本書沒有大量繁複的演算題目，只有分段細述人類思考問題時的詳細過程，全書簡單而透徹，讓您輕鬆掌握邏輯推演步驟及系統設計的理念。全書共分九章，讓您解碼邏輯，易如反掌！

王陽明哲學

蔡仁厚／著

陽明心學上承孟子，中繼陸象山，風靡累世，其中心思想——「四句教」、「致良知」、「心即理」是如何發展而來？這些思想具有怎樣的人生意義？「王學」在明代中葉之後，何以成為歷史上顯赫的學派之一，甚至學說東傳至日本？在本書作者深入淺出、循序漸進的論述下，為您一一解答。